普通高校"十三五"实用规划教材——公共基础系列

演讲与口才实用教程
(第 2 版)

张子泉　主　编

张秀红　杨晓霞　马　健　副主编

清华大学出版社
北　京

内 容 简 介

本书内容分为9章，围绕演讲的基础知识和基本技能，按照"理论阐述—技能训练—典型例文"的逻辑顺序，从演讲概述、演讲语言、演讲礼仪、演讲情绪的掌控、演讲稿的准备、演讲内容的设计、演讲的过程及风格、演讲现场的技巧、口才知识与基础训练、演讲例文选读方面进行具体介绍。每章内容理论精要，举例典型，理论与实践结合，知识点基本涵盖了演讲者需要掌握的基本要点和关键之处，既有较高的学术性，又有较强的实用性。

本书既可以作为高等院校公共基础课教材，也可以作为社会从业人员学习的参考用书。

本书封面贴有清华大学出版社防伪标签，无标签者不得销售。
版权所有，侵权必究。举报：010-62782989，beiqinquan@tup.tsinghua.edu.cn。

图书在版编目(CIP)数据

演讲与口才实用教程/张子泉主编. —2版. —北京：清华大学出版社，2019（2024.1重印）
（普通高校"十三五"实用规划教材——公共基础系列）
ISBN 978-7-302-53284-2

Ⅰ．①演… Ⅱ．①张… Ⅲ．①演讲—高等学校—教材 ②口才学—高等学校—教材 Ⅳ．①H019

中国版本图书馆 CIP 数据核字(2019)第 138147 号

责任编辑：刘秀青
封面设计：刘孝琼
责任校对：吴春华
责任印制：沈　露

出版发行：清华大学出版社
　　　　　网　　址：https://www.tup.com.cn，https://www.wqxuetang.com
　　　　　地　　址：北京清华大学学研大厦 A 座　　邮　编：100084
　　　　　社 总 机：010-83470000　　邮　购：010-62786544
　　　　　投稿与读者服务：010-62776969，c-service@tup.tsinghua.edu.cn
　　　　　质量反馈：010-62772015，zhiliang@tup.tsinghua.edu.cn
　　　　　课件下载：https://www.tup.com.cn，010-62791865
印 装 者：北京鑫海金澳胶印有限公司
经　　销：全国新华书店
开　　本：185mm×260mm　　印　张：15.75　　字　数：380千字
版　　次：2015年1月第1版　2019年8月第2版　　印　次：2024年1月第13次印刷
定　　价：45.00元

产品编号：082604-02

前　言

演讲是有声语言和无声的态势语言有机结合起来，向听众传递信息的一种社会活动，是交流思想感情、表达见解的有效方式，它被人视为一种思想的武器。早在四千多年前，古埃及的法老就说演讲比武力更有威力。在古希腊、古罗马，演讲是社会政治斗争的重要武器，出现过希腊的伊索格拉底、苏格拉底、亚里士多德，罗马的昆体良、西塞罗等一大批演讲家。在中国历史上，善辩之士有很多，晏子使楚，名扬千秋；苏秦善辩，穿梭六国；孔明机智，舌战群儒；解缙巧对，传为美谈；鲁迅、闻一多、周恩来、陈毅等更是现代能言善辩的口才泰斗。自古至今，深谙演讲术的人通过这一武器，或在社会、政治、军事、文化等诸多领域掌握了话语权，或在许多重要场合为自己赢来机遇，实现了自己的理想。

人类自有演讲以来，演讲活动就一直连续不断，方兴未艾。其重要的原因，就是演讲有着强烈而广泛的社会作用，有着不可估量的社会价值和极其深远的历史意义。通过演讲，能促进社会文明的发展；通过演讲，能培养民众高尚美好的情感，促进人类文明建设；通过演讲，能唤起民众的行动和实践；通过演讲，能迅速凝聚人心、打造团队。好的演讲，或事实有据、逻辑严密，或慷慨激昂、豪气凌云，或声情并茂、引人入胜，或机智幽默、妙趣横生，或数者兼而有之，足以使人坚定对崇高理想的信念；足以使人增加知识，明白道理；足以动人心弦，催人奋发；足以给人以欢乐，得到美的享受。现在，我们正处于一个魅力展现的时代，也是一个激烈竞争的时代，商场如战场，拥有一流的口才，将是我们驰骋商场的制胜法宝。

演讲是人们用来交流思想、感情，表达主张、见解的一种手段，同时也可以用来介绍自己的学习、工作情况和生活经验，这是每个人经常会遇到的问题。毫不夸张地说，生活中演讲无处不在，无人不用。各级党政领导做报告，各公司企业的负责人激励员工、提升士气，人文学者、科学家做学术报告，教师向学生传授知识，大学生在校竞选学生干部、工作时求职应聘，推销员的产品销售，主持人主持节目，检察官提起公诉，律师为当事人辩护等，这些都是形式不同的演讲。因此，人人都应学会演讲。演讲并不神秘，它和作文一样，主要应在实践中锻炼。甚至可以说，演讲比作文更容易学会，只要敢于说、坚持练,就一定可以取得成功。

　　当然,初学演讲需要借鉴前人的、他人的经验,要了解演讲的基本知识与要求,否则就无从下手。我们选编本书的目的是向读者介绍一些有关演讲的基本知识、基本方法,但是,这种介绍不只是理论的阐述,而是向读者提供一些实用的演讲方法、训练的技巧、演讲词范例等,让读者从中去学习、揣摩、实践,从而尽快提高演讲的水平。

　　本书是在第1版的基础上修订而成的。在修订的过程中,广泛征求了教师、学生的意见,对原来的体例格式做了进一步的调整,增加了口才知识的有关理论内容,并分章节进行了介绍,使口才理论与实训有机结合,部分内容进行了适度的增删、合并,增强了教材的实用性和科学性。总之,本书较第1版的内容更加丰富,特点更加鲜明,实用性更强,是对第1版的一次新的提升,在修订过程中特别突出了以下特点。

　　一是结构更加系统。本书围绕演讲的基础知识和基本技能,从演讲概述、演讲语言、演讲礼仪、演讲情绪的掌控、演讲稿的准备、演讲内容的设计、演讲的过程及风格、演讲现场的技巧、口才知识与基础训练、演讲例文选读十个方面进行了具体介绍,"理论阐述—技能训练—典型例文"有机结合,逻辑性强。

　　二是内容更加实用。本书所选内容是在广泛了解教师"教"和学生"学"的基础上编写而成的,知识点基本上涵盖了演讲者需要掌握的基本要点和关键之处,每章内容理论精要、适当,举例典型、突出,理论与实践结合,学习与应用结合,体现了循序渐进的特点。

　　三是训练更加有序。本书科学系统地阐述了提高演讲技巧的方法,诸如口才基础训练,从基本的发声能力训练、普通话能力训练、朗读能力训练、朗诵技巧训练几个方面入手,由浅入深,循序渐进,体现了模块化训练的特色。同时,注重训练方法的指导,帮助读者成为演讲的佼佼者。

　　本书由潍坊科技学院张子泉任主编,寿光第一中学张秀红和潍坊科技学院杨晓霞、马健任副主编。第一、八、九章由张子泉编写,第二、三章由张秀红编写,第四、五章由杨晓霞编写,第六、七章由马健编写,最后由张子泉进行统稿。

　　本书在编写过程中得到了各级领导和专家的关心支持,在此谨表谢意。另外,本书在编写过程中参阅了有关书刊,虽已注明出处,但仍不免有遗漏,敬请谅解。

　　由于时间仓促,书中难免存在疏漏之处,敬请专家、读者批评指正。

编　者

目　录

第一章　演讲概述 ... 1

第一节　演讲的本质和特征 ... 1
一、演讲的本质 ... 1
二、演讲的特征 ... 2

第二节　演讲的条件和功能 ... 3
一、演讲的条件 ... 3
二、演讲的功能 ... 4

第三节　演讲的目的和类型 ... 6
一、演讲的目的 ... 6
二、演讲的类型 ... 8

思考与练习 ... 10

第二章　演讲语言 ... 11

第一节　演讲语言的意义 ... 11

第二节　演讲语言的原则 ... 14
一、语言的准确性原则 ... 14
二、语言的诚信性原则 ... 14
三、语言的尊重性原则 ... 15
四、语言的修养性原则 ... 15

第三节　演讲语言的使用 ... 19
一、选用适合的语言方式 ... 20
二、选用适合的语言方法 ... 21
三、使用有特色的语言 ... 22

四、应用语言的技巧 24

　思考与练习 44

第三章　演讲礼仪 45

　第一节　演讲的仪表 45

　　一、面带微笑 45

　　二、穿着得体 47

　第二节　演讲的姿态 52

　　一、用手势配合 53

　　二、用眼睛"说话" 55

　　三、用体姿传递信息 56

　第三节　演讲的心理因素 59

　　一、充满自信 62

　　二、锻炼胆量 63

　　三、营造减压的气氛 65

　　四、把握练习的机会 66

　思考与练习 67

第四章　演讲情绪的掌控 69

　第一节　吸引听众的好奇心 69

　　一、研究听众的需求 70

　　二、分析听众的心理 70

　　三、拉近与听众的距离 71

　　四、征服听众的方法 72

　　五、选择亲身的经历 73

　第二节　集中听众的注意力 73

　　一、声东击西 74

　　二、投石问路 75

　　三、欲正故谬 76

　　四、欲实先虚 76

　第三节　瞄准听众的兴奋点 77

　　一、满足求知欲的话题 77

　　二、刺激好奇心的话题 77

　　三、与听众密切相关的话题 77

　　四、有关信仰和理想的话题 77

五、娱乐性的话题	78
思考与练习	78

第五章　演讲稿的准备

第一节　演讲稿的作用

　　一、避免妄说，减少失误　79
　　二、引发灵感，浮想联翩　80
　　三、抛砖引玉，博采众长　80
　　四、稳操胜券，镇定自若　81

第二节　演讲稿的现场感

　　一、利用不同的演讲风格来加强现场感　82
　　二、利用蒙太奇的效果来增强现场感　85

第三节　演讲稿的撰写

　　一、演讲提纲的作用　86
　　二、撰写演讲大纲的步骤　87

第四节　演讲稿表述观点的要求

　　一、观点简明　87
　　二、精心组织　88
　　三、宁短勿长　88
　　四、结构合理　88
　　五、真情实感　89
　　六、风格明确　89
　　七、抓住听众　90
　　八、入情入理　90
　　九、即兴发挥　90
　　十、尽量放松　91

思考与练习　91

第六章　演讲内容的设计

第一节　收集材料

　　一、收集材料的原则　93
　　二、有计划查阅、研究相关材料及向他人求教　96
　　三、采访的技巧　98
　　四、演讲材料的收集范围和具体方法　98

第二节　整理材料　101

一、整理材料的原则 101
　　二、正确安排要点的方法 103
第三节　运用材料 105
　　一、演讲稿应亲自撰写 105
　　二、演讲稿应如何选题 106
　　三、演讲稿应如何选材 107
　　四、演讲题目应怎样确定 107
　　五、演讲稿的选词原则 108
　　六、演讲稿的炼句技巧 109
　　七、演讲稿中的修辞 109
　　八、语气要规范和谐 112
　　九、演讲稿如何引用史料 112
　　十、演讲稿中如何巧用俗语 113
　　十一、演讲稿如何巧用幽默 114
　　十二、演讲稿如何巧用数据 115
思考与练习 115

第七章　演讲的过程及风格 117

第一节　演讲的酝酿 117
第二节　演讲的开场 118
　　一、以故事开头 119
　　二、开门见山 119
　　三、幽默的开场白 120
　　四、引用的开场白 120
　　五、抒情的开场白 120
　　六、演讲的承上启下 120
第三节　演讲的悬念设置 121
第四节　演讲者的自我介绍 122
第五节　演讲的进行 122
　　一、演讲应怎样设置称谓 123
　　二、营造逼真生动的语言环境 124
　　三、运用排比技巧表达各种情感 125
　　四、怎样才能增强情感的力度 126
　　五、演讲中如何巧妙朗诵诗文 126
　　六、演讲时如何运用事例 128

七、演讲中正反用例有何技巧 129

　　八、如何委婉表达演讲稿 129

　　九、怎样使演讲带上幽默感 130

　　十、怎样准确把握演讲稿中的概念 130

　　十一、怎样把演讲设计得错落有致 130

　　十二、如何处理篇幅长的演讲稿 132

　　十三、演讲中如何巧施客套话 132

　　十四、如何在演讲过程中表达情感 133

　　十五、演讲时如何进行情感迁移 134

第六节　演讲的风格 134

　　一、男性演讲者追求的演讲风格 134

　　二、女性演讲者追求的演讲风格 135

第七节　演讲的结尾 137

　　一、常用方法 137

　　二、绝妙诱人的结尾 138

　　三、高潮式、总结式和余韵式的结尾 139

　　四、格言式、号召式和呼吁式的结尾 140

　　五、引述式、幽默式和赞颂式的结尾 141

　　六、运用祝福语结尾 141

思考与练习 142

第八章　演讲现场的技巧 143

第一节　情感沟通的技巧 143

　　一、训练有素，不留痕迹 143

　　二、全力以赴，争取好感 144

　　三、把握听众心理 145

第二节　吸引听众的技巧 148

　　一、表达的技巧 148

　　二、旁征博引的技巧 149

第三节　演讲中的语言技巧 151

　　一、形象化、个性化、口语化 151

　　二、幽默法、迂回法、悬念法 154

　　三、称谓、节奏、简练 157

第四节　表情达意的技巧 159

第五节　消除紧张的技巧 159

  一、消除紧张，留住自然 159

  二、建立自信 160

  三、应用：兰博士的抗怯场练习 162

思考与练习 164

第九章　口才知识与基础训练 165

第一节　口才的含义及口才素质的养成 165

  一、口才的含义 165

  二、口才素质的养成 166

第二节　口才素质的特质 167

  一、说明性 167

  二、说服性 167

  三、感染性 168

  四、应变性 168

第三节　口才训练的基本方法 169

  一、速读 169

  二、背诵 169

  三、练声 169

  四、复述 169

  五、描述 170

第四节　发声能力训练 170

  一、不同的语调带有不同的意义 170

  二、如何在演讲中运用突兀语言 171

  三、怎样用顿歇技法推进情感 172

  四、演讲有声表达如何科学运气 173

  五、学会使用语气来表达不同的意义 173

  六、有活力的声音才能吸引听众 174

  七、发音是建立良好沟通的第一步 175

  八、不要让声音尖锐刺耳 176

  九、节奏适中有助于听众理解 176

  十、准确地把感情色彩表现出来 177

  十一、不要用鼻音说话 178

第五节　普通话能力训练 178

  一、吐字要清晰准确 178

  二、语调要准确 180

三、语言能力的练习ㆍㆍ180

　　四、有声语言怎样正确练声ㆍㆍㆍ181

　　五、有声语言怎样清晰咬字ㆍㆍㆍ182

　　六、普通话训练ㆍㆍㆍ183

第六节　朗读能力训练ㆍㆍㆍ185

　　一、朗读的特点ㆍㆍ185

　　二、朗读的作用ㆍㆍ186

　　三、朗读的要求ㆍㆍ187

　　四、朗读的准备ㆍㆍ189

　　五、朗读技巧训练ㆍㆍ197

　思考与练习ㆍㆍㆍ211

附录　演讲例文选读ㆍㆍ215

　例文一：奥巴马胜选演说ㆍㆍㆍ215

　例文二：恩格斯在马克思墓前的讲话ㆍㆍㆍㆍㆍㆍㆍㆍㆍㆍㆍㆍㆍㆍㆍㆍㆍㆍㆍㆍㆍㆍㆍㆍㆍㆍㆍㆍㆍㆍㆍㆍㆍㆍㆍㆍㆍ218

　例文三：布什在耶鲁大学的演讲ㆍㆍㆍ220

　例文四：克林顿在白宫发表的离职演说ㆍㆍㆍㆍㆍㆍㆍㆍㆍㆍㆍㆍㆍㆍㆍㆍㆍㆍㆍㆍㆍㆍㆍㆍㆍㆍㆍㆍㆍㆍㆍㆍㆍㆍ221

　例文五：比尔·盖茨哈佛演讲ㆍㆍㆍ223

　例文六：最后一次讲演ㆍㆍㆍ229

　例文七：种族隔离制度绝无前途ㆍㆍ230

　例文八：支持"物种起源"的学说ㆍㆍㆍ232

　例文九：全国科学大会闭幕式演讲ㆍㆍㆍㆍㆍㆍㆍㆍㆍㆍㆍㆍㆍㆍㆍㆍㆍㆍㆍㆍㆍㆍㆍㆍㆍㆍㆍㆍㆍㆍㆍㆍㆍㆍㆍㆍㆍㆍ233

　例文十：福克纳接受诺贝尔奖时的演说ㆍㆍㆍㆍㆍㆍㆍㆍㆍㆍㆍㆍㆍㆍㆍㆍㆍㆍㆍㆍㆍㆍㆍㆍㆍㆍㆍㆍㆍㆍㆍㆍㆍㆍ235

　例文十一：挣脱生命的束缚ㆍㆍ236

　例文十二：学会感恩ㆍㆍㆍ238

参考文献ㆍㆍ240

第一章 演讲概述

第一节 演讲的本质和特征

一、演讲的本质

　　什么是演讲？演讲和讲话(或说话)有较大的区别。抗日战争时期，有些爱国人士、学生经常会在人潮汹涌的地方，面向听众，凭借自己的口才，运用有声语言和态势语言的艺术手段阐明道理，抒发感情，发表个人见解，感召听众，这是我们所熟悉的演讲。其实早在古希腊时期，游吟诗人荷马游走希腊各地传唱特洛伊战争中英雄们的事迹；我国的大思想家孔子也是周游列国，推广他的学说，劝告各国诸侯。这些活动在形式上都属于演讲。

　　演讲和说话的区别在于，演讲的目的是因疑作答、寻根问底、明辨是非、释疑解惑、阐明观点；而说话是人们的自言自语、日常的寒暄聊天，或者一般性的个别交谈。

　　演讲作为人类的一种社会实践活动，由演讲者、听众、沟通二者的媒介以及时间、环境要素构成，离开其中任何一个要素则不能构成演讲。演讲的传达手段包括有声语言、态势语言和主体形象。

　　有声语言是演讲活动最主要的表达手段。它由语言和声音两种要素构成，以流动的声音运载思想和情感，直接诉诸听众的听觉器官。它要求吐字清楚、准确，声音清亮、圆润、甜美，语气、语调、声音、节奏富于变化。

　　态势语言就是演讲者的姿态、动作、手势和表情，它以流动着的形体动作辅助有声语言运载思想和感情，直接诉诸听众的视觉器官。它要求准确、鲜明、自然、协调。

　　主体形象是指演讲者的体形、容貌、衣冠、发型、举止神态等。主体形象的美与丑、好与差，直接影响着演讲者思想感情的表达，同时也影响着听众的情绪和感受。它要求演讲者在符合演讲思想感情的前提下，注意穿着朴素、自然、得体，举止、神态、风度潇洒、优雅、大方，给听众以美的享受，留下深刻的印象。

必须指出，演讲不能单纯地表演，而是在传递信息的时候要用表演来演绎和阐释演讲的目的。不能单纯地朗读，"演"与"讲"在演讲实践活动中，是以"讲"为主，以"演"为辅，二者互相交织、互相渗透、互相促进。在这里，"讲"起主导作用，是决定因素，而"演"则必须建立在"讲"的基础上，否则它就失去了存在的意义。演讲如果只"讲"不"演"，就会缺少动人的主体形象和表演活动；如果只"演"而不"讲"，就会缺少语言形象的生动性和感染力。所以，"讲"和"演"两者相辅相成、缺一不可。

由此可以给演讲的本质下一个定义：演讲是指在一个特定的时境中，演讲者借助有声语言和态势语言的艺术手段，针对社会的现实和未来，面对广大听众发表意见，抒发情感，从而感召听众并促使其行动的一种现实的信息交流活动。

二、演讲的特征

演讲具有以下特征。

第一，现实性。演讲属于现实活动范畴，不属于艺术活动范畴，它是演讲者通过对社会现实的判断和评价，直接向广大听众公开陈述自己的主张和看法的现实活动。

第二，艺术性。演讲是现实活动的言态表达艺术。它的艺术性在于它具有统一的整体感和协调感，即演讲中的各种因素(语言、声音、表演、形象、时间、环境)形成一种相互依存、相互协调的美感。同时，演讲不单纯是现实活动，它还具备戏剧、曲艺、舞蹈、雕塑等艺术门类的某些特点，并将其与演讲融为一体，形成具有独立特征的活动。

第三，鼓动性。没有鼓动性，就不能成为演讲，政治演讲也好，学术演讲也好，都必须具备强烈的鼓动性。这是因为：一切正直的人们都有追求真、善、美的渴望，演讲者传播了真、善、美，自然会引起共鸣，激励和鼓舞听众；演讲者以自己炽烈的感情去引发听众的感情之火，容易达到影响听众的目的；演讲者的形象、语言、情感、态势以及演讲词的结构、节奏、情节等均能抓住听众的心；演讲的直观性使其与听众直接交流，极易感染和打动听众。可以说，鼓动性是演讲成功与否的一个标志。

第四，工具性。演讲是一门科学，更是一个工具，是人们交流思想的工具。任何思想、任何学识、任何发明和创造，都可以借助演讲这个工具来传播。可以说，演讲是最经济、最实用、最方便的传播工具，任何人都可以使用它。

在现实的演讲活动中，有以下两种倾向值得注意。一是演讲者只"讲"不"演"，只注重演讲的实用性而忽略了演讲的艺术性，使演讲不伦不类、干巴枯燥，因而削弱了演讲的效果。二是演讲者一味过分地"演"，追求相声、评书、朗诵、故事等其他艺术表演技巧，冲淡了演讲的现实性、实用性和严肃性，显得滑稽、荒诞，起不到演讲应有的作用。这两种倾向都是必须认真加以克服的。

第二节 演讲的条件和功能

一、演讲的条件

演讲是在社会实践的直接需求下产生的一种活动，它是一种人与人之间的公共交往，在这样的交往中，人们在展开的各种活动(如政治活动、经济活动、科学文化活动以及其他种种社会交往活动)中，必然要发表见解、提出主张、释疑解惑、抒发感情，以达到说服人、感染人、教育人、激励人的目的。

(一)演讲必须体现现实性和艺术性

人们在开展演讲活动时，无论是演讲者、主持者，抑或是听众，都有自己的目标指向和心理定式，都十分重视演讲的实际效果。就演讲者来说，力求当场感召听众、说服听众，达到其预定的目的和任务。就听众而言，从社会价值观念出发，同样也希望从演讲中获得知识和启示。至于演讲主持者，本来就承担着根据特定的目的对演讲活动进行组织和安排的任务，更希望演讲活动各方面协调，达到最佳的实际效果。

一场富有吸引力的好的演讲，不仅可以生动地反映生活，揭示真理，帮助人们正确认识客观规律，同时也可以培养人们美好的道德情操，促进人们奋发向上，给人以强烈的美的享受。演讲活动所发挥的认识作用、教育作用、美感作用，正是社会实践的直接需求，同时，这本身也正是实实在在的社会现实生活，具有直接的现实指导意义。

演讲不仅是一种现实性的社会实践活动，而且是一种带有艺术性的社会实践活动。科学通过生动的逻辑思维使人认识抽象的真理，艺术往往通过形象使人认识真理。在演讲活动中，演讲者为了最大限度地达到自己的目的，使听众心悦诚服、精神感奋，必须做到"晓之以理，动之以情，喻之以利，导之以行"，为此，常常要借助于戏剧、音乐、绘画、相声、小说、诗歌等多种文学艺术手段为其服务。当然，它虽然具有多种文学艺术形式的一些特点和因素，但它毕竟不同于小说、诗歌、戏剧、音乐、绘画、雕塑等文学艺术。文学艺术作品常常运用典型化手法，形象地、间接地反映社会生活，其本身并不等于现实生活；而演讲则是直接地表现生活，其本身直接体现着现实生活的内容。

(二)演讲必须在特定的环境中进行

所谓"特定的环境"，一般指的是演讲者和听众处在一定的时间和空间环境中。如"街头演讲"，演讲者与听众同时处在街头；"法庭论辩演讲"，演讲者与听众同时处在法庭的氛围之中。一般来说，演讲活动都要有相应的场合、相应的听众、适当的布置、合适的讲台、良好的音响效果和一定的时限。一定的时空、环境反作用于演讲，制约着演讲的内容、语言和表情动作等。一旦时空、环境发生转移和变化，演讲的内容、语言和表情动作等也必须随之转移和变化，以适应新的时空、环境。在科学飞跃发展的今天，时空观念发生了相背离的变化，时间在超强度地缩短，空间在奇迹般地扩大。

广播、电视拓宽了人们的空间范围，同时也缩短了人们的时间差距。运用广播、电视可以把不同时间、不同地点的演讲者和听众组合起来，使传统的演讲出现了新的发展和突破。如广播、电视演讲，从表面上看，听众、观众并未直接与演讲者处在同一时间和同一环境中，但从根本上看，仍是处在特定的时空环境中，演讲者仍然必须有强烈的现场感，宛若置身于听众之中，也要考虑听众对演讲的情绪反应和态度评价，尽管各种反应和评价不一定立即在现场流露出来。因为在设置着麦克风和摄像机的演播室内演讲，本身也就是处于特定的时空、环境中，从客观的角度来讲，任何一个演讲者都无法逃脱他所处的时代、环境对他的制约，离开了这些，演讲也就失去了它的存在价值。

(三)演讲必须依托语言来展开

语言是人们彼此交流思想以达到互相了解的一种极其重要的交际工具，人类社会生产的任何方面，都直接或间接以语言为工具。有声语言就是演讲活动中传递信息、表达思想的最主要媒介和物质表达手段，它是演讲者思想感情的载体，以流动的方式运载着演讲者的主张、见解、态度和感情，将其传达给听众，从而产生说服力、感召力，使听众受到教育和鼓舞。离开了口语表达，就无所谓演讲。要达到以理服人、以情感人、以智育人、使听众心领神会的效果，演讲者的语言必须流畅易懂，富有魅力。

好的有声语言不仅准确清晰、圆润和谐，而且绚丽多彩、生动有趣，以其跌宕起伏、音义兼美的艺术魅力，形成一种境界，使言辞的表现力和声音的感染力均达到最佳的状态。

二、演讲的功能

演讲虽然是讲话的一种，但是和我们日常的讲话是不同的。我们日常的讲话，是人们为了交流思想、联络感情、协调行动而说的。这样的讲话，都是人们你一言我一语地讨论，对于逻辑性的要求并不高，人们的交谈是相互交织进行的，所以是散漫的、随意的。但是演讲不同，它具有明确的逻辑性和目的性，需要演讲者的精心准备。

(一)信息的沟通与传播

演讲时，演讲者把自己的观点和看法系统地统合到一起，有计划、有组织地传达给听众。在演讲的过程中，除了设计好的互动之外，基本上是不需要听众插话的。即使是我们熟悉的辩论赛，也是一个人、一个人地阐述，中途一般是不能被打断的。在这样特殊的模式中，演讲者和听众、听众和听众之间就形成了多种多样的联系，这是传播的必然发展。

这些多种多样的联系，也以各种不同的形式展现在了听众和演讲者的面前。听众可以在这些表现中找到感情的共鸣，同时便于听众理解和记忆演讲的内容。演讲者在台上滔滔不绝地发表演讲时，他的思想感情、举止神态都直接作用于听众，听众接收到这些信息，或欣然赞许、开怀大笑，或心存疑义、无动于衷，或惊或喜，或悲或叹，都会在现场流露出来。而对于演讲者，这样的联系可以使他随时确认演讲的进度和效果，听众对演讲的情绪反应和态度评价，会自然地反馈给演讲者，为其所察觉。所以演讲者能够协调与听众的关系，使他的演讲具有吸引力，演讲就会成功。

演讲是一个典型的传播过程，是演讲信息循环流通的过程。在这个过程中，演讲者通过声音、体态、形象将演讲信息传达给听众，听众在得到这些信息之后，必然会出现一定的反应，如高兴、悲伤或者漠不关心等。显然，要使演讲顺利进行，必须使各方面联系和各个环节有效地连接，密切配合。尊重演讲的传播性，尊重听众，才能更好地完成演讲。

(二)促使语言准确与生动

演讲是一种靠演讲者的独白来打动听众、感染听众的传播方式，没有了互动、交谈，就避免了内容的杂乱、不统一，可以使演讲者能够明确地阐述自己的观点，但是同样是因为这样，在演讲中要注意语言的准确、清晰和生动。

就像教师讲课一样，要讲全新的内容使得学生理解并掌握。演讲要求演讲者必须通过自身的有声语言材料和相应的体态语言来逐条逐款层层展开，要讲清思想观点的来龙去脉，就不是三言两语可以奏效的。

因此，演讲者的语言必须经过认真组织、仔细斟酌，要有着很强的内在逻辑。

开头要精彩，引人入胜；结尾要恰到好处，耐人寻味；而中间部分要求层次清晰，论点明确，完美地将自己和听众的情绪推向高潮，同时要运用叙事、抒情、说理等多种方式使自己的论证做到天衣无缝。如何以其深刻的思想性和精巧的文采美来吸引听众、感染听众，拨动听众的心弦，弹奏出最动听的乐曲，这一切都要求演讲者苦心构思，巧妙结合。

演讲者这种独白式的言态表达方式，又是有声语言和体态语言的结合体，它要求语言、声音、眼光、动作、姿态有机地结合，浑然一体，做到吐字准确、语调动听、表情丰富、动作适度、仪态大方、感情充沛，使人产生一种"思风发于胸臆，言泉流于唇齿"的美感。因此，它必须遵循一定的美学原则，讲究音韵、修辞、气度等，具有一定的艺术色彩。总之，一场成功的演讲，其语言必须具备以下要素：措辞准确，声调清晰，体态得当，感情真挚，结构完美。

值得说明的是，演讲虽然是艺术化的独白式的言态表达，但这种"艺术化"有一定的"度"，它是受现实活动的目的和效果制约的有限的艺术，实际上只是一种手段性的艺术，如同技能、技巧一般。如果超越了这个"度"，就把演讲搞成评书、单口相声或诗朗诵一般，那就不伦不类，失去了演讲的真实性。评书、单口相声、诗朗诵虽然也是"一人讲，众人听"，但是它们属于艺术范畴，是艺术活动，是艺术活动中的言态表达形式。而演讲是现实活动，"它是现实活动的言态表达艺术，而不是艺术活动的言态表达"。

(三)面对现实的宣传教育

在我们的生活中，演讲是无处不在的，无论是政治、经济、军事、外交、法律，也无论是学术、理论、宗教、道德或其他社会问题，都可以成为演讲的题材，帮助演讲者发表自己的意见和看法。

同时，演讲不像文字和书籍，要求受众具有一定文字和文学功底，不论是老年人、中年人、青年人、少年，还是工、农、兵、学、商，只要具有听讲能力，都能成为演讲听众。

演讲对场地的要求也不高，电台、电视台、礼堂、课堂、广场，甚至街头巷尾，只要是有人流的处所就都能成为演讲的场地。

因此，它能紧密地配合形势，适应现实任务的多种需要，及时地开展宣传鼓动、就职施政、争取民众、发号施令、激励斗志、传道授业、答疑解惑、布置任务、安排生产等活动。事实上，演讲是最经济、最灵便、最直接、最有效、最实用的宣传教育形式之一。

第三节　演讲的目的和类型

一、演讲的目的

人们的任何社会实践活动都有明确的目的，其功利性是非常鲜明的。第一次世界大战之后，帝国主义操纵巴黎和会逼迫中国签署不平等条约，这样的行为使得北京大学等众多高校的学生愤慨，他们游行、示威、公开演讲。这时期的演讲的目的非常明确，要求取消"二十一条"、拒绝签字，"外争国权，内惩国贼"。演讲活动是演讲者与听众的双向活动，因此演讲的目的就分别体现为演讲者演讲的目的和听众听演讲的目的。每个演讲者由于身份、地位、年龄、专长各不相同，演讲的目的也不尽相同，甚至每位演讲者的每次演讲的目的也不相同。

从演讲的宏观目的来说，演讲者演讲的目的也就决定了演讲的目的。从总体上来看，演讲的目的就是演讲者与听众取得共识，使听众改变态度，激起行动，推动人类社会向理想境界迈进。演讲无论是宣传自己的政治主张、观点，或是传播道德伦理情操，还是传授科学文化知识和技艺，都是为了让听众同意自己的主张、观点和立场以取得共识，并在此基础上激发听众的实际行动，向着理想境界迈进。例如，美国第十六任总统林肯的解放黑奴的演讲，目的就是动员美国人民为解放黑奴、废除奴隶制而斗争；杨振宁、李政道两位科学家发表的学术演讲，目的就是宣传他们的科学发现，让社会接受其正确的观点，从而推动科学文化的进步。

从演讲的微观目的来看，迄今为止，尚未有专职演讲家。一般的演讲者都有自己的正式职业或专业，如鲁迅是文学家，闻一多是学者、诗人，林肯是总统，丘吉尔是首相。由于其职业、专业、经历等多种因素的不同，演讲的目的、内容也有所不同。闻一多在昆明的《最后一次演讲》的目的就是揭露和痛斥敌人，鼓舞听众，发展民主运动；而曲啸、李燕杰、刘吉等人的演讲则是向广大青年进行理想、道德等方面的教育。因此，从微观上看，每位演讲者的每一次演讲都有不同的具体目的。

演讲的宏观目的与微观目的并不矛盾。闻一多作《最后一次演讲》的微观目的是揭露敌人，鼓舞听众，发展民主运动，这一目的恰与推动人类向理想境界迈进是一致的，这是值得注意的。

具体地讲，演讲通常具有以下几种目的。

(一)使人了解演讲的信息

演讲是一种传播活动，它的主旨就是：演讲者说明、解释或阐明有关人或事或物的某些状况或特征等，使听者理解、明白演讲者传递的信息。

在这样的传播活动中，演讲者不能支配听众的想法和感情，只能传达自己的目的和感情。

(二)使人信服、接受演讲的信息

使更多人信服、接受演讲的信息是更进一步的演讲目的。在演讲将信息传达出去后，演讲者的工作并没有完成，他要确保他的目的和希望能够被听众接受和理解。这要靠演讲者观察听众的神态、表情等信息来判断。

(三)使人按演讲要求付诸行动

使人们按照演讲的要求行动起来是在前两种基础上产生的一种更高阶段的演讲目的。在这个阶段，听众已经完全接受了演讲的内容，并把演讲者的要求贯彻到了行动中去。演讲的目的是影响听众的举止，影响其去做某件事或停止做某件事。在这类演讲中，演讲者首先要使听众明白和接受自己的思想、观点、建议，然后必须以某种激情呼吁的方式，支配或驱策听众的行为，使其按照演讲者提出或传达的要求去行动。

(四)使人从演讲中得到激励和鼓励

在这类演讲中，演讲者的目的一般不是要影响听众的思想、信念，而主要是企图更强烈、更深刻、更动人地再现听众已经具有的思想、观点、感情、愿望、信念等，使听众的思想感情得到进一步升华和强化,从而受到鼓舞和激励。在"使人激"的演讲中,演讲者必须使自己成为听众的代言人,全面通晓、真挚地表达出听众的思想感情。此外,演讲者还应当要求自己成为能对听众进行引导的长者。可以说,"使人激"的演讲是演讲技艺的顶峰,一些彪炳史册的著名演说,如林肯的葛底斯堡演说、恩格斯在马克思墓前的讲话、丘吉尔首相的就职演说等,都是"使人激"演讲的成功范例。"使人激"的演讲与"使人动"的演讲有着极其密切的联系,真正能"使人激"的演讲必先能"使人动"。

(五)使人从演讲中感到快乐

在"使人知""使人信""使人动"的演讲里,都可能穿插一些幽默而富有趣味的内容,以活跃气氛,增强听者的兴趣,使其更乐于理解、接受某些观点或按某种观点去行动。"使人乐"的演讲能够寓思想教育于娱乐之中,使听众摆脱紧张和疲劳,达到一种轻松的心境。

二、演讲的类型

每次演讲的主题、形式、内容、观众都不尽相同,所以在每次演讲前,演讲者都要煞费苦心地根据这次演讲的实际情况来制定相应的对策,而演讲的分类能够帮助演讲者更加清楚地了解自己要做的演讲是什么。

演讲从不同的角度有诸多分类,可以从内容和表达形式两个方面来表述。

(一)从演讲内容上分类

1. 政治演讲

政治演讲,顾名思义,是为了一定的政治目的,出于某种政治动机,就某个政治问题以及与政治有关的问题而发表的演讲。它包括外交演讲、军事演讲、政府工作报告、各种会议上的总结报告、政治评论、就职演说、集会演讲、宣传演讲等。

政治演讲是具有鲜明思想、逻辑清楚的一种演讲,它具有强烈的感染力以及鼓动性,其目的就是尽可能多地吸引人们的兴趣,使更多的人站在自己的阵营。

2. 经济演讲

所谓经济演讲,就是在经济的环境中,对于如何发展自己、推销自己,或者是对于整体经济环境进行研究和探讨。一般来讲,经济演讲就是具有经贸内容性质的演讲。这类演讲大致可分为公关型、总结型、动员型和经验介绍型。公关型演讲是指企业家洽谈贸易,阐述本企业的对外政策,宣传本企业的发展形势和产品特色等;总结型演讲就是指企业领导向被授权的大会汇报工作并分析评价工作成绩等;动员型演讲就是指企业领导向职工解释生产计划以及计划实施的意义和效益,以便最大限度地调动职工的积极性;经验介绍型演讲就是指围绕产品质量、销售、管理等经济活动所进行的科研探讨等。经济演讲服务于经济，其所传递的经济理念和信息在经济领域起着越来越重要的作用。

3．学术演讲

学术演讲是指演讲者针对某些专业性比较强的内容进行演讲。大部分学术演讲是学校和其他场合的专题讲座、学术报告、学术发言、学术评论、科学讨论、科学报告或信息报告、学位论文的答辩等。

学术演讲一般是学者或者研究人员对于自己的研究成果进行讲解，其目的是加强公众对于一些专业性比较强的内容的理解和认识。学术演讲具有很强的专业性，它有深刻的论证、很强的逻辑性、严谨的语言风格。

4．法律演讲

法律是国家或地区用来规定人们行为的一种规范，而法律演讲则是指从事与法律相关的行业的专业人士对于各种事件的辩论、研究的演讲。

法律演讲包括与法律相关的一些内容，如公诉人、辩护代理人在法庭上所做的演讲，律师的辩护演讲。它主要包括检察官的演讲(起诉词)、律师的演讲(辩护词)、社会起诉词、社会辩护词、被告的自我辩护等。这样的演讲针对性强，具有明确的目的性。

5．军事演讲

军事演讲是每个国家都必不可少的一部分，它是告诉公众军事方面的一些信息和现状，是使平时不能接触国防军事的一般大众了解各地军事情况的一种演讲。

6．道德演讲

道德演讲是人们在日常生活中必不可少的一种演讲。道德是约束人们行为的一种约定俗成的规约，它没有强制性，靠的是人们的自觉性。在生活节奏越来越快的今天，道德演讲可以起到提醒人们自觉遵守社会道德的作用。

一般的道德演讲是由一些德高望重、受人尊敬的人来进行的，因为这样的人大多本身就是道德的楷模，具有说服力。

道德演讲的内容一般是运用一些真实的事例来达到感动人心的目的。

7．礼仪演讲

礼仪演讲是在一些公众场合发表的用来调节人际关系的演讲。我们常见的凭吊、庆贺、婚礼、生日等活动的演讲，都可以算作礼仪演讲。礼仪演讲最重要的是，要注意各种不同的场合。

(二)从演讲的表达形式上分类

演讲从表达形式上分类，主要有命题演讲、即兴演讲和论辩演讲等。

1．命题演讲

命题演讲即由别人拟定题目或演讲范围，并经过准备后所做的演讲。它包含两种形式：全命题演讲和半命题演讲。全命题的演讲题目，大多是由组织演讲的单位指定的，这样的命题，通常是为某些活动而准备的，所以它主题鲜明、针对性强、内容稳定、结构完整。半命题演讲是指演讲者根据演讲活动组织单位限定的范围，自己拟定题目进行的演讲。半命题演讲题目比起全命题演讲来，给予演讲者的自由要大得多，这种演讲只是划定了一个大概的范围，在这个范围内，演讲者可以根据自己的喜好再细致划分。

2．即兴演讲

即兴演讲是指演讲者在事先无准备的情况下就眼前场面、情境、事物、人物临时兴起发表的演讲，如婚礼祝词、欢迎致辞、丧事悼念、聚会演讲等。它的特点是：有感而发、时境感强、篇幅短小。它要求演讲者紧扣主题，抓住由头，迅速组合，言简意赅。

3．论辩演讲

论辩演讲即由两方或两方以上的人们因对某个问题产生不同意见而展开的面对面的语言交锋。其目的是坚持真理、批驳谬误、明辨是非。例如，我们生活中常见的法庭论辩、外交论辩、赛场论辩，以及每个人都曾经历过的生活论辩等。它的特点是：针锋相对，短兵相接。论辩演讲较之命题演讲、即兴演讲更难一些，要求演讲者必须具备正确的思想、高尚的品质、严密的逻辑性、较强的应变性。

思考与练习

1. 什么是演讲？举例说明演讲与讲话的区别。
2. 演讲有什么特点？试举例分析。
3. 演讲从内容上分为哪几类？结合具体的作品分析其特点。
4. 演讲从表达形式上分为哪几类？请选取某一形式在班内或小组内进行练习。

第二章 演讲语言

第一节 演讲语言的意义

  演讲是一门语言的艺术，要说服人、感染人，语言的作用是至关重要的。爱默生说："语言是一种伟大的力量，它能说服人、吸引人并促使人们去行动。"拥有卓越的演讲口才是每个人心中的梦想和不懈追求的方向，更是建立良好人际关系和走向成功的通行证。公元前，埃及一位年迈的法老谆谆告诫即将继承王位的儿子说："当一个雄辩的演讲家，你才能成为一个坚强的人……舌头就是一把利剑，演讲比打仗更有威力。"不言而喻，演讲口才的作用是巨大的，千百年来，一直受到人们的重视。

  我国南北朝时期的大评论家刘勰在《文心雕龙》一书中曾高度评价演讲口才的作用："一言之辩，重于九鼎之宝；三寸之舌，强于百万之师。"战国时，毛遂自荐使楚，他口若悬河，迫使楚王歃血为盟；苏秦游说诸侯，身挂六国相印，促成合纵抗秦联盟；东汉末年，诸葛亮出使东吴，舌战群儒，说服吴主孙权联刘抗曹，终获赤壁大捷；新中国成立之初，周恩来奔走各国，谈笑风生，言谈间卷舒风云，树立了中国外交新形象；"二战"时，罗斯福、丘吉尔慷慨陈词，雄辩滔滔，唤起千万人民与法西斯决一死战的信心，扭转了世界局势；20世纪80年代，撒切尔夫人妙语连珠，精心打造"铁娘子"时代……演讲口才在他们那里，已然成为一种攻无不克的法宝。

  如今，随着思想文化、科学技术日益广泛的交流，传播手段的愈加现代化，社会竞争的日趋激烈以及人与人之间关系和交往的密切，在社会生活的各个领域，能说会道、能言善辩、口才卓越的人越来越显现出一种特有的优势。他们在各种场合充分发挥着自己的聪明才智。美国学者戴尔·卡耐基说："一个人的成功，有15%取决于知识和技术，85%取决于沟通——发表自己意见的能力和激发他人热忱的能力。"大文豪蒙田也说过："语言是一种工具，通过它，我们的意愿和思想就得到交流，它是我们灵魂的解释者。"越来越多的人把口才、原子弹和电脑并称为在当今社会制胜的三大武器，并提出"知识就是财富，口才就是资本"的新理念。

演讲语言的重要性在于，语言不但是人类有别于其他动物的主要标志之一，而且是人类数十万年来得以繁衍生息、生存发展的一种重要手段。在人类发展已经步入新世纪的今天，科技与信息革命所掀起的新浪潮正汹涌澎湃、巨浪滔天，说话不仅成了人们日常生活的一个重要组成部分，更是人们事业成败的一个举足轻重的先决条件。语言的魅力取决于演讲者的真诚和自信。

真诚是语言沟通的基础。1952 年，美国前总统尼克松曾在政治上出现严重的危机。当时他是最年轻的参议员。在他为竞选奔忙时，《纽约时报》突然抛出抨击他在竞选中秘密受贿的文章，新闻飞遍全国，顿时舆论大哗，他的压力越来越大。就在此刻，尼克松举行了一次震撼美国的演说，使他奇迹般地化险为夷。

当时，尼克松在电视台发表了半小时的讲话，全国 64 家电视台、754 家电台，将各种镜头、话筒对准了尼克松。当他在电视屏幕上出现时，整个美国都安静了下来。他采取了一个罕见的行动，把自己的财务史全部公开，从自己的家产一直谈到他的欠债。这样，尼克松先得到了听众的同情。紧接着，他详细地说明自己的经济收入情况，连自己如何花掉每一分钱都告诉听众。他还告诉大家："这次竞选提名之后，确实收到了一件礼物，这就是得克萨斯州有人送给我孩子的一只小狗。"当他讲完时，到处都响彻欢呼声。有 100 万人打电话、电报或寄出信件，从邮局汇来的小额捐款达 6 万美元，全美国收听、收看这次演讲的达 6000 万人。

尼克松的演讲使事实得以澄清，还得到了大批的同情者。这说明只要说话者情真意切，就一定能够打动听众的心弦。

唐代大诗人白居易说："动人之心者莫先于情。"一个说话者如果感情不真切，是逃不过成百上千听众的眼睛，同时也难以打动听众的心。很多著名的政治家，他们在交际方面的表现十分出色，培养自己说话、演讲的真切情感是他们的成功之法。美国著名政治家林肯就是其中的杰出代表之一。1858 年，他在一次竞选辩论中说："你能在某些时候欺骗所有的人，也能在所有时候欺骗某些人，但不能在所有的时候欺骗所有的人。"这句著名的政治格言，成了林肯的座右铭。

第二次世界大战期间，年近 70 岁的英国首相丘吉尔在对秘书口授反击法西斯战争动员的讲稿时，讲到激动之处，热泪盈眶。他的这一次演讲动人心弦，极大地鼓舞了英国人民的反法西斯斗志。一个说话者如果讲话华而不实，只追求华丽的辞藻，开出的只能是无果之花。缺乏真挚而热烈的情感，只是"人工仿制"的感情，虽然能欺骗听众的耳朵，却永远骗不到听众的心。而说话者一旦讲话袒露情怀，敞开心扉，就会达到语调亲切、激情迸发、内容充实的效果，也就会字字吐深情、句句动人心魄。

自信是取得演讲成功的基础。自信心指的是一个人对自身能力与特点的肯定程度。这种肯定程度直接影响到人们的说话胆量。自信，意味着对自己的信任、欣赏和尊重，意味着胸有成竹、处事有把握。充满信心的语言，往往会因其内在的力量而具有特别的动人魅力。在某大学学生干部竞选中，有位身材娇小的学生面对云集的强手，大声疾呼："请投我一票，我将竭尽全力，为大家服务。"强烈的自信心，使他的语言具有很强的吸引力和感召力。

高度的自信心不仅可以直接增加说话的吸引力，而且还可以弥补自身某方面的不足，增强个人魅力。菲律宾前外长罗慕洛，穿鞋后身高比其夫人还矮一截，可他凭借强烈的自信心，一次次地在外交事务中出色地完成任务，创下了许多业绩，也正是其充满自信心的语言，使他获得了全世界的瞩目。众所周知，美国历史上唯一连任四届总统的罗斯福，是美国历史上继开国总统华盛顿和赢得南北战争胜利的总统林肯之后最伟大的政治家，他把美国人民带出了大萧条的泥潭，并推动世界反法西斯力量打赢了第二次世界大战。就是这样一位纵横万里、大刀阔斧、敢作敢为的政治家，竟然是一位高度残疾的人。他拖着瘫痪之躯，克服自卑心理，凭着高度的自信心，克服常人难以想象的种种困难，最终成为一位著名的政治家。

一位大企业的领导在谈到成功前的经历时感慨地说："过去我总是担心自己的文化水平低，所受教育不够好，别人会看不起我，不敢在众人面前讲话，即使在班组会上也放不开。后来，我就和周围的人们做比较，发现我的优势不少，业务熟练，经验较多，人缘不错，有一定的号召力，看问题比较全面。我想我不比别人差，干任何事都比他们干得好，就慢慢增强了信心，敢于在众人面前讲话了，乐意找机会表达自己的观点。当了总经理后，面对几百名公司职员讲话也不怯场，即使讲一两个小时也不用稿子。"

可见，自信是一个人的事业取得成功的重要前提。

美国诗人爱默生说："自信是成功的第一秘诀。"一个人事业成就的大小往往与自信心的强弱有直接的关系。要想成为一名优秀的讲话者，必须具备良好的心理素质，克服自卑心理，树立坚定的自信心。如果你在登台演讲时，脑海里总是盘桓着"我的口才太差""我天生就不是讲话的料""我的讲话听众不喜欢听""我讲的都是些老生常谈的东西"等，这些声音只会严重刺伤你的自尊心，削弱你的自信心，使你产生恐惧心理。在这种时候，最重要的莫过于信赖自己。有位演讲家曾这样告诫讲话怯场者：你上台时，要"目中无人""老子天下第一""全场只有我一人对这讲题最有研究，最有发言权，最能讲成功"；你下台时，要"目中有人"，虚怀若谷，谦虚地听取意见，不断地改进。

假如你一上台，就怕自己讲不好，自己不相信自己，自己否定自己，那么肯定要失败。美国演讲家戴尔·卡耐基说得更形象有趣："你要假设听众都欠你钱，已请求你宽限几天；你是个神气的债主，根本不要怕他们。"

上述两位演讲家的忠告，也是他们自身的经验之谈——害怕是紧张情绪的根源。另外，你不妨在心里默念一些警句，诸如："自信是胜利的第一秘诀。""不屈不挠是取胜的必经之路！""勇敢、沉着、顽强、坚定，光明就在前面。""避免失败的最好办法，就是下决心获得成功。""每一个善于溜冰者的成功之道都是：跌倒了爬起来，成功也就来了！""没有目标，就没有成功可言；没有决心，就注定要失败！"熟记一些警句，能让讲话的人充满力量，易于获得启迪，把紧张的情绪驱散。

第二节 演讲语言的原则

我们每个人都会使用语言，同时我们以为我们都会说话，正是因为这样，我们才更应该了解使用语言的原则，这是约束我们的一个准则，避免我们说出不合时宜的语言，影响整个演讲的效果。

一、语言的准确性原则

说话的目的就是要让别人听懂，这是对说话最基本的要求，如果一个人说的话别人听不懂，语言不准确或者意思表达不清楚，就不能反映出他的真实意图和实际思想，听众也就不能理解和接受，结果不仅会给自己带来不少麻烦，还会引起无法避免的误会。

在遇到言辞不清时一定要慎重处理，切勿模糊不清，否则它会成为你与他人沟通的障碍，甚至会得罪人。一个说话准确的人，总可以准确、流利地表达自己的意图，也能够把道理说得很清楚、动听，使别人很乐意接受。当然，说话能够做到雅俗共赏是最理想的，将使你拥有更多的听众。但无论如何，为了准确传达你的信息，应尽量不说有歧义的话。

从语言上来讲，说话要通俗易懂。如果听众不是专家学者，应改用浅显、平易、朴实的语言，少用专业术语，更不可咬文嚼字，故作高深，否则无异于在难为听众。如果听众是具有较高文化素养的人，语言可以稍微文雅一些，让自己的谈吐适应他们的水平。由此可见，准确地把你的思想表达出来，是与他人交流的语言基础。

二、语言的诚信性原则

诚信原则是说话时必备的原则。诚信，就是诚挚、信用。它要求说话的人所表达的言辞是诚恳、真挚而又有信用的。

庄子说过："至信辟金。"他认为，最大的诚信是不需要用金玉来作为信物的。孔子也主张"轻千乘之国，而重一言之信"，俗话中也有"一言既出，驷马难追"的说法。说话人如果能够以诚信对待接受者，就会联络感情，赢得信赖，加强沟通，直至化解矛盾。而花言巧语、哗众取宠、夸夸其谈、浮泛聒噪、口惠而实不至，只会令人反感，失去信任，使你沟通交流的愿望落空。

三、语言的尊重性原则

尊重原则就是说话人所表达的言辞要能尊敬、重视接受者以及与接受者有关的人，而不能以侮辱、歧视、损害人的态度说话办事。汉代徐干的专著《贵言》提出："君子必贵其言，贵其言则尊其身，尊其身则重其道，重其道所以立其教。"晋代葛洪也说："伤人之语，有剑戟之痛。"事物都是相辅相成的，尊重别人，别人才会尊重你。俗话说"你敬我一尺，我敬你一丈"，就是此理。你不尊重别人，别人也不会尊重你，结果彼此都不沟通、合作，显然达不到交际的目的。

尊重原则，在下级对上级、学生对老师、孩子对父母这些方面是容易做到的，但倒过来，就不那么容易了。因为他们彼此间明显存在着身份地位的不平等，稍不注意，就会表现出不尊重的色彩。这一点我们应该认真对待。

四、语言的修养性原则

众所周知，美国出色的政治家富兰克林的口才很好，事实上，这和他十分重视语言修养有很大的关系。早年的富兰克林曾做了一张表，上面列举出各种他所要改善自己的美德，经过几年的实践力行，获得了相当成就。可是，他又找出了一件和谈话艺术有极大关系且应该实行的美德。我们来看看他的自述吧。

"我在自我完善的计划里，最初想做到的有十二种美德。但有一个做教徒的朋友，有一天前来向我说大家都认为我太自傲，原因是我的骄傲常在谈话中吐露。当辩论一个问题时，我不但固执地坚持我自以为正确的主张，而且有些轻蔑别人的样子。我听了他的话，立刻就想矫正这种缺点，因而在我表上的最后一行加了'虚心'这一条。

"这样不多久，我发觉改变后的态度使我获益不少。因为事实告诉我，我无论在哪里，若陈述意见时用谦虚的方式，会令人家容易接受而绝少反对；自己说错了话，也不至于受窘了。

"在我矫正的过程中，起初的确用了很大的毅力，来克服本性而去严守这'虚心'两个字；但后来习惯渐成自然，数十年来恐怕很少有人见过我显露骄傲之态吧！

"这全是我行为的方式所致。但除此以外，在我改善这个习惯的过程中，我更能处处地注意到谈话的艺术。我时常提醒自己，别去做一个擅长的雄辩者，因而我和人谈话时字眼的选择常常变成迟疑，技巧也时常有意愚拙，不过结果仍是我的所有意思都可以表达出来……"

(一)语言修养的体现

言语能力并非人天生的本能，而是后天练习的结果。口才的完善是很长一段时间思想、语言行为、仪态、情绪等各个方面综合磨炼的过程，也是内在修养的过程。语言修养体现在以下4个方面。

1．听取他人的意见

说话是人的思想的反映，听取他人的意见，也就是尊重他这个人。但有些人为使自己的意见突出，引起他人对他谈话价值的充分认同，常自觉不自觉地对他人意见加以贬低、否定。结果引发了对方的不满和对抗，不仅自己的意见未得到重视，反而遭到冷落和否定，自己的形象也受到贬损。有些善说话者，在发表己见时，恰恰采取相反的态度，他们会巧妙地从不同角度对己发表出来的意见加以肯定和褒扬，甚至采取顺势接话、补充发言的方式陈明己见，这样别人就会保持一个积极的良好的心态倾听他们的高论，他们的意见圆满发表了，他们的风格也显示出来了。

2．不与他人抢话争话

自己有真知灼见，希望尽快发表出来，这种心情是可以理解的。但你同样也要给别人发言的机会，不能迫不及待，在他人侃侃而谈时，硬是打断他的话题，让自己一吐为快；或者他人正欲发言时，你捷足先登，把别人已到嘴边的话硬是挤回去，让自己畅所欲言。发表己见首先应具备的修养就是耐心，待别人充分发表了意见之后，或轮到你的次序时，你再发言也不迟，这不仅不会减轻你发言的分量，还会调动大家的情绪。

3．不说侮辱性话语

说到口才修养，不得不提口德，"德"，可以说是口才的灵魂。生活中，有些词语我们应尽可能避而不用，尤其是有关生理特点的胖猪、矮冬瓜、瘸子、聋子，身份卑贱的乞丐、私生子、拖油瓶、妓女、白痴……

一个注重言语修养的人，一个有益于他人的人，自然易于为他人所接受，他的话也就可能被别人奉为圭臬。"文如其人"是从写作的角度说的，我们也完全有理由说"言如其人"。心理上的专注力、耐受力、进取心等品质，也将使你更具个人魅力，使你的口才更富内涵。在与人交往时，口才是非常重要的才能，但仅仅靠口才是不够的，更重要的是一个人的风度。

4．说话讲究分寸

"分寸"二字无处不在，日常生活中，不管是与人说话、交往，还是办事，时时处处都蕴藏着分寸的玄机。如果一个人在社会上不会把握分寸，就说不好话、办不好事，更不用说愉快地与人交往了。

纵观古今，凡是有作为的人，都把说话讲分寸作为必备的修养之一。蜚声海内外的周恩来，他应变机敏睿智，言辞柔中有刚，就连谈判对手也情不自禁地露出赞许之态。美国前总统尼克松称赞周恩来在谈判时"显示出高超的技巧，在压力面前表现得泰然自若，恰得分寸"。

什么是"分寸"？从一定意义上来说，分寸是一种不偏不倚、可进可退的中庸哲学。但中庸之道的抽象，不足以恰当地把握其中的内涵，而分寸之道，却是一种被形象化了的尺度，更易于让人明确地把握，具有可为人所用的实际操作性。

通常所说的"掌握火候""矫枉过正""过犹不及""欲速则不达"等讲的都是这种"火候"和"分寸"的问题。一方面，话说不到位不行，说不到位，别人可能悟不明白，理解不透，琢磨不出你的真实用意，你提出的想法或要求也不会被人重视和接受，非但事情办不成，也常常被人瞧不起，这样怎么能换取别人的欣赏与亲善呢？怎么能赢得别人的友谊和器重呢？另一方面，话说得过头也不行，要求太高，言辞太尖刻，让人听了不愉快，觉得你不识大体，不懂规矩，不知好歹，这样的人常常被人敬而远之，也同样无法与人正常交往。还有一个方面，就是话说得不巧妙不行，太憨实有时会招来嗤笑；太絮叨有时会招来反感；太直露有时会招来麻烦；太幼稚有时会令人瞧不起。

懂得讲话技巧的人，能把一句原本并不十分中听的话，说得让人觉得舒服。有一位著名企业的总裁，当他要下属到他办公室时，从来不说："请你到我的办公室来一趟！"而是讲："我在办公室等你！"

中国人办事讲人缘，中国人成功靠人缘。没有好的人缘，不知要失去多少成功的机会，干多少事倍功半的事情。人缘靠什么来维护？靠的就是嘴上有分寸。一句话说对了，可能扶摇直上、平步青云。而一句话说过了，则可能"一着不慎，满盘皆输"，甚至毁掉一生的前途。因此，要想立足于社会并取得成功，就一定要把握好说话的分寸。

当今世界，亦有不少领袖、企业家、名人凭借口才而名震一时的佳话。懂得如何说话已经成为一个人综合能力的重要标志，成为个人在社会上生存的重要能力之一。在生活中，通过出色的语言表达，可以使陌生人产生好感，结出友谊；可以使相互熟识的人之间情更浓、爱更深；可以使意见有分歧的人互相理解、消除矛盾；可以使彼此怨恨的人化干戈为玉帛，友好相处。

(二)要克服的不良习惯

如果你的脸上长有疤痕，你可以从镜中窥见，可以使用化妆品或药品加以治疗弥补。谈吐的缺陷也同样可以去除，但治疗之前，你必须发现自己的这些缺陷。如你使用一面镜子，可以看见自己说话的姿态，从镜中可以看出：你是否手势过多，是否翘起嘴角，是否表情难看，是否过于冷漠、紧张、僵硬，是否强抑声调，是否说话时唇角纹丝不动。

以下几点是我们说话中常见的缺陷，可以检查一下自己是否具有这些缺陷，从而改正说话时的不良习惯。演讲语言主要有哪些不良习惯呢？

1．使用鼻音说话

用鼻音说话是一种常见且影响极坏的缺点，当你使用鼻腔说话时，你就会发出鼻音。你使用大拇指和食指捏住鼻子，所发出的声音就是一种鼻音。在电影镜头里，如果演员扮演的是一种喜欢抱怨、脾气不好的角色，他们往往使用鼻音说话。如果使用鼻音说话，特别是第一次与人见面时，就很难给人好感，让人听起来像是在抱怨、毫无生气、十分消极。不过，如果说话时嘴巴张得不够大，声音也会从鼻腔而出。因此说话时，上下齿之间最好保持半寸的距离。鼻音对于女人的伤害比对男人更大，不可能见到一位不断发出鼻音，却显得迷人的女子。如果期望自己在他人面前具有极大的说服力，或者令人心旷神怡，那么最好不要使用鼻音，而应使用胸腔发音。

2．运用过尖的声音

当我们大发脾气时，当我们呼唤孩子时，往往会提高嗓门，发出一种尖叫的声音，女人尤其如此。尖锐的声音比沉重的鼻音更加难听，也许人们老远听见你的声音就避而远之。你可以通过镜子发现自己的这一缺点。你说话时脖子是否感到紧张？血管和肌肉是否像绳索一样凸出？下颌附近的肌肉是否看起来明显紧张？如果出现上述情形，你可能就会发出像海鸥一样的声音。

3．习惯讲粗话

俗话说，习惯成自然。随便什么事情，只要成了习惯，就会自然地发生。讲粗话也是如此。一个人一旦沾上了讲粗话的习惯，往往是出口不雅，自己还不知道。习惯是长期条件反射累积的结果，因此要改变一种习惯，就需要中止原有的条件反射，努力建立新的语言习惯。

4．说话"结巴"

"结巴"是口吃的通称。口吃就是说话时字音重复或词句中断的现象，其产生的原因是多方面的。"结巴"对于极个别的人来说是一种习惯性的语言缺陷，是一种病态反应，他们也被称为口吃患者。要想治愈他们的"结巴"，除药物治疗外，更重要的是消除他们的心理障碍。对待他们，首先不可取笑，更不能以此逗乐。其次要努力创造条件，不断地变换方式，消除其自卑心理，培养其说话的兴趣。例如，我们可以有意识地和他们交谈，态度要和蔼，放慢速度，耐心倾听，不时地加以赞赏，可以请他们说一些亲身经历或耳闻目睹的事，这样会增强他们说话的信心。另外，有口吃的人不能消极地一味依靠外部力量，还要不断地训练自己。日本前首相田中角荣少年时就是口吃患者，为了克服这个缺陷，他常常朗诵，慢读课文，为了发音准确，就对着镜子纠正口形，后来他成了一位著名的政治家、演说家。有口吃的人不妨试一试田中角荣的方法，只要坚持不懈并保持良好的心态，相信一定会产生好的效果。

5．语带"口头禅"

在我们平常与人讲话或听人讲话之时，经常可以听到"那个""你知道""他说""我说"之类的词语，如果你在说话中反复不断地使用这些词语，那就是口头禅。有口头禅的人很多，即使是一些伟大的政治家在电视访谈中也会出现这种毛病。

有时，我们在谈话中还可以听到不断的"啊""呃"等声音，这也会变成一种口头禅，请记住奥利佛·霍姆斯的忠告——切勿在谈话中散布那些可怕的"呃"音。如果你有录音机，不妨将自己打电话时的声音录下来，听听自己是否出现这一毛病。一旦弄清自己的毛病，那么在以后与人讲话的过程中就要时时提醒自己注意这一点。当你发现他人使用口头禅时，你会感到这些词语是多么令人烦躁、多么单调乏味。

6．频繁的不雅动作

检查一下自己，你是否在说话时不断出现以下动作：坐立不安、蹙眉、扬眉、歪嘴、拉耳朵、摸下巴、搔头皮、转动铅笔、拉领带、弄指头、摇腿等。这些都是影响你说话效果的不良因素。当你说话时，听众就会被你的这些动作所吸引，他们会看着你的这些可笑的动作，根本不可能认真地听你讲话。

第三节　演讲语言的使用

说话对人类来说，具有无法估量的作用。在现代社会里，人离不开说话，犹如鱼离不开水。我国著名散文家朱自清说："人生不外言动，除了动就只有言，所谓人情世故，一半是在说话里。"

说话，看似简单的一项活动，只要没有生理缺陷，两片嘴唇一碰，原始语言便生成了。说话容易，但要把话说得有水平、有意思、有效果却不那么简单，而要做到口吐莲花、能言善辩、巧舌如簧、打动人心，就更加不容易了。

俗话说：一句话让人跳，一句话让人笑。说话能力体现着一个人的内涵、素质。一个说话讲究艺术的人，常常是说理切、举事赅、择辞精、喻世明；轻重有度、褒贬有节、进退有余地、游刃有空间；可陶冶他人之情操，也可为济世之良药；可以体现个人的雄才大略，更能提高个人的社会地位。因此，一个人能否把握语言艺术，对其人生的成败是非常重要的。

有些谈话者虽然在内容上不占优势，但有时他的说话方式却会给人一种非常迷人、令人舒服的感觉。毕竟说话者有其本性，每一次对话会因为说话技巧的不同而有各种不同的回应。那么，具体而言使对方愿意听我们说话且达到预期效果的迷人说话技巧，究竟是什么呢？

一、选用适合的语言方式

(一)说话风格明快

大多数人不喜欢晦暗的事物，即使草木也需要阳光才能生长。同样，给人阴沉感的谈话，会让人有疑虑，产生厌恶感及压迫感。

(二)拥有个性的声音

有些人说话的声音能使人觉得是一种享受，优美的嗓音实在是很动人。他们谈话时，非常注意说话的声音，而选择说话的声音，完全依他们的天赋、个性、场合及所要表达的情感的变化。有条件的话，可以自我充当对象，把自己的话录下来仔细地听，你可能会吃惊地发现，自己说话竟有那么多毛病。这样经常检查，发音的技巧就会不断地提高。

(三)语气肯定

每个人的自尊心都很强，很容易因为某些微不足道的事就感到自尊心受损，如此一来，会反射性地表现出拒绝的态度。所以要对方听你说话，首先倾听对方要表达些什么。所谓"说话语气肯定"并不是指肯定对方说话的内容，而是指留心对方容易受伤害的感受。

(四)语调自然而变化

自然的声音总是悦耳的，交谈不是演话剧，无论什么样的语调，都应自然流畅，故意做作的声音只能事与愿违。当交谈的对象不是一个人，而是许多人时，应采用以下的技巧：当前一个人声音很大时，自己说话时就可以压低声音，做到低、小、稳；当前一个人音量小时，自己的开始句就要略提高嗓门，清脆响亮，以引起大家的注意。

(五)习惯用法

人类生存在当今的语言环境中，对于语言各自拥有其运用标准，一旦不符合其标准，就会产生不协调的感觉，其中包括语气与措辞。在人际关系中，应当根据实际情况或对方是谁而分别使用适当的语言。如果不分亲疏远近，一律以和同事谈话时的措辞来谈，那么对方将不会认真地听我们说话。

一句话若没有抑扬顿挫，则流于平淡，引不起对方的兴趣，若能添一些感叹词，则能增加彼此之间谈话的气氛，但要适可而止，过多的感叹词也会抹杀言语的重要性，使对方不能分辨说话的意思。

(六)思路有条理

当前面的谈话争论不休，而且没有头绪时，你站出来讲话，就要力求词句简短，声音果断，显得有条理。如在大众场合下选择发言的时机时，你的发言最好不要夹在中间，要么赶在前面，要么最后再讲，这样才能使人印象深刻。

二、选用适合的语言方法

一般人在自己有充分理由可以对抗对方提出的不满时，都会从正面攻击对方的抱怨，暴露对方的不对之处，但这种做法反而会使对方的不满情绪愈来愈高昂，态度也会更强硬，所以这不是有效的方法。应该故意夸大成为焦点的问题，对方会因为事情弄得太大而感到害怕，抱怨的风头会迟钝下来，从而自动收兵。

(一)说话要说到点子上

古人云：山不在高，有仙则名；水不在深，有龙则灵。说话也是如此，话不在多，点到就行。在生活节奏紧张繁忙的现代社会中，没有人愿意花费大量的时间去听别人的长篇大论。这就要求人们在谈话时要做到言简意赅，一针见血。

"吹笛要按到眼儿上，敲鼓要敲到点儿上"，说话自然要说到对方的心坎儿上，对方才能接受。有两则销售花生油的广告，在宣传中，效果迥异。一则说："选料上乘，精工磨榨，气味芬芳，营养丰富。"而另一则只有一句话："绝无胆固醇，不含黄曲霉素。"对此，我们无须多做比较便知高下了。

前一则广告看似全面，其实全是套话，不可能给人留下什么深刻印象。而后者却紧紧抓住人们对冠心病和癌症普遍恐惧的心理，只用短短的一句话，就消除了人们对花生油的疑惧。

(二)运用"画龙点睛"的手法

画龙点睛，那是高手作画，而拙劣者，恐怕点睛不成，反倒画蛇添足了。所以话要说得适可而止，进退有度，千万不要长篇大论，越描越黑。

有的人习惯于喋喋不休、滔滔不绝地高谈阔论，而又词不达意、语无伦次，让人听而生厌。还有的人喜欢夸大其词、侃侃而谈，说话不留余地，没有分寸。这样都容易造成画蛇添足的恶果。因此，建议"在开口之前，先把舌头在嘴里转十个圈"。

(三)正确面对说错的话

失言是常有的事，此时不要虚张声势，除非自己遭遇的情势已牵涉到别人的情感问题，这样应该立即承认自己犯了错误。认错就不会致使情况恶化，而且很可能还会有所收获。现在有勇气说"我错了"的人已经不多，因此，敢说"我错了"就能赢得尊重。这样无心的错误，通常也能得到谅解。还有一种错误，几乎不能让人原谅，这种错误就是公开取笑他人的缺点。如果犯了这种错误，那么就勇敢地认错、道歉并请求对方的宽恕，然后闭上嘴巴。

(四)注意语言的附加意义

在语言交谈中，具有"附加意义"的词语，在运用时必须特别谨慎，如果随意滥用，势必造成相反的效果。尤其在语言运用上，必须注意各种不同文化背景的语言差异。

三、使用有特色的语言

有一次，卡耐基在给学员们演讲"生命如何度过"时，随身携带了一件物品，用一块方手巾蒙着。一开始的时候，他就把它置于桌子的右侧，并数次在情绪激烈时默默地抚摸一下。

所有的听众都在听卡耐基慷慨激昂的演讲。卡耐基的声音充满感情，而他抚摸这件物品时更显得感情凝重。人们心里在纳闷：这是一件什么样的东西呢？注意力便都集中起来了。卡耐基接着讲道：

"美国南北战争时，有一个战士名叫莱特，他不过是数百万北方军队中普通的一名士兵。他作战勇敢，每次冲锋都跑在最前面。他说他只有一个心愿，就是解放南方黑奴，让自由和民主回到人民手中。他的勇敢受到了无数次的嘉奖。在刚刚接受一枚英雄勋章后，莱特，亲爱的莱特，却遇到了不幸！在一场遭遇战中，他倒下了。临死之际，他手握着那枚英雄勋章说：'把它送给我的母亲。'人们照着他的话做的时候，发现他是母亲唯一的亲人。他的母亲同样也是伟大的，宁愿自己忍受孤苦寂寞的晚年生活，也要把儿子送到前线……如今，这位伟大的母亲和他的儿子都已死去，但这枚勋章却保留了下来，它永远鼓励着我们为大众的利益而努力奋斗。看，它就在这儿！"

说完，在全场听众的注目下，卡耐基揭开手巾，露出了一个盒子，他再打开盒子，一枚金黄色的勋章躺在红色的绒布之上。所有的听众在那一刻静默无声，有的人悄悄地流下了眼泪。

人们不仅在为英雄的伟大而感动，而且也积极地思考着人生应当如何度过才有意义。由此可见使用有特色的语言，有它独特的魅力。

(一)充分发挥语言的感染力

再看看列兰·史多是如何利用事件来打动听众，让他们支持联合国儿童救援行动的。

我但愿自己再也不会目睹此情此景。一个孩子和死亡之间只差一颗花生，还有比这更凄惨的吗？我希望各位永远不会看到这一幕，也不必在事后永远活在这种悲惨的记忆里。

如果一月里某一天，在雅典被炸弹炸成一片废墟的工人区里，你曾听到他们的声音，见到他们的眼睛……可是，我所能留下的一切，只是半磅重的一罐花生而已。当我费力地打开它时，成群衣不裹体的孩子把我团团围住，疯狂地伸出他们的小手。更有许多的母亲，怀抱婴儿你争我抢……她们都把婴儿举向我，皮包骨头的小手抽搐地伸向我。我尽力使每颗花生都发挥最大的用处。

在他们疯狂地拥挤之下，我几乎被他们撞倒。眼前只见几百只手：渴望的手、挥动的手、无望的手，全是瘦小的可怜的手。这里分一颗盐花生，那里分一颗盐花生。再在这里一颗，再在那里一颗。数百只手伸着，乞求着；数百只眼睛闪出希望的光芒。我无助地站在那里，手中只剩个蓝色的空罐子……哎呀，我希望这种悲惨永远不会发生在你的身上。

(选自《中国演讲口才网》)

在列兰·史多动情的叙述中，听众的内心深处受到了巨大的震撼。由此可见，充分发挥语言的感染力，往往会产生振聋发聩的作用。

(二)巧用俗语更精彩

俗语、谚语、歇后语等语言大都来自社会实践，是人民群众创造发明的，在讲话时巧妙地运用，能够大大地增强语言的感染力，容易为群众所理解和接受。

俗语是广泛流行的定型的语句，简练形象。恰当地引用俗语，可以增强讲话或演讲中的幽默感和说服力。

(三)说话也要讲究方圆和谐

在公众场合发表言论需要谨慎有度，语言分寸的把握尤为重要。在某些特定情势下学会运用以下几个小技巧，往往可以化解危机，摆脱困境。

1. 糊涂一点最聪明

对于一些敏感性问题，提问者一般不直接就问题的本质提出质疑，而是从其他貌似平常的事物着手，旁敲侧击地进行诱导性询问。这是假装糊涂的最好时机，这时，我们可以故意装作不懂对方的真正用意，而站在非常表面的、肤浅的层次上曲解其问话，并将这种曲解强加给对方，使对方意识到我方的有意误解，实际上是在表达委婉的抗议和回避，从而识趣地放弃自己的追问。很多名人都擅长用一些"聪明的糊涂"来巧妙摆脱对方的纠缠。

2. 巧用模糊语言

德国大哲学家康德在18世纪就说过："模糊观念要比清晰观念更富有表现力……我们并不总是能够用语言表达我们所想的东西。"1965年美国数学家查德从科学意义上研究了"模糊"这个概念，使人们对数学中模糊性与精确性的关系取得新的认识。他认为：任何事物都在不断地运动、发展、变化中存在。其过渡的、中介的形态是难以绝对精确判定的；同时各个事物之间的相互联系、渗透、转化的形态，也是无穷多样，往往是亦此亦彼的。所以事物只有在它的中心都是明晰的，它的周缘地带都是模糊的。这一观点被现代语言学家所接受，形成模糊语言学。

一家人家生了个男孩，全家高兴透了，满月的时候抱出来给客人看，有的说："这孩子将来要发财的。"说的人得到一番感谢。有的说："这孩子将来要做官的。"说的人得到了几句恭维的话。有的说："这孩子将来要死的。"说的人一定会得到大家合力的痛打。说要死的必然，说富贵的说谎，但说谎的得好报，说必然的遭打。那么既不愿说谎，也不愿遭打，就只能说：

"啊呀！这孩子呵，您瞧！多么……阿唷！哈哈！"

(选自鲁迅《立论》)

鲁迅这里讲了模糊语言有时出于情势所迫，无法说真话，就只能打哈哈。而从我们这里来看，打哈哈也包含了幽默机智的情趣。这就是我们要讲的模糊语言法。

所谓模糊语言法，就是指在能够把话说得更确切一些的情况下，故意采取模糊表述，以回避一些不便回答的问题，打马虎眼，使对方摸不清虚实。

3．巧妙地转移话题

无论在什么场合，只要勇敢镇静、诙谐风趣，巧妙地、适时地、适当地转换话题，又妙语惊人，谈吐不凡，便可取得立竿见影的效果，避免"盲人骑瞎马"，一条道走到"黑"，一个劲儿地往死胡同里钻，造成尴尬的局面。

四、应用语言的技巧

(一)语言要真诚

美国心理学家诺尔曼·安德林在1968年曾设计过一张表格，他列出555个描写人品的形容词，让人们指出其中哪些人品最受人喜爱。结果表明，被人喜欢的选项中，位居前几位的竟有6个是与"真诚"有关的，而在评价最低的人品中，虚伪居首位。这说明了真诚的人能让人产生一种安全感，从而受人欢迎；虚伪的人让人讨厌，难结良友。

1．先为对方着想

与对方沟通交流时，最重要的就是能够以真情感动对方。说话的时候先为对方着想，无疑是很好的办法。

因为一般情况下，自己对某一件事所认为的"对"或"好"并不能代表别人的看法。在沟通时最好先得知对方的看法，看别人怎么理解，然后以对方了解的方式讲话和行事。若盲目表现出"好"或"对"，而不去弄清楚对方是否有相同的看法，就可能为对方的反应感到惊讶。

所以在谈话之前所要做的就是尽可能地了解别人的背景、观点和热诚。

了解：什么使他们兴奋？什么使他们睡眠？什么使他们惊吓？他们生活中真正需要什么？等等。

我们也可以通过别人的判断知道很多他们的事情，研究他们从前的决定。

知道这些问题的答案，不仅可以避免我们犯难堪的错误，还方便我们设计自己的表达方式，因而我们的意见可以跟他的需要和要求结合，这样就会使沟通更加融洽。

大部分人对自己的兴趣大过对别人的兴趣，对自己的需要、热衷程度远强于对别人的需要。但是如果我们先提对方最有兴趣的、最需要的事情，就能抓住他们的注意力，建立联系，且赢得他们的信任和尊敬。

当我们先提对方所需、为对方着想时，就会发现许多可喜的变化，而这些变化对我们是十分有利的。当我们先提对方的需要时，对方会有以下表现。

(1) 较快开始聆听。

(2) 比较注意。

(3) 听得较久。

(4) 对你说的记得较多。

(5) 比较尊重你。

(6) 认为你是比较聪明的人，甚至较好的人，因此你得到较大的活动空间和自由。

(7) 当你在说你自己的需要时，会听得较专心。

相反，我们若先提自己的需要，人们常常不愿聆听，他们可能以愤怒的眼神和僵硬的表情来回答我们，怀疑我们有没有意愿考虑他们的需要，这种不信任很容易爆发公开的敌对。此外，人们通常在冲突开始时会焦虑。任何能缓和他们不信任情绪的方法，都会使情形变得较轻松和对每个人较有利。在这种时候，如果我们先为对方着想，提出他人的需要就是一种很好的解决途径。

所以，在与对方交往沟通时，如果想取得较为满意的结果，你就必须先为对方着想，满足对方所需。

2．说话的魅力在于真诚

真诚的语言是最能打动人的，巧妙地运用充满真情诚意的话语，可以促使说者与听者产生情感共鸣，可以使双方的关系变得融洽，从而营造出一种良好的沟通氛围，赢得广泛的人际关系，为成功创造有利的条件。

1915年，小洛克菲勒还是科罗拉多州一个不起眼的人物。当时发生了美国工业史上最激烈的罢工，并且持续达两年之久。愤怒的矿工要求科罗拉多燃料钢铁公司提高薪水，小洛克菲勒正负责管理这家公司。由于群情激奋，公司的财产遭到破坏，军队前来镇压，不少罢工工人被射杀，因而造成流血事件。

那种情况，可以说是民怨沸腾。小洛克菲勒后来却赢得了罢工者的信服。他是怎么做到的呢？

原来小洛克菲勒花了好几个星期结交朋友，并向罢工者代表发表了一次充满真情的演说。那次演说可谓不朽，它不但平息了众怒，还为他自己赢得了不少赞誉。演说的内容如下。

这是我一生当中最值得纪念的日子，因为这是我第一次有幸能和这家大公司的员工代表见面，还有公司行政人员和管理人员。我可以告诉你们，我很高兴站在这里，有生之年都不会忘记这次聚会。假如这次聚会提早两个星期举行，那么对你们来说，我只是个陌生人，我也只认得少数几张面孔。由于上个星期以来，我有机会拜访整个附近南区矿场的营地，私下和大部分代表交谈过，我拜访过你们的家庭，与你们的家人见过面，因而现在我不算是陌生人，可以说是朋友了。基于这份互助的友谊，我很高兴有这个机会和大家讨论我们的共同利益。由于这个会议是由资方和劳工代表所组成，承蒙你们的好意，我得以坐在这里。虽然我并非股东或劳工，但我深觉与你们关系密切。从某种意义上说，也代表了资方和劳工。

(资料来源：赵会芹，陌青青.年轻人必知的160条说话技巧[M].北京：华夏出版社，2009.)

这样一番充满真诚的话语，可能是化敌为友最佳的途径。假如小洛克菲勒采用的是另一种方法，与矿工们争得面红耳赤，用不堪入耳的话骂他们，或用话暗示错在他们，用各种理由证明矿工的不是，那结果只能是招惹更多的怨恨和暴行。

此外，在人际交往中，我们经常会遇到"祝贺"这种交往形式，一般是指对社会生活中有喜庆意义的人或事表示良好的祝愿和热烈的庆贺。通过祝贺表示你对对方的理解、支持、关心、鼓励和祝愿，以抒发情怀，增进感情。

祝贺的语言要真诚，富有感情色彩，语气、表情、姿态等都要有情感性。这样才会有较强的鼓动性与感染力，才能达到抒发感情、增进友谊的目的。

道歉也是人际交往中常见的交流活动。为人处世，犯错误总是难免的，毕竟"人非圣贤，孰能无过"。所以犯错误时，我们首先要坦率承认，真诚道歉。

我们道歉的时候态度真诚，别人就会更容易原谅你。相反，有的人在犯错时态度极差，道歉时让人看不到一丝真诚，有的人甚至根本就不道歉，只是一味地为自己辩解不休，结果是彼此之间的裂痕越来越大。

古人云："有朋自远方来，不亦乐乎！""最难风雨故人来。"这些都道出了朋友间所凝聚的真情厚谊，反映了他们肝胆相照、充满真诚的交往过程。可以说，充满真诚、以诚暖人是交友说话打动人心的重要因素，是赢得知心朋友的关键所在。

3. 关心和体贴让人感到温暖

多说些关心和体贴的话，会赢得真心的感动和感激。体贴，代表了对别人的爱护、关切和照顾。有首歌唱道："只要人人都献出一点爱，世界将变成美好的人间。"对别人体贴就是对别人献出了爱，别人受到爱的感化，也会以爱相回报。体贴会换来友爱，换来真诚，而"友爱"和"真诚"是每个人都需要的。有些人不是慨叹这世上"友爱"和"真诚"太少了吗？其实，只要问问他："你又给过别人多少体贴呢？"恐怕回答起来就很尴尬了。

与别人交往时为了表达出自己的关怀之情，说话的时候，可以参考下面几种方法。

(1) 示之以鼓励。给遇到磨难或陷入某种困境的人指出希望，让他振作精神，乐观地从困境中走出来，对方会对我们的善意表示感激。

(2) 示之以关心。不拘位卑位尊、贫贱富贵，人人都珍视感情，在必要的时候向别人表示关爱的感情，别人也会把同样的善意之球抛掷给你。

(3) 示之以同情。如果周围的人遇到了挫折和不幸，我们真诚地给予同情，就可以让他感受到我们对他的体贴和关心，就能减轻他一些内心的痛苦。

当然，同情不是无原则地附和。如果对方的情绪产生于错误的判断，就不应当随便表示同情，以免助长其错误情绪。比如说评定奖金，张三本来劳动态度不好，因而未评上一等奖，他发起了牢骚，如果在这时你表示同情，那就等于助长他的错误思想，也不一定会起到安慰的作用，这时需要的倒是劝导他正确对待，好好工作，下次争取获得奖金。

不管采用什么办法，相信如果话语中充满了关怀之情，对方就一定会被折服，友谊也就更加牢固。

4. 温语相求化冷面

会说话与会办事是相辅相成的。话说得好听，说得到位，对方才乐意接受你提出的条件和要求。只有温言相求，拣对方爱听的话说，才有利于问题的解决。

有谁会忍心拒绝别人的温语相求呢？所谓"精诚所至，金石为开"就是这个道理。

现代社会，求人办事的地方有很多，很多人因为怕麻烦就会冷言冷语地拒绝帮忙。此时，你大可不必懊恼，你完全可以另寻理由，温言相求。人都是有感情的，在你的温和"攻势"下他就不会以冷面来拒绝你了。

5. 乡音难改，游子情深

人都是有感情的，尤其是对故乡有着一种天然的割舍不断的情愫。如果游子在他乡遇到了自己的老乡，那么思乡之情就会油然而生，随之而来的就是对老乡的一种认同感。

那么，该怎样利用老乡关系呢？"乡音"就在这时派上了用场。

老乡与其他关系的不同之处就在于，老乡之间的关系是以地域为纽带的，有一份"圈子"内的情感存在心上。既然是老乡，就必然有共同点存在于双方之间，而"乡音"又是一种最好的表达形式。

用家乡话作为见面礼，可以说是独树一帜，它不需要物质上的东西。在这里有一点相当重要，那就是运用这种方法的场合，最好是在异乡，因为在异乡才会有恋乡情结，才会"爱乡及人"，这时再来个"他乡遇老乡"，哪有不欣喜之理？对方离乡愈久、愈远，心中的那份情就愈沉、愈深。因此，越是这种情况，越要运用"乡音"这种技巧，往往会得到老乡所给的种种好处。

如此看来，要与一个久离家乡的老乡处好关系，有一种有效的技巧就是：运用好语言技巧，与老乡谈起家乡的话题，以此来触动他的思乡情结，达到共鸣，从而使老乡之间的关系更进一层。

6．感激之情要溢于言表

中国是有五千年文化传统的礼仪之邦，中国人向来是重感情的，但含蓄内敛的天性又使得我们不善于表达自己内在的感情。在人们的日常生活和社会交往中，"谢谢"这两个字具有非凡的社交魅力。

很多人并非不想表达他们的感激之情，只是不知道该如何开口，所以选择了沉默。还有些人，他们充满感情的表达却让对方感到不自在。善于表达、懂得说"谢谢"的社交高手总是在表达的时候让人感到内心的愉悦。

当然，在人际交往中，说"谢谢"应注意以下几点。

(1) 角色意识。不同的人，心理也是不同的。对什么人说"谢谢"和怎样说"谢谢"都很有讲究。因此，在说"谢谢"时要讲究"角色意识"。例如，小伙子对大姑娘表示感谢，要采取慎重的态度。那种说"谢谢你，想不到你一直在想着我"之类的话很容易造成误解。此外，感谢还要针对对方的不同身份特点而采取相应的方式。老年人自信自己的经验对青年人有一定的作用，青年人在表示感谢时就应感谢对方言行的结果，"谢谢您，您的这番话使我明白了许多道理……"这会使老年人感到满足，并产生好感，认为"这个小青年不错，孺子可教也"。对年龄大一点的女性，感谢她们时，可以说"你真好！"这比简单地说"谢谢你"更好一些。

(2) 言为心声。"谢谢"应该是心中一腔感激之情在语言上的自然流露。要做到声情并茂、语调欢快、吐字清晰，而不能含混不清、嘟嘟哝哝。说"谢谢"时，眼睛要看着被感谢人，脸上应有诚恳、生动的表情，并配以恰当的手势。不过，动作不要夸张、死板。可以设想一下，在感谢时，倘若手舞足蹈、举止轻浮，一会儿拍拍对方的肩，一会儿拉拉对方的手；或者表情木然，低着头或看着别人，那么对方肯定会心生不快。

(3) 注意场合。如果与对方单独在一起时，对他(她)表示感谢，一般会有好效果，也不会使被感谢人难堪，同时，还要注意双方的关系。例如双方是一般熟人或同事关系，可以直接用"感谢您""非常感谢"之类的话，可用称赞语或陈述语来表达谢意。儿子对妈妈就可以说："妈妈，您真好，是天底下最好的妈妈。"

(4) 形式多样。感谢从不同的角度分，有不同的种类：有对对方个人的感谢，也有对对方单位的感谢；有对对方行为的感谢，也有对对方人品的感谢；有个人之间的感谢，有群体之间的感谢，还有国家之间的感谢；有语言的感谢，有礼物的感谢；有口头的感谢，有电话感谢，有信函感谢……应选用恰当的类型与渠道，例如做客时受到盛情款待，可以在第二天打电话表示感谢；如果是公事访问，可以在访问之后用电报、信函的方式表示感谢。

要记住：与别人交往时，"感激之情要溢于言表"，一声源自内心的感激，一定会赢得别人的心。此外，表达感激时最重要的是要端正自己的态度，表达感激时最好要专注地看着对方，这时说出的话才显得出于真心，感情才显得真挚。

(二)语言要点到为止

1. 给对方留个退路

在与人交往的过程中，如果想指出对方的错误，也要给对方留个退路。这样才能使他既不感到难堪，又不会感到十分唐突，很自然地改变自己的做法。大部分人都是通情达理的，只要能照顾对方的自尊心，对方通常都不会固执己见。

除此之外，言语要简练扼要。如果话讲多了，会起到相反的作用，令对方反感，产生事与愿违的后果。点到为止才是最佳方案。

在现实生活中，人们普遍存在吃软不吃硬的心态。特别是那些性格刚烈、很有主见的人，如果说硬话，比如用命令的口吻，对方不但不会理睬，说不定会比你更强硬。因此，不妨把话说得点到为止，给对方留有一条退路。

2. 给批评裹上"糖衣"

在很多时候，你对家人、对朋友，总觉得有些话不得不说，可是说了，反而把感情伤害了，把事情弄糟了。于是你就引用古语，替自己辩解。说什么"良药苦口，忠言逆耳"。但是，为什么良药就非要苦得让人难以下咽呢？忠言为什么就一定要让人听了难受呢？医药科学发展至今，许多"良药"或包糖衣，或经蜜炙，早已不苦口了。语言科学发展至今，讲究批评的方式方法与语言艺术，也可做到"忠言不逆耳"，老少皆喜欢听。

我们做了事情、说了话、写了文章，自己不放心，不敢下判断，这时我们何尝不希望有人站出来告诉我们哪点好，哪点不好。有时，我们会遇到一个人，他能够真诚地、大胆地指出我们的许多错误，正因为如此，我们敬佩他、感激他，甚至永世不忘。

为什么也有些批评和忠告我们不爱听，我们听了就难受、就气愤，甚至感到自己的自尊心、自信心都受到损伤了？我们还会感到受了委屈、诬蔑以及侮辱。

一种苦味的药丸，外面裹着糖衣，使人感到甜味，容易一口吞到肚子里去。于是，药物进入胃肠，药性发生了效用，疾病就治好了。我们要对人说批评的话，在说之前，先给人家一番赞誉，使人先尝一点甜头，然后你再说批评的话，人家也就容易接受了。

那么怎样的批评才能够做到忠言不逆耳呢？以下是语言大师们多年以来总结的一些原则，希望能够帮助你在批评别人时，既能提出别人的错误，但又不至于让对方不高兴，甚至因为理解你的批评而与你的关系更加融洽。

(1) 真诚。在善意地批评别人时，用这样的话开头，可能效果更好："我曾经也犯过这样的错误""可能你也不明白什么地方出了错"等，真诚往往最能够打动人。

(2) 适度。批评最好点到为止，既往不咎。"事情已经发生了，我们最重要的还是从中吸取教训吧。"

(3) 理解对方。谁愿意犯错误呢？特别是当事人内心已经很自责时，他们更加需要别人的心理支持。因此，多说说这样的话，远比批评更重要："我想你现在可能很难受。""我们找个时间，一起分析一下失误的原因，好吗？""我相信你下一次一定会做好的。"

(4) 切勿指责。指责只会让人陷入恶劣的情绪之中，导致影响理智和判断力。这样的话最好以后不要再说了："我都跟你说过多少遍了？""你为什么总犯同样的错误呢？""我看你真的是无可救药了！"

(5) 委婉暗示。面对直接批评时，任何人内心的第一反应都会不舒服，因为批评就是惩罚。暗示如同苦药丸外面的"糖衣"，利用含蓄的、委婉的方式，从而达到治病救人的最终目的。

(6) 分清场合与时机。批评的时机与场合十分重要，千万不要进行批斗会式的批评。

(7) 分清对象。与什么样的人沟通，肯定要说不同的话。对长辈说的话与对晚辈说的不一样，对男性与对女性不可能都一样，对朋友与对对手更是立场不一样，对家人与对同事考虑的问题不一样。千万不要使角色混乱，说出不合适的话，否则，批评的效果不但达不到，还伤了和气。很多话本身并没有问题，但用在不同场合、不同对象身上，就有可能闹大笑话。

例如，一个很自卑的人犯错时，我们给予其适当的安慰会胜过千言万语，因为他本身已经非常自责；对于一个很爱面子的人，我们一边批评一边给其台阶下，他会及时纠正自己的失误；而对于一个心服口不服的人，我们没有必要死抓不放，重要的还是看他的行动。

很多沟通失误，其症结在于角色不清。如果很好地做到以上几点，就可以让别人很高兴地接受我们的批评了。

3．用逻辑点化对方

在人们说话口才的历史与现实中，严谨的逻辑语言是有巨大威力的。众所周知的伟大思想家孟子生活的时代，正是百家争鸣的战国时代。在那样一个时代，孟子在与墨家、道家、法家等学派的激烈交锋中，利用自己强大的逻辑语言，很好地维护了儒家学派的理论。这大概也就是儒家学说在此后两千多年的历史长河中始终居于正统的一个重要的原因吧！

(三)语言要赞美得当

在人的一生中，有无数让他们引以为豪的事情，这些都是人一生的闪光点。这些东西又会不经意地在他们的言谈中流露出来，例如，"想当年，我在朝鲜战场上……" "我年轻的时候……"等。对于这些引以为荣的事情，他们不仅常常挂在嘴边，而且深深地渴望能够得到别人由衷的肯定与赞美。

对于一位老师而言，引以为荣的往往是他教过的学生在社会上很有出息，为了表达对他的赞美，不妨说："你的学生×××真不愧是你的得意门生啊！现在已经自己出书了。"对于一位一生都默默无闻的母亲，引以为荣的往往是她那有出息的孩子，可以对她说："你有福气啊，两个儿子都那么有出息。"她一定会高兴不已。对于老年人来说，他们引以为荣的往往是他们年轻时的那些血与火的经历。

真诚地赞美一个人引以为荣的事情，可以更好地与之相处。

他人最想要的赞美一定是真诚的，而不是那种公式般的赞美，千篇一律的赞美，最让人反感。

言之有物是说一切话所必具的条件。与其泛说"久仰大名、如雷贯耳"，不如说"您上次主持的讨论会成绩之佳，真是出人意料"等话，直接提及对方的工作。若恭维别人生意兴隆，不如赞美他推销产品的努力，或赞美他的商业手腕。泛泛地请人指教是不行的，你应该择其所长，集中某点请他指教，如此他一定会高兴得多。恭维赞美的话一定要切合实际。到别人家里，与其乱捧一场，不如赞美房子布置得别出心裁，或欣赏壁上的一幅好画，或惊叹一个盆栽的精巧。若要讨主人喜欢，你要注意投其所好，主人爱狗，你应该赞美他养的狗；主人养了许多金鱼，你应该谈那些鱼的美丽。赞美别人最近的工作成绩、最心爱的宠物、最费心血的设计，这比说上许多无谓的虚泛的客套话效果更佳。但是，语言赞美要注意得当。

1. 真诚是赞美的内核

不真诚的赞扬，给人一种虚情假意的印象，或者会被认为怀有某种不良目的，被赞扬者不但不感谢，反而会生厌。言过其实的赞扬，不能实事求是，会使受赞扬者感到窘迫，也会降低赞扬者的水准。虚情假意的奉承对人对己都是有害而无利的。

赞扬他人是一种能力，是根据心理学和组织行为学研究出来的，这是职场上的一种能力，不等于溜须拍马。溜须拍马是虚假的，但赞扬是真诚地发自内心的实话。有一句话大家请记住：真实的赞扬是拂面清风，凉爽怡人；虚假的赞扬像给人吃大块的肥猪肉，让人烦腻不堪。

真诚的赞美和"拍马屁"最大的区别在于是否发自内心。真诚的赞美起源于内心深处的一种"美感"、一种冲动，它反映了一个人对另一个人的认可：外表漂亮，言谈合自己的口味，行动敏捷，品格高尚……即在两个人之中，其中一个人在另一个人身上发现了符合自己理想和价值标准的可贵之处。我们认识这个人、了解这个人的时候，已经有一种无形的力量促使自己要去赞美他的一些优点。

但是"拍马屁"却不同，它不是发自内心地对另一个人的认可和钦佩，而是基于内心世界早已存在的一种目的，一种对眼前或日后能够收到"回报"的投资。"拍马屁"者在"赞美"他人的时候，脸上虽眉飞色舞，但有几分不自在；他的词语是火辣辣的，他的内心却是一片冰冷。他在赞美一个人的时候，心里想着的只是如何顺利办完对自己利益攸关的事，如何获得自我满足。

因此，真诚成为赞美与拍马屁的区分线，它是赞美的必要组成元素。

真诚的赞美应该是合乎时宜的，在合适的氛围里发出的赞美会让人内心明亮、灿烂无比。当别人感觉到你的赞美是由衷的，那么赞美的话就很容易被接受。

由衷的赞美是源于心灵深处的，它是深刻而强烈的，要入木三分地表达出来，将是绝佳之语。对于发自内心的由衷之感，尽量用准确、贴切、深刻、生动、完整的赞美语去说出来。

赞美的话并不是多多益善。一个气球再漂亮再鲜艳，吹得太小，也不会好看；吹得太大，则容易爆炸。赞美就如同吹气球，应点到为止，适度为佳。

哥尔多尼曾说过："过分地赞美会变成阿谀。"因此在赞美他人时一定要坚持适度的原则。夸奖或赞美一个人时，有时稍微夸张一点更能充分地表达自己的赞美之情，别人也会乐意接受。但如果过分夸张，你的赞美就脱离了实际情况，让人感觉到缺乏真诚的东西在里面。因为真诚的赞美往往是比较朴实、发自内心的。只有恭维、讨好才是过分夸张和矫揉造作的。

有一个年轻人曾经给恩格斯写了一封热情洋溢的信，信中称赞恩格斯是一位无与伦比的革命导师、一位伟大的思想家,甚至称其为马克思的再现等,恩格斯并没有因为这封信而有丝毫的感动,反而生气地回信说:"我不是什么导师、思想家,我的名字叫恩格斯。"恩格斯作为一位杰出的思想家,他不喜欢别人在赞美他时用夸张的词汇,又因为他和马克思有几十年的友谊,非常尊敬马克思,当然会忌讳别人称他为"马克思的再现"。

做到点到为止、褒扬有度是有技巧的。

(1) 比较性的赞美。两个人或两件事相比较,在夸奖对方的同时,让他意识到自己的优点和存在的差距,使对方对你的赞美深信不疑。

刘邦曾说过,统一指挥百万军队,战无不胜,攻无不克,他不如韩信。这是他做了皇帝以后对自己的评价。韩信对刘邦曾有一番坦诚的赞美,话中首先肯定了刘邦控制大臣为自己效命的能力,但又指明了他在带兵作战方面与自己相比有不足之处,正与刘邦的自我评价相吻合。话说得很实在、很坦诚,刘邦不但不怒,反而很满意。此时,韩信与刘邦的关系已很紧张,如果他违心地恭维刘邦调兵遣将无所不能,恐怕刘邦不愿意听,甚至会怀疑他在吹捧、麻痹自己。

(2) 根据对方的优缺点提出自己的希望。金无足赤,人无完人。有所保留的赞美既要看对方的优点和长处,同时还要看到他的弱点和不足,讲究辩证法。常言道:"瑕不掩瑜。"指出对方的缺点和不足,并提出一定的希望,不仅不会损害赞美的力度,相反会使赞美显得真诚、实在,易于被人接受。尤其是领导称赞下属时,要有一是一,有二是二,把握分寸,要有所保留,可以多用"比较级",千万慎用"最高级"。领导可以在表扬时,把批评和希望都提出来。

(3) 有效的赞美不应该总是绝对化。像"最好""第一""天下无双"这类的帽子别乱戴。有个企业的广告词说:"没有最好,只有更好。"这显示了企业的真诚承诺,而不是哗众取宠、华而不实,在消费者中产生的影响很好。实际上,一般人都对自己有个客观的认识和评价,如果你的赞美毫无遮拦,就会让人感觉你曲意奉承,难以接受。赞美时必须记住:一个人的成绩和优点毕竟是有限的。因此,赞美别人应当一分为二,有成绩肯定成绩,有不足也要说明不足,控制好赞美的度。

过分的夸张对于被赞美者来说也是百害而无一利的。高尔基曾经说过:"过分地夸奖一个人,结果就会把这个人给毁了。"因为过分的夸奖,往往会使被赞美者不思进取,误以为自己已经是完美无缺了,从而停止前进的脚步。众所周知的方仲永,小的时候因为天资聪慧,被别人称为天才,其父则四处带他去走访宾客,等到他长大以后,结果与别的人没有什么两样了。

2. 赞美要分清对象

人人都懂得赞美别人的重要性,但是赞美也要分清对象,主要表现在对男人和女人的赞美是不同的。

男人喜欢听的赞美词多表现在追逐功名、显示能力、展示个性以显潇洒和能人之形象方面，而女人则喜欢听有关对容貌、衣着或个人魅力方面的赞美词。

因此，赞美他人时要分清对象，对男人和女人的赞美要区别对待。

1) 对女人的赞美

比如，赞美一个女人漂亮就大有学问。对于容貌绝佳的女性，她已习惯了别人的赞叹，不妨用些新颖的方式，如用比喻去赞美她；对于一个明显较丑的女性，如果你虚假地夸赞她的容貌，她会认为你在讥讽她，而引起她的反感，最好是去发掘她的气质、能力或性格；而普通的女性是最需要赞美的，因为她身上也有美，并且她也最向往美，最渴望被人肯定。

你还可以赞美女人的修养。有许多女人，虽然长得漂亮，但是缺乏修养，没有内涵，稍一相处，便会让人感到俗不可耐。因此，花瓶式的女人虽然可赢得一时的赞美，却不能使男人长久地爱慕她，更无法获得男士的尊敬。一种好的气质，则可以使一位非常普通的女人变得十分迷人。因为一个女人的修养是一种内在美、精神美、升华美，它可以永久地征服一个男人的心。

作为男人，更要学会赞美女人，能够做到张口赞、闭口也赞。这样的男人能在女人面前受欢迎，变得魅力无穷。

男人赞美女人是对女人价值的肯定，更是对女人魅力的一种欣赏。在男人眼里，女人身上总有美丽动人之处，或者是皮肤细腻，或者是身材苗条，或者是眉目含情，或者是穿着得体。所以你一定要善于去发现、去捕捉她的美。许多女人都会对自己的缺憾有所了解，但她们十分了解自己的最动人之处，只要你能独具慧眼，赞美得体，一定会博得她们的赏识与青睐。

现代的人们注重个性，夸赞一个女人有个性已成了一种时尚。固执的性格可当此人有个性来赞，孤傲的性格也可以用有个性来赞，像男人一样不拘小节、有些泼辣的女性也能用有个性来赞。只要是稍稍区别于大众的性格，你用"个性"二字来赞她，无论是哪种女性，她都会觉得你这个人很有品位。

最后，你还可以赞美女人的能力。现代社会，在各种事业中女人都表现出了非凡的能力。她们不仅能把自己分内的事完成得十分得体，还会凭她们细心的洞察力去发掘工作中出现的问题，把各部门的事情都安排得十分妥当，有时工作能力大大地超越了男性。女人在取得很大的成就时，她们是需要被这个社会所肯定的。她们希望这个社会能认同自己、肯定自己的能力，也希望在男人眼中她们不再是处处依附于男人的人，而是能够独当一面，把事情处理得完美无瑕的有能力的人。于是，她们就需要男人的赞美，希望自己所做到的能够得到男人的认同与赏识。如果你是老板、上司，或是同事，你可千万别忽视她们的业绩，常常激励她们、赞美她们，换取她们更大的工作积极性吧。

除此之外，生活中女人的能力也值得你一赞。日常家务，如烧饭做菜、收拾房间、照顾孩子，这些虽是细小的事情，但能表现出女人的动手能力、审美能力、教育能力。只要你在日常生活中也不忘记赞美一下女性，你一定会得到女性们一致的好评。

但是你要记住，女人喜欢甜言蜜语，但并非喜欢太过花哨的话，所以赞美女人时多用些实际的语言，不用刻意去修饰，不然会让人觉得你很肤浅。

2) 对男人的赞美

上面说的是对女人的赞美，其实对于男人来说，赞美同样重要。他们一样喜欢听到他人对自己的肯定和赞美，因为这会让他们有一种价值感，并由此充满自信。可以说，恰到好处的赞美是打在男人身上的强心剂。作为女人，可以从以下几个方面来打造对男人的赞美之词。

(1) 赞美他是成功的男人。由于传统社会对男性角色的定位是顶梁柱，使得男人非常在乎自己在别人心目中的形象，任何人对他的工作做出的评价都会让他反应敏感。因此，无论男人从事的是怎样的工作，他都希望能得到别人的认同。

不过要注意，不管一个男人有多成功、多得意，他内心深处最渴望的还是别人的理解和关怀。一般的理解和关怀都是无可厚非的，但是一定要注意把握"度"的原则。过犹不及，说得太夸张、太过分、太直白，就会被人当成追逐名利、爱慕虚荣的人，会成为男人心底讨厌的势利之人。因此，即使是赞美，也要掌握分寸。从以下几个方面入手来赞美别人，是比较容易被接受并且会收到预期效果的。

① 在赞美男人的同时，注意表达关心与体贴。关心与体贴是女人善良天性的表现，也是女人细腻温柔的体现。女人的关心，如吹面而过的柔和的春风，又如沁人心脾的淡淡花香，会在不知不觉中悄悄渗入男人的心灵之中，融化他们的心怀。男人们最喜欢的是那种会关心、会体贴、善解人意的女人，女人的关心和温柔会让男人从心底感激她。

② 在赞美男人的时候，要恰当地表达出崇拜的思想。不管男人还是女人，都希望有人崇拜自己，都希望被人用尊敬、仰视的眼光看待，这也是人之常情。被人崇拜是无法拒绝的，被人崇拜意味着对"自我"的肯定，是一种人生价值的体现。对一个春风得意的人来说，他最自豪的是"自我"，也就是他的成功之源。

③ 别忘了在赞美的同时予以鼓励。一个女人鼓励一个男士，既是对他过去的肯定，对他以前创业生涯的一种肯定，又是对他未来充满信心的一种表现。人在任何情况下都是希望有支持和鼓励的，人不仅对自己有信心，更需要别人对自己有信心。现在的社会，竞争激烈，压力大，成功是需要付出很大代价的。一个成功的、春风得意的男士，即使在一定程度上达到了自我价值的展现，也还是需要鼓励的，尤其需要别人对他有信心。

还有一些男士，春风得意的时候，往往会在别人的一片颂扬声中沾沾自喜、自高自大、忘乎所以，而女性的委婉的激励，有时就像一剂良药，给头昏脑热的春风得意者一点不动声色的提醒，进一步激发起他投入下一次竞争的热情。

(2) 赞美他是一位绅士。所谓风度，是男人在言谈举止中透出的一种味道。不要以为男人真的是散淡随意、潇洒不羁，其实他们很在乎别人对自己举止的评价。曾经有一位女士说起她和男友分手的原因，只因为她在一次朋友聚会上调侃了男友的局促，大大伤了对方的自尊心，男友便扔了句："既然你认为我没风度，那么分开好了。"

事实也如此，行动比语言更有说服力，只有当女方对对方的言谈举止很满意、很欣赏时，女方才会爱上他。而在这方面赞美男人的聪明之道，也是拿他和别的男人比较，表现出女方的欣赏。

(3) 赞美他仪表堂堂。许多男性承认，他们在关注女人闭月羞花之貌的同时，也希望自己貌若潘安。但是同样因为社会角色定位，男人特别害怕女人把他们当作绣花枕头，因而他们对女人对他们外在形象的夸赞是特别敏感的，让女人兴奋的"你长得真漂亮""你穿得真好看"之类的话，会让男人觉得特别不舒服，按他们的理解，这是透着一种嘲讽，好像说"你有些娘娘腔，你怎么像女人一样爱打扮"。

所以说，要真的想对男人表达你对他外形的欣赏还需审时度势。但你可以对他的某个部位做出较高的评价，例如，你的鼻子好有个性等。

另外在赞美一位男士的时候，有一点特别忌讳的是，不要当着这位男士的面大肆指责他的竞争对手，这样做也许当时能让这位春风得意的男士十分高兴，但过后他就会清楚地意识到这种以贬低一个人来衬托另一个人的手法是多么笨拙，并且让人感到的只是巴结和恭维。所以，建议那些想要锦上添花的朋友一定注意，添花要小心，要把握好分寸，不要搞出笑话来，以免遭人反感。

3. 赞美要有技巧

1) 赞美最好有新意

人人都有自己的长处，也都有自己的短处。人们一般都希望别人多谈自己的长处，不希望多谈自己的短处，这是人之常情。跟初识者交谈时，如果直接或间接赞扬对方的长处作为开场白，就能使对方感到高兴，对你产生好感，交谈的积极性也就得到了激发。

有一个周游世界的妇女，她走到哪个国家，都会立刻结识一大群的朋友，一个青年问她其中的秘密，她说："我每到一个国家，就立刻着手学习这个国家的语言，并且只学一句，那就是'美极了'或者'漂亮'这句话，就因为我会用各种不同的语言表达这个意思，因此我的朋友遍天下。"

说一句简单的赞美话，实在不是一件很难的事情，只要你愿意并留心观察，处处都有值得你赞美的事物。我们对陌生人要加以赞美时，如果能悉心挖掘那种鲜被人赞的地方，对方会非常开心，陌生人很快就变成挚友。

2) 背后赞美更有力度

世上背后说人闲话的人不少，大家都很清楚，被说之人一旦知道便会火冒三丈，轻则与说闲话者绝交，重则找说闲话者当面算账。因此，要引以为戒，不要犯背后说他人闲话的忌讳。但是，背后说人优点却有佳效。

背后说别人的好话，远比当面恭维别人或说别人的好话效果要明显得多。不用担心，我们在背后说他人的好话，是很容易就会传到对方耳朵里去的。

赞美一个人，当面说和背后说所起到的效果是很不一样的。如果我们当面说人家的好话，对方会以为我们可能是在奉承他、讨好他。当我们的好话是在背后说时，人家会认为我们是出于真诚，是真心说他的好话，人家才会领情，并感激我们。

在日常生活中，背着他人赞美他往往比当面赞美更让人觉得可信。因为你对着一个不相干的人赞美他人，一传十、十传百，你的赞美迟早会传到被赞美者的耳朵里。这样你赞美的目的也就达到了。

在日常生活中，如果我们想赞扬一个人，不便对他当面说出或没有机会向他说出时，可以在他的朋友或同事面前，适时地赞扬一番。

据国外心理学家调查，背后赞美的作用绝不比当面赞扬差。此外，若直接赞美的度不足会使对方感到不满足、不过瘾，甚至不服气，过了头又会变成恭维，而用背后赞美的方法则可以缓和这些矛盾。因此，有时当面赞扬不如通过第三者间接赞扬的效果好。

当你面对媒体时，适当地赞美你的同行，是一种风度，也是一种艺术。

多在第三者面前去赞美一个人，是你与那个人关系融洽的最有效的方法。假如有一位陌生人对你说："某某朋友经常对我说，你是位很了不起的人！"相信你感动的心情会油然而生。那么，我们要想让对方感到愉悦，就更应该采取这种在背后说人好话、赞扬别人的策略。因为这种赞美比一个魁梧的男人当面对你说"先生，我是你的崇拜者"更让人舒坦，更容易让人相信它的真实性。

3) 推测性赞美，妙上加妙

借用推测法来赞美他人，虽然这种方式有一定的主观意愿性，未必是事实，但是能从善意的想象中推测出他人的美好东西，就能给人以美好的感受。

推测性赞美有两种：一种是祝愿式的推测，另一种是预言式的推测。

祝愿式推测，主要强调一种美好的意愿，用一种友好的心情去推测对方，带有祝愿的特点。这种推测也未必很可行，但推测者是诚挚而善意的。预言式推测，带有一些必然性、预见性，可以针对工作、生活中可能会取得的成绩进行预测。当然，推测并不等于明确的结果，而是具有多种可能性，但前提是被赞美者本身有实力，有可能获得好结果。预言式推测较适用于同事与同事之间，或父母对孩子的推测，总之，是对身边较熟悉的人所采用的方式，它能起到一定的激励作用。

4) 夸人有讲究。

赞美的话，人人都会说，但要说好，不仅要掌握许多小窍门，而且还要有所讲究。

(1) 赞美要有根据，比如根据对方的为人或处事来赞美。有根有据、有板有眼才能避开阿谀之嫌。每个人在为人方面都有其优势，笼统的词语难以说明什么；有事实作根据将变得真实可信、生动形象。

(2) 不要假充内行。有句歇后语叫作："不是船工乱弄篙——假充内行。"肯定和赞美他人必须建立在理解的基础之上，特别是一些专业要求比较强的方面尤其如此，如果你不懂装懂，就难免会出洋相。赞美是一门学问，其中一个重要的法则就是要懂行。只有"懂行"才能抓住赞美之事的特点与实质，才能不说外行话。如果不懂装懂，则经常会发生讲外行话、语言不到位等情况。

在现实生活中常常发生这种情况：在一个书法展上，常常听到有人感叹"这字写得真是漂亮"。但究竟好在哪里，他却什么也不知道，这就是知其然，而不知其所以然。在一个画展上，一位参观者站在一幅抽象画前说："这幅画不错，可惜看不出它画的是啥东西。"这让内行的人听见了，岂不笑掉大牙？

一些人明明是外行，还自不量力，没有自知之明，甚至厚着脸皮装内行，结果被人嗤笑，既达不到赞美他人的目的，而且还暴露了自己的无知。一位男士陪他的女朋友去听音乐会，而实际上他只听一些流行音乐，对于高雅音乐一窍不通。当音乐会结束时，主持人希望在座的人能发表一些看法，这位男士站起来说："演得实在太好了，让人听起来欢欣鼓舞。"这时，四下响起一片哄笑之声。事后他看到女朋友的脸上挂满了泪痕，原来演奏的是一支非常伤感的曲子，女朋友因此一气之下与他分手了。因此，在赞美他人时，要懂得适可而止，不必画蛇添足，选择一些大而空的赞词，这样才不至于走嘴。

(3) 赞美必须从性别、性格、知识等全方位来考虑。"一母生九子，九子各不同"，即使是亲兄弟，彼此的性情、脾气也有所不同，更何况是来自五湖四海的人士。每个人由于其个性的差异，其所喜欢的赞扬方式也就有所不同，有的人喜欢含蓄委婉，有的人喜欢直露，有的人喜欢日常工作中一个眼神及一个手势的赞扬，有的人喜欢在正式场合的称赞。如果你对喜欢含蓄的人用直来直去的赞语，就难以达到赞美的预期效果；若你对喜欢直露的人用较为含蓄的赞语，也许他根本不能领会。

(4) 赞美不要冲撞他人的忌讳，弄巧成拙。忌讳就是世界各国、各民族长期以来形成的对于某些事物的禁忌，它常常反映着一个国家和民族的文化传统和生活习俗。对于个人来讲，忌讳往往是一个人内心的永久伤痕，每个人都有自己的忌讳，每个人对于自己的忌讳往往又不允许别人轻易侵犯。

在赞美他人时，了解他人的忌讳是在人际交往中左右逢源、游刃有余、不可忽视的环节。另外，在与不同民族、不同国家的人交往时，要注意不要冲撞他的忌讳。数字的忌讳，如西方人普遍忌讳"13"。因此，在祝贺西方人成功时，送鲜花千万别送 13 枝。动物的忌讳，如中国人忌讳乌鸦和猫头鹰，俄国人忌讳兔子。此外还有颜色的忌讳、花朵的忌讳等。

在赞美他人时，应该对赞美对象的一些忌讳有所了解，千万不要自讨没趣地往人家的枪口上撞。

(四)语言要充满激励

很多人都在苦苦寻找使自己进步的方法，那么如何让别人不断地前进呢？试一下用赞扬激励来代替批评吧！当批评减少而多多鼓励和夸奖时，人们所做的好事会增加，而不好的事情会被忽视而萎缩。每个人都渴望受到赏识和认同，并会不惜一切地得到它。当然，我们鼓励别人，必须是真诚的，或者至少看上去是真诚的。

如果你要对你的孩子、另一半或者下属员工说他或她在某一件事情上显得很笨，很没有天分，那么你就做错了，因为那等于毁了对方所有要求进步的心。任何人的能力都会在批评下萎缩，却能在激励下绽放。激励正如阳光一样，能促进我们成长。因此，要希望对方做到某一件事情，那么，就赞美其最细小的进步，而且是每一次的进步吧！每个人都需要诚恳的认同和慷慨的赞美。

1．信任是最好的激励

如果对某个人表现出充分的信任，对方就会在你的这份信任下努力达到你所期望的目标。

除此之外，在现实生活中，信任也是一种最好的激励。比如，家长想要孩子达到某一目标时，他并不是谆谆地对孩子进行说教，而是说一句"你能行"这样的表达充分信任的话，或者做一个信任的手势等，孩子就会因此而努力达到目标。所以要想激励别人时，不妨拿出你的信任。

2．激起对方的欲望

无可否认，每个人都有各自的欲望，一个人在不同时期又有着不同的欲望。而人们的欲望总是深深地埋藏在心底，不易被人们觉察，只有通过我们的头脑和嘴巴，用我们的话来刺激顾客的购买欲望，使这种欲望原形毕露，才能利用它达到自己的目的。

3．利益能使人"心动"

说服他人时，从对方的利益出发，很容易让别人"心动"。例如，医院在给肿瘤患者做放疗时，每周测一次血常规，有的患者拒绝检查，主要是因为他们没意识到这种检测是为了保护自己。

说服他人时，需要用一种激励的手段，要尊重对方的自尊心，不要随意批评对方。因为考虑问题的角度不同，人们会选择不同的行为来维护自己的权益。就像在上述例子中，如果医生说"那你不能这样做！""你怎么能这样做呢？""你怎么又不抽血呢？就你的主意多！"……这些批评人的话，非常容易引起患者的反感，也不会配合他，反而达不到说服的目的。

虽然用利益来说服对方是一种很有用的方法，但是当你说一些有利于对方的事情时，人们还是会怀疑你和你所说的话。这种时候，如果你以另一种方式去说有利于对方的事情时，就可以消除这种怀疑。这种方式就是：不要直接阐述，而是引用他人的话，让别人来替你说话，即使那些人并不在现场，也会达到所要的效果。

因为人们通常很少怀疑你间接描述的事实的真实性，会认为你是站在他的角度看待和分析问题的。但是，如果你直接说出来，他们就会深表怀疑。因此，要通过第三者的嘴巴去说服他人。

4. 机言巧语，达到激励的目的

孟子曾是这样激励齐宣王推行王道的。

当齐宣王要求他讲述关于齐桓公和晋文公称霸诸侯的事情时，他却说孔子的弟子没有记述过这些事情，所以后来就没有传述下来，这样很自然地就搪塞过去了，还迅速地将话题转移到了王道上来，将话语的主动权抢先掌握在自己的手中。

当齐宣王问他品德达到了什么样的程度才可以成王时，他简洁、干脆而又有力地回答："保民而王，莫之能御也。"他很清楚这一次谈话的中心，这时也使齐宣王有了和他进一步谈话的兴致，马上就又问道："若寡人者，可以保民乎？"孟子只用了一个字"可"来回答，这又进一步引起齐宣王认识王道的兴致。

齐宣王问："何由知吾可也？"孟子很清楚齐宣王的心理，充分地考虑到了作为高高在上的君王的一种个性，所以他通过齐宣王亲身经历的一件事情来打开话题。

在讲述齐宣王用羊易牛这件事情时他也不忘夸耀齐宣王的仁慈之心，所以齐宣王马上高兴起来。因此孟子大谈王道才不会对牛弹琴。

齐宣王这个时候也认为他和孟子有共同语言，孟子的话一出，在他的心里掀起了几丝波澜，而且与此同时也对他的心灵产生了一种触动，所以就主动地询问不忍心和王道两者之间的关系。

孟子没有立刻就此做出回答，他只是很机智地暂时转移话题，还讲述了"不能"和"不为"两者之间的关系，没有空洞的说教，只是运用比喻，将齐宣王未推恩给百姓比作力足举百钧而不能举一羽，明察秋毫之后却未见舆薪，让他不得不承认自己不是"不能"，而是"不为"。

当齐宣王想要彻底地搞清楚"不能"和"不为"到底有什么区别的时候，孟子还是运用比喻，将"挟泰山以超北海"比作"不能"，将不能"为长者折枝"比作"不为"。

语言很简单，但是意思很明白，并且说理还很透彻清楚。接着孟子还顺利地劝导了齐宣王推恩于天下并让他好好地思考一下，认真地想想自己为什么不能够做到。

到这个时候齐宣王多少应该明白不忍之心和王道两者之间的关系，他也应该知道"不忍之心"也是推行王道的一个很重要的条件。

当齐宣王或许还在继续思索的时候，孟子又一次转移了话题，他询问了齐宣王："难道大兴战争，危害士臣，在诸侯间结怨就是为了能够满足心里快活吗？"这样的问话，就逼着齐宣王说出他并不是为了内心的快活而是为了寻求自己最想要的东西。

孟子还是追问下去："大欲是什么？"当齐宣王笑着而不说什么的时候，孟子就运用了排比的句式进行了一连串的发问，当齐宣王全部否认了以后，孟子便一针见血地道明他的"大欲"——称霸中原、称霸天下，让其他诸侯国和边夷俯首称臣。

说过之后，他马上又运用了一个比喻，把此举比作缘木求鱼，忠告齐宣王这样的野心是很难得逞的，而且后果也是很严重的。齐宣王听了以后内心自然特别慌张，所以就急着问究竟会有什么样的恶果。

然后孟子就用类比的手法，举出了邹与楚战的例子向他来阐明后果，并劝导齐宣王推行王道，还向他展示一幅美丽的画面：天下贤士到那时都归于他，耕者、商贾、旅行者都来靠近他，天下的百姓都很憎恨他们的君王，也就会都到你这里来控诉他们君王的罪过。在这里他的语言运用了排比和修辞手法，这也使得齐宣王听起来心里觉得美滋滋的。

齐宣王最后还是心悦诚服，等到他醒悟过来后，他还主动地请求孟子告诉他如何具体地推行这种王道。

孟子就是运用自己的口才机智地完成了对齐宣王的游说。

在现代社会中，如果我们想激励别人去做某一件事，而事情又不宜直说，这种时候就不妨采用一下孟子的方法达到目的。

(五)语言要幽默风趣

1. 得体的幽默能取悦人心

人际交往的各个方面，莫不需要幽默的鼎力支持。实际上，得体的幽默最能取悦人心，幽默称得上一个具有亲和力的"形象大使"。

幽默正被越来越多的人所应用。

主席先生，各位女士、先生：

为了亲临为霍姆斯博士祝寿，再远的路程我也要前来。因为我一直对他怀有特别亲切的感情。你们所有的人都会有这样的体验，一个人一生中初次接到一位大人物的信时，总是把这当成一件大事。不管你后来接到多少名人的来信，都不会使这第一封信失色，也不会使你淡忘当时那种又惊又喜又感激的心情。流逝的时光也不会湮灭它在你心底的价值。

第一次给我写信的伟大人物正是我们的贵客——奥列弗·温德尔·霍姆斯。这也是第一位被我从他那里偷得了一点东西的大文学家。(笑声)这正是我给他写信以及他给我回信的原因。我的第一本书出版不久，一位朋友对我说："你的卷首献词写得漂亮简洁。"我说："是的，我认为是这样。"

我的朋友说："我一直很欣赏这篇献词，甚至在你的《傻子国外旅行记》出版前，我就很欣赏这篇献词了。"我当然感到吃惊，便问："你这话是什么意思？你以前在什么地方看到这篇献词？""唔，几年前我读霍姆斯博士《多调之歌》一书的献词时就看过了。"当然了，我一听之下，第一个念头就是要了这小子的命(笑声)，但是想了一想之后，我说可以先饶他一两分钟，给他个机会，看看他能不能拿出证据证实他的话。我们走进一间书店，他果真证实了他的话。我确确实实偷了那篇献词，几乎一字未改。我当时简直想象不出怎么会发生这种怪事。因为我知道一点，绝对毋庸置疑的一点，那就是，一个人若有一茶匙头脑，便会有一份傲气。这份傲气保护着他，使他不致有意剽窃别人的思想。那就是一茶匙头脑对一个人的作用——可有些崇拜我的人常常说我的头脑几乎有一只篮子那么大，不过他们不肯说这只篮子的尺寸罢了(笑声)。

(选自马克·吐温《无意的剽窃》)

这是马克·吐温在霍姆斯七十寿辰上发表的一篇演讲，这是一个活用了幽默的例子。这篇演讲通过幽默的语言形式营造了一种愉快的气氛，同时赞美了霍姆斯。幽默可就派上大用场了，它会在有效鼓励别人的同时取悦人心。

2．言语幽默，远离尴尬

有时候人际交往会处在一个尴尬的境地，这个时候需要的仅仅是一句幽默的话语来打破原有的压抑，活跃气氛。

说笑能极大地缓解尴尬气氛，甚至在笑声中这种难堪场面会瞬间消失，以至人们很快忘却。

尴尬是在生活中遇到处境窘困、不易处理的场面而使人张口结舌、面红耳赤的一种心理紧张状态。在这种时候，人们比受到公开的批评还难受，引起面孔充血、心跳加快、讲话结巴等。主动讲个笑话逗大家笑，绝对是减轻该症状的良方，尤其是在很多人看着你的时候。

所以当我们面临尴尬时，千万不要慌张，试着说一些幽默的话语，就会将你从尴尬中轻松地解救出来。

3．巧用幽默，化干戈为玉帛

幽默运用得好，能够化干戈为玉帛。就拿谈判来说，一般人会认为，谈判是很庄重与严肃的。其实谈判中运用幽默技巧，可以缓和紧张形势，制造友好和谐的气氛，也就缩短了双方的心理距离，钝化了对立感。因此，幽默能使你在谈判中左右逢源，常常在"山重水复疑无路"时变得"柳暗花明又一村"。因为谈判时具有幽默心理能使你情绪良好，充满自信，思路清晰，判断准确。

人与人之间思想不同是必然的现象，因为我们每个人都顶着不同的脑袋，但是，当出现意见相左的情况时，要会用技巧，使得气氛不至于弄僵，也避免让双方的对话进入死胡同，变成意气用事。运用幽默就是一种很好的化干戈为玉帛的方法。

4．委婉含蓄，运用诙谐式批评

赤裸裸地批评对方的不是，必然会引起别人的怨恨。如果对方是自己的上司，自己的前途势必大受影响。如果对方的表现实在有令人不吐一言则不快时，最有效与灵验的是说一句幽默式的笑话吧！

身为主管，难免有不得不斥责下属的情况。可是有许多人不会处理，却转而变成喜欢唠叨的人，斥责别人时，最大的难点是稍有不当就会伤害到对方的自尊心。所以，为了不伤其自尊，而且要设法让他们愿意自动自发改进。这就需要培养自己的幽默感。

当然，幽默风趣的话跟笑话是不同的。一般的笑话，或许会博人一笑，可是除了引人发笑之外，在说服、辩解、反论上丝毫不会有效果；而一则幽默的话，在事后会让听者有如梦初醒般的顿悟。

很多谈话高手在批评别人时，都会选择一种委婉的方式，而不是直言直语。高明的批评者，总是把批评和责备隐藏于嬉笑怒骂之间。这种批评方式是极为隐蔽和巧妙的，因此对方较容易接受。

一个人说话幽默风趣，能使听者在含笑中评判是非，领悟哲理，增长智慧。风趣幽默是在说话中将人的智慧和语言技巧巧妙地结合起来，揭示出事物的深刻含义，富有哲理，含不尽之意于言外。

诙谐式批评，不仅使人感到轻松、愉快，而且寓意深刻，也使人在笑声中领悟到其中的哲理。

5．幽默夸张，博取信任

幽默的力量可以帮助你迎接事业和人生的挑战，获得别人的信任，享受成功的愉快。

如果你已经利用幽默的力量来帮助自己向成功迈进，你也就能对挫折一笑置之，坦然开自己的玩笑，并且关心别人，更重要的是以轻松的心态面对自己，而以严肃的心态面对自己的新角色。

如果你也能运用幽默的力量去帮助他人更上一层楼，你就会获取更多的信任，同时自己也能向前迈进。

6. 名人的幽默

名人之所以能成为名人，是因为他们付出了比常人更为艰辛的努力。他们意志坚强、聪明灵活、自信敢为……除此之外，他们还有俘获人心的天然利器——幽默。

幽默是许多名人成功的素质之一，幽默能帮助他们从无名小卒成长为叱咤风云的大人物，给他们的人格披上了无限生机的魅力。

儒帅陈毅文韬武略，谈吐机敏而风趣。他讲话不用稿子，却口吐莲花，辞采动人，令人折服。一次会议上，他拿着"发言稿"登台讲演，还不时瞧瞧。大家用心听着，一字也不肯放过，洪亮的话语不时埋在热烈的掌声中，会后有人发现那份"发言稿"原来是张白纸。人们问他："您怎么用张空白稿啊？"他回答："不用稿子，人们会说我不严肃，信口开河。"

幽默是一种逆向与放射式的思维方法。国外曾经有学者做过调查，成功人士的幽默程度往往比一般人要高。他们的幽默与亲和力自然广受人们的欢迎，对人与事物的看法经常与众不同。

幽默不只是听一听笑话，哈哈一笑而已，真正的幽默是有目的、有情境、能化解问题的有品位的方式。幽默是解决各种人生问题最快捷也最不会引起后遗症的方法。

思考与练习

1. 演讲语言的意义是什么？
2. 演讲语言的原则是什么？
3. 演讲语言的使用应注意哪些问题？
4. 小组讨论：就幽默语言的使用技巧展开讨论，设计一段幽默语言进行交流。

第三章 演讲礼仪

第一节 演讲的仪表

  作为一个演讲者,不但要有良好的语言表达能力,同样需要注意自己的仪表和风度。演讲者给人的第一印象是非常重要的,而听众正是通过先观察演讲者的仪表来决定对他的第一印象。所以注重仪表和风度是演讲者迈向成功的第一步,同时是对听众的最基本的礼貌。

一、面带微笑

  笑是大部分人能够做出的一个动作,我们在生活中总是不停地重复着各种笑容,所以笑是人脸上一种最好的表情,它能够反映出一个人的内心世界。当一个考生面对考官时,考官的微笑可以缓解他的紧张情绪。当一个顾客遇到问题时,服务员的一个微笑可以安抚他的情绪。对于一个推销员来说,微笑可以为他赢得客户的信任。对于一名教师来说,微笑可以拉近他与学生之间的距离。

  在运用微笑传情达意时,要真诚自然,适度得体。微笑是一个人自信的标志,是待人接物时最基本的礼貌之一,同时一个人的涵养和情感都可以通过微笑表现出来。微笑可以沟通情感,消融"坚冰",是善意的标志、友好的使者、成功的桥梁。服务业的老板大都喜欢能够面带微笑的员工。在大部分人中,能够展现出发自内心的微笑的人,也是心地非常善良的人,这样的人所说的话是可以相信的。作为一名演讲者,在演讲中可以面带微笑,这样不但可以给听众一种温和开朗的印象,同时可以建立一种融洽的气氛。在所演讲的内容和听众的认知有所偏差或者有刻意刁难的问题出现时,微笑可以消除听众的抵触情绪,激发听众的感情,缓解场面的矛盾,避免冲突的发生。值得我们注意的是,演讲中的微笑是要讲究时机的，如果时机不对，同样是无法取得良好的演讲效果的。

第一，在上台和下台时，要面带微笑。上台时的微笑可以给听众一个良好的第一印象，融洽演讲者与听众的关系；下台时的微笑可以给演讲做一个良好的结尾，使听众感到温馨和意犹未尽。

第二，在赞美歌颂一些人时一定要面带微笑，因为只有微笑才能代表演讲者的赞美是发自内心的，才能增强演讲的感染力。如果演讲者面无表情地发表赞美，那么就会给听众留下演讲者只是虚伪地赞美，并没有加入感情的印象，那么演讲的效果和影响力就大打折扣了。

第三，在面对听众提问时一定要面带微笑。这样做的原因有两个：一是表示对听众的尊敬；二是通过微笑鼓励听众说出自己的想法。

第四，即使遇到反对的声音，也要微笑面对。有这样一个例子，一名女交警在执勤站岗时遇到了一名喝醉酒的男子的纠缠，尽管如此，女交警依然微笑着回答了男子的问题。这名女交警的态度为她赢得了赞誉。在演讲中同样也是如此，听到了不同或批判的声音，就更应该微笑着聆听。因为每个人的观点和看法都是不尽相同的，通过听众的反对意见，同样可以使我们学到很多东西，同时能够使得演讲现场的气氛活跃起来。

第五，如果遇到了大声喧哗或者捣乱的听众，演讲者也不能大声训斥。因为一方面这是在公共场合的基本礼仪；另一方面，怒目相对也会影响其他正常听演讲的听众，使得他们觉得扫兴。所以在这种时候，作为一名演讲者，可以略略停顿一小会儿，一些听众会自发地维持会场的纪律，等待会场稍微安静一些时，可以面带微笑地对扰乱了演讲的人进行含蓄的批评。

微笑是我们在日常生活交谈中、辩论中、演讲中都会用到的一种表情，那么要如何微笑？微笑训练有哪些技术上的要求呢？

我们可以借鉴摄影师在拍摄照片时常会问的问题，例如，问："肥肉肥不肥？"答："肥！"问："糖甜不甜？"答："甜。"或者说"田七""茄子"等，都可以使我们自然地做出微笑的动作。

我们可以在空闲的时候，面对镜子做微笑的练习。

看看口腔开到什么程度为宜；嘴唇呈什么形态，圆的还是扁的；嘴角是平拉还是上提。要注意，口腔打开到不露或刚露齿缝的程度，嘴唇呈扁形，嘴角微微上翘。如果能每天面对镜子练习 30 分钟，就能成为一个具有得体微笑的演讲者了。

同时，每天的微笑练习还能够帮助我们找出平时容易犯的毛病。

(1) 笑过了头。这种情况就是在微笑时嘴张得太大。嘴张得过大，会给人一种不礼貌的感觉。同时，嘴张得太大会给人一种傻乎乎的感觉。所以微笑要以不露或刚露齿缝为最佳。

(2) 假笑。假笑也叫作皮笑肉不笑。这种情况在摄影师的要求下拍照时，会经常出现。这是因为，我们并没有投入感情，只是机械地按照要求在摆动作。

在演讲中也是一样，听众是很敏感的，他们能够分辨出真笑和假笑，假笑看上去让人觉得难受。所以，我们的微笑不单单是要做出形式，还要以完全平等的态度对待对方，尊重对方的感情、人格和自尊心，只有这样，微笑才是真诚的、美丽的，才具有强大的凝聚力。

最后要注意的一个问题就是，不是所有的演讲都要有笑容，微笑也要分清场合，如召开重要会议、处理突发事件、参加追悼大会时，就不能面带微笑。同时，在演讲中也不能从头到尾一味地微笑，否则让人感到你像一个弥勒佛，觉得你戴了一个假面具上台演讲，没有感情，尤其在不该笑的感情表达时更不能笑。

二、穿着得体

肢体的动作同语言一样是演讲的重要组成部分，是一种重要的无声语言。而肢体语言又包括了个人的形象和动作两个方面。

肢体语言是补充语言传播的不足的、作用于人的视觉的一种手段。

演讲者给予听众的第一印象是十分重要的，甚至可以决定听众对演讲者的态度和是否愿意认真听取演讲者的演讲。

一般人在面对一个陌生人时，只能凭着这个人的服装和仪表来判断这个人。所以要有一个好的形象，就必须从最基本的方面做起，注意自己的服装穿着。

中国有句古话说得好："人靠衣服马靠鞍。"其意思就是一个人穿上好的衣服，他的气质风度都会变得不一样。服装和仪表并不仅仅是一个外在形象的问题，也是一个人内在涵养的表现和反映，良好的形象是外表得体和内涵丰富的统一。

对服装和仪表最起码的要求，就是要干净、端庄、整齐，给人以清爽、精神的感觉，使人看了比较舒服。

当你意识到着装打扮的重要性时，还完全不够，如果你不会挑选、搭配，恐怕你的形象意识也是起不了作用的。

恰当的着装能够弥补自身条件的某些不足，树立起自己的独特气质，使自己脱颖而出。从礼仪的角度来看，着装不能简单地等同于穿衣。它是着装人基于自身的阅历修养、审美情趣、身材特点，根据不同的时间、场合、目的，力所能及地对所穿的服装进行精心的选择、搭配和组合。在各种正式场合，注重个人着装的人能体现仪表美，增加交际魅力，给人留下良好的印象，使人愿意与其深入交往。同时，注意着装也是每个事业成功者的基本素养。

穿着得体表现在以下几个方面。

第一，文明大方：忌过露、过透、过短、过紧。

整洁的衣着反映出一个人振奋、积极向上的精神状态；而褴褛、肮脏的服装则是一个人颓废、消极、精神空虚的表现。因此，衣服要勤换、勤洗、熨平整，裤子要熨出裤线；衣扣、裤扣要扣好，裤带要系好；穿中山装应扣好风纪扣；长袖衬衣的衣襟要塞在裤内，袖口不要卷起，短袖衫、港衫衣襟不要塞在裤内。

装饰必须端庄、大方，要让对方感到可亲、可近、可信，乐于与你交往。在演讲前，应该适当打扮一下，把脸洗干净，把头发梳理整齐。男士应刮胡子，女士可化一点淡妆。一般来说，女装色彩丰富，轮廓较优美，面料较讲究，显示出秀丽、文雅、贤淑、温和等气质；男装则要求线条简洁有力，色彩沉着，衣料挺括。

第二，搭配得体：完美和谐、色彩搭配、鞋袜搭配。

服饰礼仪中所说的服饰，不完全是指我们日常生活中的衣服和装饰物，而主要是指在着装后构成的一种状态。它包括了它所表达的人的社会地位、民族习惯、风土人情以及人的修养、趣味等因素。所以不能孤立地以衣物的好与坏来评价人在着装之后的美与丑，必须从整体的角度来考虑和体现各因素和谐一致，做到适体、入时、从俗。

适体，就是追求服饰与人体比例的协调、和谐。服饰是美化人体的艺术，服饰只有与人体相结合，使服饰的色彩、式样、比例等均适合人体本身的"高""矮""胖""瘦"，从而把服饰与人体融为有机统一的整体。因此，过肥或过紧的衣衫、过小或过大的裤腿、过高的高跟鞋以及不得当的颜色搭配等，都会扭曲人的形体，影响人的形象。

入时，就是追求服饰和自然界的协调、和谐。人与自然相适应，有春夏秋冬、风雨阴晴的不同服饰。根据四季的变化穿着衣物，不但很合时宜，而且还可保证人体健康。一般来说，冬天衣服的质地应厚实一点，保暖性强一点，如呢毛料等，而春秋季的衣服的质地则应单薄一些。可以设想，一个人在寒冷的天气穿着单薄的衣服，浑身颤抖；或者在炎热的天气里穿着厚实，满头大汗地出现在交际场所时那种难堪的模样。

从俗，就是追求服饰与社会生活环境、民情习俗的协调、和谐。应努力使服饰体现出新时代的新风貌和特征、各民族的不同习俗和特色，以及各种场合的不同气氛和特点。

第三，个性鲜明：与年龄、体形、职业、场合相吻合，保持自己的风格。

选择什么样的服饰，能够在很大程度上体现出穿着者的个性。在服饰整体统一要求中，追求个性美，可以说是现代生活的一大趋势。

个性特征原则要求着装适应自身形体、年龄、职业的特点，扬长避短，并在此基础上创造和保持自己独有的风格，即在不违反礼仪规范的前提下，在某些方面可体现与众不同的个性，切勿盲目追逐时髦。

那么，如何使自己的穿着得体呢？

(一)服饰礼仪

1．着装应与自身条件相适应

选择服装首先应该与自己的年龄、身份、体形、肤色、性格和谐统一。年长者、身份地位高者，选择服装款式不宜太新潮，款式简单而面料质地讲究一些才与身份年龄相吻合。青少年着装则着重体现青春气息，朴素、整洁为宜，清新、活泼最好，"青春自有三分俏"，若过分修饰反而破坏了青春朝气，实在得不偿失。形体条件对服装款式的选择也有很大影响。身材矮胖、颈粗圆脸形者，宜穿深色低"V"字领，大"U"形领套装，浅色高领服装则不适合。而身材瘦长、颈细长、长脸形者宜穿浅色、高领或圆形领服装。方脸形者则宜穿小圆领或双翻领服装。身材匀称、形体条件好、肤色也好的人，着装范围则较广，可谓"浓妆淡抹总相宜"。

2．着装要合体，讲究线条配置、搭配合理、色调和谐

瘦高体型的人，不宜选用竖条纹的服装，否则会夸大纤细的身形。太薄的衣服也会给人以呆板、缺乏韵味的感觉，而质感、厚实一点的衣料会使体瘦的人看上去精神抖擞。体型丰满的人则相反，衣服质地太厚显得笨重，当然也不能太薄，否则体型弱点就暴露无遗了，衣料以薄厚适度为宜。胖人忌穿大花纹、横花纹、大方格图案的服装，否则只会夸张体型。

3．衣着服饰要投听众所好

有的演讲者总是喜欢根据自己的爱好穿着服装，这样的好处是面谈时感到自然轻松。一般来说，着装不必赶时髦，不必求流行，尤其不能浓妆艳抹、花枝招展。

许多人认为"过分追时髦的人往往是不求上进的人"。专家告诫，当你不知道穿什么好时，与其追求新潮，不如穿得正统一点。

(二)服装的选择

1．男性着装

春季、秋季、冬季，男士最好穿正式的西装，西装的色调要以给人稳重感觉的深素色为主，如藏青色、蓝色、黑色、深灰色等。夏天要穿长袖衬衫，衬衫最好选择白色，系领带，领带应选用丝质的，领带上的图案可以根据自己的爱好选择，最好是单色的，它能够和各种西装及衬衫相配。单色为底，印有规则重复的小型图案的领带，格调高雅的也可用。斜条纹的领带能表现出你的精明。领带在胸前的长度以达到皮带扣为好。如果一定要

用领带夹，应夹在衬衫第三个和第四个扣子中间的位置。不要穿短袖衬衫或休闲衬衫。

要穿深色的袜子、黑色的皮鞋。皮带要和西装相配，一般选用黑色。皮鞋、皮带、皮包颜色要一致，一般为黑色。眼镜要和自己的脸型相配，镜片擦拭干净。如果选用钢笔，一定不要插在西装上衣的口袋里，西装上衣的口袋是起装饰作用的。

2．女性着装

女性要穿简洁、大方、合体的套装，裙子不宜太长，这样显得不利落，但是也不宜穿太短、低胸、紧身的服装，过分时髦和暴露的服装都不适合演讲。春秋的套装可用较厚实的面料，夏季用真丝等轻薄的面料。衣服的质地不要太薄、太透，薄和透带有不踏实、不庄重的感觉。

色彩要表现出青春、典雅的格调。用颜色表现你的品位和气质，不宜穿抢眼的颜色。

丝袜以透明、近似肤色的颜色最好。要随时检查是否有脱线和破损情况。穿式样简单、没有过多装饰的皮鞋，后跟不宜太高，颜色和套装的颜色一致。如果你不知道如何配色，最简单的办法就是穿黑色的皮鞋。

3．服装的色彩搭配

不同的色彩有着不同的象征意义。暖色调——红色，象征热烈、活泼、兴奋、富有激情；黄色象征明快、鼓舞、希望、富有朝气；橙色象征开朗、欣喜、活跃。冷色调——黑色象征沉稳、庄重、冷漠、富有神秘感；蓝色象征深远、沉静、安详、清爽、自信而幽远。中间色——黄绿色象征安详、活泼、幼嫩；红紫色象征明艳、夺目；紫色象征华丽、高贵。过渡色——粉色象征活泼、年轻、明丽而娇美；白色象征朴素、高雅、明亮、纯洁；淡绿色象征生命、鲜嫩、愉快和青春等。

4．色彩搭配的原则和方法

服装的色彩是着装成功的重要因素。服装配色以"整体协调"为基本准则。

全身着装颜色搭配最好不超过三种颜色，而且以一种颜色为主色调，颜色太多则显得乱而无序，不协调。灰、黑、白三种颜色在服装配色中占有重要位置，几乎可以和任何颜色相配并且都很合适。

着装配色和谐的几种比较保险的办法，一是上下装同色，即套装，以饰物点缀；二是同色系配色。利用同色系中深浅、明暗度不同的颜色搭配，整体效果比较协调。

年轻人穿上深下浅的服装，显得活泼、飘逸、富有青春气息。中老年人采用上浅下深的搭配，给人以稳重、沉着的感觉。

服装的色彩搭配也要考虑与季节的协调，与大自然对话也会收到不同凡响的理想效果。

同一件外套服装，利用衬衣的样式和颜色的变化与之相衬托，会表现出不同的独特风格，能以简单的打扮发挥理想的效果，本身就说明着装人内在的充实与修养。利用衬衣与外套搭配应注意衬衣颜色不能与外套相同，明暗度、深浅程度应有明显的对比。

着装配色要遵守的一条重要原则，就是根据个人的肤色、年龄、体形选择颜色。

肤色黑的人，不宜着颜色过深或过浅的服装，而应选用与肤色对比不明显的粉红色、蓝绿色，最忌用色泽明亮的黄橙色或色调极暗的褐色、黑紫等。

皮肤发黄的人，不宜选用半黄色、土黄色、灰色的服装，否则会显得精神不振和无精打采。脸色苍白的人不宜着绿色服装，否则会使脸色更显病态。而肤色红润、粉白的人穿绿色服装效果会很好。白色衣服和任何肤色搭配的效果都不错，因为白色的反光会使人显得神采奕奕。体形瘦小的人适合穿色彩明亮度高的浅色服装，这样显得丰满，而体形肥胖的人用明亮度低的深颜色则显得苗条等。大多数人的体形、肤色属中间混合型，所以颜色搭配没有绝对性的原则，重要的是在着装实践中找到最适合自己的搭配颜色。

(三)发型的搭配

大多数人关注一个人，目光首先会落在对方的头发上。所以，应注意保持头发的清洁，并修饰整齐。

发型不仅要符合美观、大方、整洁和方便生活、工作的总体原则，而且要与自己的发质、脸型、体形、年龄、气质、四季服装以及环境等因素很好地结合起来，才能给人以整体美的形象。

好的发型设计可以使人活泼年轻，也可以让人变得端庄文雅，起到修饰脸型、协调体形的作用。就不同的脸型来说，椭圆形脸是东方女性的标准脸型，可搭配任意发式。长脸看起来面部消瘦，发型设计上应适当遮住前额，并设法使双颊显得宽一些。圆脸型的人应将头顶部的头发梳高，使脸部在视觉上显得更有力量感，并设法遮住两颊。而方脸型应设法掩饰棱角，使脸型显得圆润一些。额部窄的脸型，应增加额头两侧头发的厚度。长脸型的人不宜留太短的头发，下巴较长的人可以留些鬓发，矮胖或瘦小的人头发不宜长，瘦高的人应留长一点的发型。

就季节来说，春、秋两季的发式可以自由活泼一些，而冬、夏两季的头发则由于受到气候因素的影响，需要做一些特殊的注意。

夏天天气炎热，可留凉爽、舒畅的短发，如果是长发，则可以梳辫子或将头发盘起。由于多数人夏天面部油脂分泌都很旺盛，而额前的头发过多往往容易使热量不便于散发，反过来更加使得面部油光光的。因此，夏季的发型一定要考虑前额、两颊的头发不能留得过多，应尽量把头发向后向内梳理，同时，搭配一个浅色的上衣领，能够把脸部衬托得光亮鲜活一些。

冬天人们的衣着较厚，衣领高，留长发既美观又保暖。在冬季较爱刮风的地方，参加演讲前最好用帽子、头巾或者干脆用发带把头发束起来，等到达演讲地点前，利用上卫生间的机会将头发理顺。

女性如果再在头发的适当部位装饰花色款式、质地适合的发夹、发带或头花等饰物，那么会对整体美起到"锦上添花"的作用，从而增添无限魅力和风韵。但要注意饰物不可过多，色彩也不能过于光亮耀眼，形成堆砌，则给人一种俗气的感觉，反而失去自然美。

男性的发型也要体现出一个人的性格、修养和气质。短发型可以体现男性朝气蓬勃的精神面貌，具体来看，寸发适合于头型较好、面部饱满的男性；前额较宽的人应该梳"三七开"的分头，以便更多的头发能够遮盖前额；选择"四六开"或"中分"发型的男性面部一般不要过长，而且发质偏油性的较为合适。

(四)化妆的重要性

肤色十分重要，面色红润昭示着你的青春健康。

脸部皮肤的整体妆饰，除了要体现出自然光泽，还要注意脸部各器官妆饰的整体协调性，否则便难以达到美容的效果。比如，你有一双又黑又大的眼睛和长长的睫毛，为了突出眼睛的魅力，口红的颜色就应该有所限制，尽量使用与肤色接近的口红。

女性在化妆时一定要懂得如何把握淡雅适度的分寸，如果把口红抹得过浓，加上粉底较厚，整个面部便越发夸大了一张血红的嘴唇。

为了达到美容的效果，妆饰还应考虑到在不同季节和不同时间，根据自身的性格气质、职业特点、年龄、场合而采用不同风格的化妆方法。

对于女性来说，化淡妆比较适宜，这样能显得端庄、秀丽，给人以自然、含蓄、舒适、得体的感觉，因此"化过妆就好像没有化一样"的效果就是化妆的最高境界。

少数男性也喜欢用一些化妆品，除非你很内行，而且确实无人能识破你的"伪装"，否则大多数人会认为男性涂脂抹粉显得缺乏阳刚之气。

第二节　演讲的姿态

演讲的姿态，是演讲者的重要辅助工具，帮助演讲者增强演讲的效果，对听众起到重要的引导作用。

一、用手势配合

手势是人们演讲态势的主要形式。借助手势说话的关键在于"助",它既不同于烘托语,可代替讲话,又不同于演节目,可以用手势演出情节。

手势有两大作用,一能表示形象,二能表达感情。许多演讲家的手势语独显其妙。伟大的革命导师列宁常习惯于用左手大拇指横插于坎肩,右手有力地挥动的手势;以右手坚定地探向前方,身体微倾向听众,构成了一种独特的姿态。

可见,恰当的手势不仅有助于表达情感,而且有很大的包容性,往往是"无声胜有声"。

论辩,尤其是赛场论辩与法庭论辩时,手势的运用能构成论辩者丰富多彩的主体形象,使表达富有感染力量。自然而安稳的手势,可以帮助表达者平静地说明问题;急剧而有力的手势,可以帮助表达者升华感情;稳妥而含蓄的手势,可以帮助表达者表明心迹。

林肯在做律师时的老朋友赫恩登曾回忆林肯在进行法庭论辩时说:"他对听众恳切地发表讲话时,那瘦长的右手指自然地充满着动人的力量,一切思想情绪完全贯注在那里。为了表现欢乐的情绪,他把两手臂举成 50°的角,手掌向上,好像已抓住了他渴望的喜悦。他讲到痛心处,如痛斥奴隶制时,他更紧握双拳,在空中用力挥动。"

手势语"词汇"丰富,千变万化,没有一个固定的模式。作为一个出色的演讲者,平时要认真观察生活,刻苦训练,积极付诸实践。

下面介绍一些常用的手势。

(1) 拇指式。竖起大拇指,其余四指自然弯曲,表示强大、肯定、赞美、第一等意。

(2) 小指式。竖起小指,其余四指弯曲合拢,表示精细、微小或蔑视对方。

(3) 食指式。食指伸出,其余四指弯曲并拢,用来指称人物、事物、方向,或者表示观点甚至表示肯定。胳膊向上伸直,食指指向空中则表示强调,也可以表示数字"一""十""百""千""万"……食指弯曲或钩形表示九、九十、九百……齐肩画线表示直线,在空中画弧线表示弧形。

(4) 食指、中指并用式。食指、中指伸直分开,其余三指弯曲,这一手势一般表示二、二十、二百……在欧美一些国家与非洲国家表示胜利的含义。

(5) 拇指、食指并用式。拇指、食指分开伸出,其余三指弯曲表示八、八十、八百……如果并拢表示肯定、赞赏之意;如果二者弯曲靠拢但未接触,则表示"微小""精细"之意。

(6) 拇指、食指、中指并用式。三指相捏向前表示"这"或"这些",用力一点表示强调。

(7) 仰手式。掌心向上，拇指自然张开，其余弯曲，这一手势包容量很大。区域不同，意义有别：手部抬高表示"赞美""欢欣""希望"之意；平放则是"乞求"或"请施舍"之意；手部放低表示无可奈何，很坦诚。

(8) 俯手式。掌心向下，其余状态同仰手式，这是审慎的提醒手势，同时表示反对、否定之意；有时表示安慰、许可之意。

(9) 手切式。五指并拢、手掌挺直，像一把斧子用力劈下，表示果断、坚决、排除之意。

(10) 手啄式。五指并拢呈簸箕形，指尖向前，表示提醒注意之意，有很强的针对性、指向性，并带有一定的挑衅性。

(11) 挥手式。手举过头挥动，表示兴奋、致意；双手同时挥动表示热情致意。

(12) 掌分式。双手自然成掌，用力分开。掌心向上表示"开展"或"行动起来"；掌心向下表示"排除"或"取缔"；平行伸手则表示"面积"或"平面"等。

(13) 拳举式。单手或双手握拳，平举胸前，表示示威、报复；高举过肩或挥动或直锤或斜击，表示愤怒、呐喊等。

(14) 拳击式。双手握拳在胸前做撞击动作，表示事物间的矛盾冲突。

(15) 拍肩式。用手指拍肩击膀，表示担负工作、责任和使命的意思。

(16) 颤手式。单手或双手颤动，必须与其他手势配合才表示一个明确的含义。

手势语言是人类在漫长进化历程中最早使用的一种交际工具。在原始社会里，先民们主要是依靠手势语言进行交际的。而后，人类社会出现了有声语言和文字，手势语言才降为对有声语言辅助、补充和修饰的从属地位。

在各种交际场合，遇到了相识的人，如距离较远，一般可举手招呼，也可点头致意，还可脱帽致意；遇到不熟悉的朋友，可点头或微笑致意；送别客人或朋友时，可举手致意，或挥手致意，也可挥手帕致意，或挥动帽子致意。手的挥动幅度越大，表现的感情也就越强烈。此外，一般场合需要握手，这也是平日运用得最多的一种手势语言，它承载着丰富、深邃而微妙的信息。一般来说，上级与下级、长辈与晚辈、女性与男性、主人与宾客之间，应由上级、长辈、女性、主人先伸出右手，下级、晚辈、男性、宾客才能伸出右手与之相握。握手力度要均匀适中，这是礼貌、热情、友善和诚恳的表示。而握手用力太轻，被认为是冷淡、不够热情；用力太重，又会显得粗鲁无礼。

手势语言运用得是否恰当自然，这直接关系到口才表达主体的形象。在日常交际中，既要避免像木头人一般地站立着，两手无力地下垂或在后背相交，自始至终只用一个手势动作，也不更换一个姿势，显得呆滞死板；也要防止手势动作泛滥、轻佻作态、前松后紧、前紧后松、前后脱节等现象；更要纠正用手玩弄扣子或不断地用手抚摸茶杯，或老是重复同一动作，或用手指对方鼻子等不良习惯。应在口才实践中不断地加强自身的修养，努力做到手势动作优雅、适当贴切、准确干练、舒展自如、因人而异、因地制宜、协调一致、恰到好处。只有这样才能充分发挥手势语言传情达意的功用，增强口才表达的效果。

二、用眼睛"说话"

心理学研究表明，在人的各种感觉器官可获得的信息总量中，眼睛要占80%以上。人内心的隐秘、胸中的冲突，总是自觉不自觉地在不断变幻的眼神中流露出来，它犹如一面聚焦镜，凝聚着一个人的神韵和气质。泰戈尔说："一旦学会了眼睛的语言，表情的变化将是无穷无尽的。"

高尔基在回忆列宁的演讲时写道："在他那蒙古型的脸上，一双锐利的眼睛在闪闪发光，表现出一个不屈不挠的战士对谎言的反对以及对生活的忠实，他那双眯缝着的眼睛在燃烧着，使着眼色，讽刺地微笑着，闪烁着愤怒。这双眼睛的光泽使得他的演讲更加热烈、更加清晰，有时仿佛是他精神上有一种不可战胜的力量，从他的眼睛里喷射出来，那内容丰富的话语在空中闪光。"当代演讲家彭清一演讲时，总是以自己的亲身体验现身说法，把饱满的热情淋漓尽致地"写"在眼里，其眼窝、眼睑、虹膜和瞳孔组成一台完整的戏。

刘鹗在他的小说《老残游记》中有一段关于艺人王小玉上台说唱的描写："……她将鼓槌子轻轻地点了两下，方抬起头来，向台下一盼。那双眼睛如秋水、如寒星，如白水银里头裹着两丸黑水银，左右一顾，连那坐在远远墙角里的人都觉得她看见自己了。那坐得近的，更不必说。她的眼神的意思是：我已经注意到各位了。"

这眼神奇妙绝伦，就像无声的问候和命令，比高叫一声"请大家安静"更起作用。

眼神是运用眼的神态和神采来表达感情、传递信息的无声语言，在面部表情中，是最生动、最复杂、最微妙也最富有表现力的。眼睛是心灵的窗户，最能倾诉感情、沟通心灵。眼神千变万化，表露着人们丰富多彩的内心世界。正如苏联作家费定(1892—1977)的小说《初欢》中所描写的那样："……眼睛会发光，会发火花，会变得像雾一样暗淡，会变成模糊的乳状，会展开无底的深渊，会像火花和枪弹一样投射，会质问、会拒绝、会取、会予、会表示恋恋之意……"眼睛的表情，远比人类的语言来得丰富。

在与人交谈中，正视对方，表明对对方的尊重；斜视对方，表明对对方的蔑视；看的次数多，表明对对方的好感和重视；看的次数很少或不屑一顾，表明对对方的反感和轻视；眼睛眨动的次数多，表示喜悦和欢快，也可表示疑问或生气；眼睛眨动的次数少甚至凝视不动，表示惊奇、恐惧和忧伤；如果不敢直视对方，也可能是因为害羞，可能有什么事情不愿让对方知道；如果怀有敌意的双方互相紧盯着，其中一方突然把眼光移向别处，则意味着退缩和胆怯；如果谈判时有一方不停地转动着眼球，就要提防他打什么新主意或坏主意；如果是频繁而急促地眨眼，也许是表示羞愧、内疚，但也可能表明他在撒谎……

配合着眉毛的变化，眉目传情的意义更广泛。欢乐时眉开眼笑，眉飞色舞；忧愁时双眉紧锁；愤怒时横眉怒目；顺从时低眉顺眼；戏谑时挤眉弄眼；畅快时扬眉吐气等。

演讲目光语最主要的是强调眼神的运用。一般来说，不同的眼神表达着不同的情感。目光明澈表示胸怀坦荡；目光狡黠表示心术不正；目光炯炯表示精神焕发；目光如豆表示心胸狭窄；目光执着表示志向高远；目光浮动表示轻薄浅陋；目光睿智表示聪明机敏；目光呆滞表示心事重重；目光坚毅表示自强自信；目光衰颓表示自暴自弃。除此之外，故弄玄虚的眼神乃是高傲自大的反映；神秘莫测的眼神则是老奸巨猾的反映；似宝剑出鞘咄咄逼人的目光则是正派敏锐的写照；如蛇蝎蛰伏灰冷阴暗的目光是邪恶刁钻的写照。坦诚者目光像一泓清泉，悠然见底；英武者目光如电掣雷奔，波澜壮阔；典雅者目光似云雾初开，林鸟相逐；俊秀者目光如玉，珠胎含月；妖媚者目光似春花始香，夏梅初笑；豪放者目光如风云波浪，海天苍茫……

眼神的表达丰富多彩。有诗人描述说："眼睛是心灵的窗户，不会隐藏更不会说谎。"得体地运用目光语会令你的演讲增添光彩。

眼睛是"心灵的窗户"，眼神的奇妙变化倾诉着一个人微妙的心曲，它是会"说话"的。在演讲中，让眼睛说话就需要注意以下几点。

(1) 以明亮有神、热情友善、充满智慧的眼神，向听众表明你的坦诚、灵活、自信和修养，获得良好的第一印象。

(2) 用眼神的变化表达自己内在的丰富感情。比如，讲到兴奋的时候，睁大眼睛，让它散发出兴奋的光芒；讲到哀伤处，眼皮下垂，或让目光呆滞一会儿，以渲染哀伤的情绪；讲到愤怒时，瞪大眼睛，怒视前方，让其充满着逼人的神色……总之，什么样的思想感情，就应当配以什么样的眼神。

(3) 三种视线交替使用。三种视线分别是指环顾的视线、专注的视线、模糊的视线。环顾的视线，可以照顾全场，关心每一位听众，增强听众的"参与感"，表明演讲者是同所有听众交谈；专注的视线，就如同进行"典型调查"，把准听众的心理，可以用来启发、引导听众，或者赞扬、鼓励听众，或者制止个别听众的骚动，调整、控制会场；模糊的视线，可以向听众表现演讲者在认真思考，加强话语的价值，也可以借此为视线变化过渡，稳定自己激动的情绪，同时向听众表明自己有较好的经验与修养。

三、用体姿传递信息

在当今社会，优雅的体姿不仅是"修身养性"的基本要求，而且也是用来传递信息的重要体态语言。

在社会交际中，雅俗的表现与显露，姿势是一个重要的衡量标志。得体的姿势在礼节上是一种文明修养的表现，也是一个人良好素质的反映。优美的姿势联系着一个人的心灵，可以说是心灵舞姿的外化。形体动作的词汇是非常丰富的，它不仅可以传情达意，更可以透露一个人的心态。不同的姿势可以反映一个人在特定条件下的心态，通过姿势可以准确地窥测其心灵的俗与雅。

姿势是雅俗表现与显露的必要标尺，人的身体的每一个姿势变化通常都反映了交际者的文明程度。比如，社会交往中，步伐矫健，轻松敏捷，能让人感到年轻、健康和精神焕发；步伐稳健，端正有力，给人以庄重、沉着和自信的印象；步履蹒跚，弯腰弓背，垂首无神，摇头晃膀，往往给人以丑陋庸俗、无知浅薄或精神压抑的印象。又如，交谈时高跷二郎腿，随心所欲地搔痒，习惯性地抖腿，或是将两手夹在大腿中间和垫在大腿下，或是撒开两腿呈现"大"字形，半躺半坐、歪歪斜斜地瘫在座椅上，都是失礼而不雅观的，会给人留下缺乏教养、低俗轻浮、散漫不羁的不良印象。

体姿对一个人整体形象的塑造有着很重要的作用。人的体姿与人的相貌有同等的重要性，共同显示出一个人的气质和风度。如果"站无站相""坐无坐相"，即使相貌再漂亮也会大打折扣。外表相貌是天生的，而体姿可以通过后天的训练向理想姿态转变。

体姿语由两部分组成：一是指说话双方的空间距离；二是指各种不同的身体姿势。体姿语运用的总体要求是准确、适度，自然、得体，和谐、统一。

第一，准确、适度。所谓的准确、适度，就是要根据说话内容、说话环境、说话对象、说话目的的需要，准确恰当地运用体势语。

第二，自然、得体。所谓的自然、得体，就是要求体姿语的运用不故作姿态，要适合自己的身份和交际场合。无论是从审美的角度，还是从表达功能的角度，体姿语的运用都要自然、得体，做到既符合审美的原则，给人以美感，又符合特定的情况。

第三，和谐、统一。和谐、统一包括两个方面：一是体姿语言和有声语言配合统一，才能准确地表达自己的思想感情和愿望，否则不能收到既定的效果；二是各种体姿语言要求一致而协调。

"坐如钟，站如松，行如风"，这是古人提出的姿势范式。在社会交际中，对姿势的基本要求是：秀雅合适，端庄稳重，自然得体，优美大方。

具体地说，对各种姿势有以下要求。

(一)稳重的坐姿

在各种场合，都要力求做到"坐如钟"，即坐得端正、稳重、温文尔雅。这是坐姿的最基本要求。

入座时，应轻、缓、稳，动作协调柔和，神态从容自如。人应走到椅子前，转身背对椅子平稳坐下，若离椅子较远，可用右脚向后移半步落座。女子入座尤其要娴雅、文静、柔美，若穿裙子则应注意收好裙脚。一般应从椅子左边入座，起身时也应从椅子左边站立，这是一种礼貌。如要挪动椅子的位置，应当先把椅子移到欲就座处，然后坐下去。坐在椅子上移动位置，是有违社交礼仪的。

落座后，应双目平视，嘴唇微闭，面带微笑，挺胸收腹，腰部挺起，重心垂直向下，双肩平正放松，上身微向前倾，手自然放在双膝上，双膝要并拢，亦可一脚稍前，一脚稍后。两臂曲放在桌子上或沙发两侧的扶手上，掌心向下。坐椅子时，一般只坐满 2/3，脊背轻靠椅背。端坐时间过长，可以将身体略为倾斜，头面向主人，双腿交叉，足部重叠，脚尖朝下，斜放一侧，双手互叠或互握，放在膝上。若是穿西装裙的女子，最好不要交叉双脚，而是并拢双脚，向左或向右一方稍倾斜放置，起立时，右脚先向后收半步，然后站起。

(二)端正的立姿

在各种场合，都要力求做到"站如松"，即站得端正、挺拔、优美、典雅。这是立姿的最基本要求。

站立时，应头正颈直，双眼平视，嘴唇微闭，下颌微收，挺胸直腰，上身自然挺拔，双肩保持水平，两臂自然下垂，手指并拢、自然微屈，双手中指压裤缝，腿膝伸直，脚跟并拢，两脚尖张开夹角 45°，身体重心落在两脚之间。男女的立姿略有不同。男子站立时身体重心放在两脚中间，不要偏左或偏右，双脚与肩同宽而立，手可自然下垂，向体前交叉，或背后交叉也可以。女子站立时身体重心在两足中间脚弓前端位置，双脚呈倒"八"字站立，手自然下垂，或向前向后交叉放置。

站立后，竖看要有直立感，即以鼻子为中线的人体应大体成直线；横看要有开阔感，即肢体及身段应给人以舒展的感觉；侧看要有垂直感，即从耳与颈相接处至脚的踝骨前侧亦应大体成直线，给人一种挺、直、高的美感。男女的立姿亦应形成不同侧重的形象，男子应站得刚毅洒脱、挺拔向上、舒展俊美、精力充沛，女子应站得庄重大方、亲切有礼、秀雅优美、亭亭玉立。

(三)优雅的走姿

在各种场合，都要力求做到"行如风"，即行得正确、优雅、轻盈，有节奏感。这是走姿的最基本要求。

行走时，应昂首挺胸，收腹直腰，两眼平视，肩平不摇，双臂自然前后摆动，脚尖微向外或向正前方伸出。起步时身体微向前倾，身体重量落于前脚掌，行走中身体的重心要随着移动的脚步不断向前过渡，不要让重心停留在后脚上，并注意在前脚着地和后脚离地时伸直膝部；迈出每一步都应从胸膛开始向前移动，而不是腿独自伸向前。男女的走姿及步态风格亦有所区别：男子的步履应雄健、有力、潇洒、豪迈，步伐稍大，展示出刚健、英武的阳刚之美；女子的步履应轻捷、蕴蓄、娴雅、飘逸，步伐略小，展示出温柔、娇巧的阴柔之美。还应看到，现代女性穿高跟鞋，主要目的不仅在于增加身高，还在于能收腹挺胸，显示自身走路的动人的身姿和曲线美。而步态高度艺术化的时装模特儿，与其说是展示千姿百态的时装，不如说是在显露高雅美妙的走姿。

人的形体在运动中构成种种姿势，良好的姿势形成优美的仪态。英国哲学家培根认为，相貌的美高于色泽的美，而秀雅合适的动作的美又高于相貌的美，这是美的精华。秀雅合适的姿势在社会交际中有十分重要的作用。因此，我们应当注意对体姿的培养。

第三节　演讲的心理因素

在公众面前讲话时感到恐惧、怯场是一种较为普遍的现象。20世纪80年代，美国的心理学家曾进行过一次有趣的测验，题目是："你最害怕的是什么？"测验的结果竟然是"死亡"名列第二，而"当众演讲"却名列榜首。有41%的人对在公众面前讲话比做其他事情更感到恐惧。可见，在大多数人看来，当众讲话是一件令人害怕的事情。

一位代表本单位参加演讲比赛的年轻姑娘，一站到讲台上，脸就涨得通红，两腿微微颤抖，说话的声音变调，呼吸也显得急促起来。她刚说了几句就忘词了。她越发感到恐惧，好像所有人的目光都像利箭一样射向她。她想尽快躲避，但又不甘心临阵脱逃。她不能当众出丑，给本单位丢脸，可她唯一能感觉到的是心跳加快，而脑子里一片空白，早已背熟的语句全都忘得无影无踪。她放弃了这次演讲，跑回自己的座位坐下。直到演讲会结束，她也没敢把头抬起来。

一位即将毕业的研究生作为见习老师第一次登上讲台，当学生起立、师生互致问候时，他想好的开场白不知跑到哪儿去了。惊慌中，他用颤抖的声音说了句："同学们，再见！"同学们莫名其妙、面面相觑，见老师满脸通红、不知所措，不由得哄堂大笑。他努力让场面安静下来，但换来的不是镇静，而是脑门上涔涔的汗珠。当他下意识地掏出"手帕"揩汗时，台下又是一阵哄堂大笑。这是为什么？经一位学生暗示，他才发现自己手里拿的不是手帕，而是一只袜子——啊?!真该死！大概是昨晚洗脚时，不知怎么鬼使神差地把袜子装进衣兜了。他想避开几十双眼睛的注视，抓起板擦擦黑板，整个课堂闹得翻了天。他窘得无地自容，只好跑下了讲台，慌乱中一抬脚又踢翻了讲台旁的热水瓶……

在日常生活中，我们常常可以听到人们如是说。

"我听过许多报告，多数报告都有答疑的时间。即使我坐在听众中间，大多数人甚至不知我是谁，但每当我考虑提出一个问题时，我的心就怦怦地跳个不停，整个胳膊感觉像木棍一样，连举手都很困难。"

"我的老师在每堂课上都喜欢提问。无论何时被叫到，我都会口干舌燥。如果是一对一闲谈，我能感觉好一点，但仍然紧张，我不愿说蠢话或去表达一个与众不同的见解。"

"没有比求职更糟的了。我花了6个月来找工作，真是令人痛苦。在等待会见时，我总是冒冷汗，额头布满汗珠，腋窝也湿了，衬衫贴在后背上。还没进办公室就这副样子。"

具体来讲，造成这种紧张、恐惧心理的原因主要有两种。

第一种，不想献丑。

这些人的想法是，只要我不在他人面前暴露自己的短处，别人也就不会知道我的缺点。一旦在众人面前说话，自己的粗浅根底、拙劣看法就都会暴露出来，那么从此以后，哪里还有自己的立足之地？所以，不说话更稳妥。

持有这种想法的人应该想一想，一个人尽量不暴露自己的短处，那么其长处能充分发挥吗？如果自己长处的发挥受到影响，无疑也会影响别人对你的看法——别人有时会以较低的水平来评价你。其实，只要你认真地发挥全力，诚诚恳恳地把话说出来，不必踮高脚尖来充内行，相信必会有不错的表现。

同时，现代社会的个体人具有高度的社会化特性，一个人无论是生活还是工作，都绝对免不了要与社会接触、与他人接触，而说话则是人与社会接触、与他人交流的最重要的手段。

可想而知，一个不想说话的人肯定会被现代社会所不容，被现代社会所淘汰。

第二种，不知道该如何组织说话的内容，就像被硬拉到一个陌生的世界一样，所以会感到惊慌。

有些人生来性格内向，气质属于黏液质、抑郁质类型，他们说话低声细语，见到生人就脸红，甚至常怀有一种胆怯的心理，举手投足、寻路问津都要思前想后。

还有一些教育不当的因素也占部分原因。有些家长对儿童的胆小不加引导，孩子见到生人或到了陌生的地方，便习惯性地害羞、躲避，没有自信心。儿童进入青春期后，自我意识逐渐加强，敏感于别人对自己的评价，希望自己有一个"光辉形象"留在别人的心目中，为此，他们对自己的一言一行非常重视，唯恐有差错。这种心理状态导致了他们在交往中生怕被人耻笑，因此表现得不自然、心跳、腼腆，久而久之，便羞于与人接触，羞于在公开场合讲话。对此，大人应给予正确指导，鼓励青少年大胆、真实、自然地表现自己。

古今中外，很多政治家、演说家都是最初被认为说话笨拙的人，遭受过无数次的失败，然而他们却凭着胆量和勇气，经过无数次的磨炼，最后成为优秀的演说家。如林肯、狄里斯、丘吉尔、田中角荣等，年轻时口才都不算好，都经历过许多次的失败，但后来他们都成了令世人瞩目的一流演讲家和政治家。他们除了勤学苦练之外，敢于面对现实、不怕失败、大胆实践、勇于创新，这是他们成功的重要原因。就拿林肯来说，他最初在演讲台上窘迫不已，甚至恐惧得连一句话都说不出来，直到被轰下台去，但他并未就此消沉下去，而是勇敢地面对现实，勤讲多练，绝不放过每一次讲话的机会，演讲水平日益提高，后来他的就职演讲被誉为最精彩的总统就职演讲之一。

又如雅典著名的演讲家狄里斯，他在最初走上演讲台时，尽管经过周密细致的思索，做了充分的准备，但仍然遭到了失败，极度的恐惧让他语无伦次，别人不知他在说什么。但他并没有就此灰心泄气、丧失信心，而是比过去更努力地训练自己的讲话胆量。他每天跑到海边，对着岩石呐喊，向着浪花抒怀，回到家里对着镜子做发声练习，反复矫正，坚持不懈。经过几年的努力，功夫不负有心人，他终于成功了，被誉为"历史性的雄辩家"。可见，克服恐惧心理是演讲成功者的必备素质，是迈向卓越口才的第一步。

平时做一些抗怯场练习，对于改善神经系统的状态、减缓紧张和压力、提高工作效率、增强抗怯场的能力是非常有好处的。

害怕当众讲话，没有谁会是特例。在卡耐基的成人演讲训练班里，经调查得出80%～90%的学员在上课之初会感到上台的恐惧。许多职业演讲者都向卡耐基坦白过，他们从来没有完全消除对登台的紧张情绪。在他们发言之前，总是会害怕，而且这种害怕在演讲开始阶段一直持续着。

俗话说：树要皮，人要脸。所谓"要脸"，就是特别关注自我形象在别人心目中是个什么样。每个人都有一种理想的自我形象，总是希望别人都以赞许的目光看待自己；每个人还都有一种社会的自我形象，总是希望在群众中和社交中大家都能喜欢自己；每个人都有一种性别上、年龄上、职业上、家庭上以及经济上的自我形象，总是希望自己在各个方面都能融入社会。对经验很少的年轻人来说，这种渴望更是十分自然而强烈的。年轻人总有一些从未体验过的欲望和不便公布于众的弱点和心愿。于是，自信与自卑、开朗与烦恼、大胆与怯懦、立志和消沉等互相矛盾的心理在他们身上往往混合存在，交替出现，因而他们也就特别关心自我形象在别人心目中会是什么样子，对周围的一切也就特别敏感。

由于害怕丢面子、被人议论，因此胆怯、腼腆、惊慌和恐惧便涌上心头。这种胆怯心理不是少数人的问题，而是大多数人都程度不同地具有这种心理，其比例还相当高：在青少年中占80%以上，而在已经工作多年并有一定阅历的人中也占50%以上。不能不说这是一个普遍的社会性难题。

可以毫不夸张地说，人人都可能在说话前后或说话过程中出现紧张、恐惧心理：性格内向、沉默寡言者如此；天性活泼、思想活跃者如此；即便演说专家、能言善辩者也不例外。

每当我们打开电视机时，往往会被一些潇洒大方、挥洒自如的节目主持人所折服；每当我们拧开收音机时，也往往会被一些口若悬河、音色优美的播音员所倾倒。其实，他们也并非我们所想象的那样在说话时无忧无虑、应付自如，他们也一样会怯场。据闻，日本某演员临近自己拍片的时候就想上厕所，甚至一去就是 5 分钟。美国某播音员，起初每临播音，都要先到浴池去洗一次澡，否则播音时就不能镇定自若，如果碰到外出进行现场直播，他便不得不提前到达目的地，并在直播现场寻找浴室。

日本有位专家认为，人类用以视觉为首的五官来感知外界的动态，随即采取相应的行动。所谓"怯场"，乃人体器官正常动作的一种先兆，这种动作是当见到大庭广众，或见到意想不到的陌生面孔等之后，五官感受到了并对之做出反应，明显症状是脸红、心扑通扑通地跳、语无伦次、词不达意等。如果此刻说话者想道："怯场啦！怎么办呀？"他就会因慌张而说不出话来。但是，如果他当时想到的是："换了任何一个人遇此情景，都有可能怯场！"他心里就会踏实多了，随之镇静下来，并很快恢复正常。所以，正确地对待怯场非常重要。我们可以把平时生活中关于怯场之类的事反复地思量一下，清醒一下自己的头脑，正确对待怯场这件事。

自己为什么怕人笑呢？自己说的话真的值得被人取笑吗？怎样才能避免被人笑话呢？是不是自己说话缺乏自信而致使别人笑话呢？究竟怎样才能克服自己的弊端、提高自己的语言交际能力呢？如果说话者能够真正地把这些问题分析清楚了，查出了问题的症结，一切事情也就容易解决了。

说话怕羞的人甚至可以这样想想：如果某一个人取笑了你说话，不等于每一个人都取笑过你；如果你的话可笑，那并不是你所说的每一句话都会让人取笑；如果你的话可笑，那么别人笑的只是那句话，而不是你本人；谁都被他人笑过，这是很平常的事。如果那个笑你的人是一个以取笑别人为乐的人，那么大部分错不在你身上，而在喜欢取笑人的那个人身上。况且，古今中外那么多名人大家都有过怯场的经历，你只是一个普通人，紧张是在所难免的。

当你真正认识到说话怯场的真实状况，就不再那么担心会"丢脸"，心情便会放松下来，你的谈吐自然会随之舒畅起来。

一、充满自信

俗话说："心病还须心药医。"心理的毛病用心理的方法去矫治是最直接、最有效的。心理卑怯现象是心理夸张性感受所致，必须让心理感受重新归位。要达到这一要求，需要采用心理暗示的方式，对对方有客观、正确的认识，对自己做准确、公正的评估，这样就能保持清醒，树立信心。例如，当别人说话显示出我们没有的优势时，我们可做这样的暗示：这是他的优势所在，我同样也有优势，一样是他比不上的。

对于一个要当众讲话的人来说，首先要对自己讲话的内容和讲话的效果充满自信，要在精神上鼓励自己去争取成功。你可以用如下几句话反复暗示、刺激自己："我的讲话对别人具有极大的价值，他们一定会喜欢。""我非常熟悉这类题材，我一定会成功。"

"我准备得非常充分了。"讲话者不应在讲话前过多地考虑可能导致演讲失败的因素，如："我忘了词怎么办？""别人嘲笑我怎么办？"这种负面的自我暗示往往会产生消极的影响。

关于克服当众怕羞的心理，卡耐基先生最有经验，而在他的众多经验中最基本的经验就是："你要假设听众都欠你的钱，正要求你多宽限几天；你是神气的债主，根本不用怕他们。"

现代实验心理学表明，由自我启发、自我暗示而产生的学习、行为动机，即使是佯装的，也是使学习、工作取得良好效果的有力手段。

树立自信的方法之一，就是要记住自己是被邀请来做讲话的。有人相信你的能力，相信你对这一论题十分精通。提醒自己，如果在座的观众中有人比你更权威，他们早就该被邀请来做演讲了。

我们应该想到恐惧是后天的反应。两岁大的孩子在过马路时不会懂得害怕，直到有人猛地把他拽回来，警告他过马路有多么危险，他才懂得害怕。同样，当我们第一次看见同学站起来背诵诗歌，发现他突然卡住了，变得慌张窘迫，以致全班同学发出阵阵的窃笑时，我们懂得了当众讲话时的害怕。既然紧张害怕是后天造成的，那么它也是可以被忘却的，或者至少是可以被控制的。

二、锻炼胆量

胆量不会与生俱来，也不会从天而降，就像庄稼需要施肥、道路需要整修一样，它也需要不断磨炼。有人曾对丘吉尔的口才进行各种分析，他的儿子却一语中的："我的父亲把自己一生中最宝贵的年华都用在写演讲稿和背诵演讲稿上了。"

世界上没有天生的演说家！毫无疑问，丘吉尔被誉为"世纪的演说家"是当之无愧的，但人们可能忘了，他原先讲话结巴、口齿不清，根本就不是当演说家的材料。他本人身高五英尺半左右(约 1.65 米)，没有堂堂的仪表和风度，他那难听的叫喊声又不像道格拉斯·麦克阿瑟或马丁·路德·金那样洪亮。丘吉尔没有受过大学教育，他曾经在下院最初的一次演讲中，讲了一半便垮下来了……然而，他并不因此而自卑，并没有从此一蹶不振、认为自己就不是这块料。在经过多次的主动练习后，经验和胆量都大大增加的他终于成了举世皆知的演说家。

英国的现代主义戏剧家萧伯纳才华出众，并且以幽默的演讲才能著称于世，显示了渊博的知识、深邃的思想。但是，在他年轻时却胆子很小，羞于见人，初到伦敦，去朋友家做客，总是先在人家门前忐忑不安地徘徊良久，却不敢直接去按门铃。有一次，一位朋友邀请他参加一个学会的辩论会，他在会上怀着一颗忐忑不安的心站了起来，做出了有生以来的第一次公开演讲。当他讲完时，迎接他的不是掌声，而是喝倒彩和讥笑。这次萧伯纳感到蒙受了莫大的耻辱，但是，萧伯纳并没有从此不在公开场合演讲，而是化自卑为动力，化弱点为长处，鼓足勇气，面对挑战。他越挫越勇，拿出超人的毅力，参加了许多社团辩论，并且在社团辩论中总是参与发言，据理力争。他每星期都找机会当众公开演讲，在市场、在教堂、在公园、在码头，无论是面对成千上万的听众还是寥寥无几的听众，他都慷慨陈词。终于，萧伯纳成了一名世界级的演说家。

面对陌生的事物或人，我们总是很容易退缩、害怕，想要让自己大胆表达，最好的方法就是让自己习惯开口说话。怎么样让自己习惯开口说话呢？在任何场合，你都应该积极把握或创造与人交谈的机会，试着与他人闲聊、寒暄、攀谈，说话的次数多了，自然也就成了习惯，胆怯就会逐渐消失。

成功的推销员、演说家并非一开始就对说话习以为常、无所畏惧。一名成功的推销员很可能在历经多次失败之后才建立起说话的勇气；著名的演说家也是从无数次演说经验中掌握演讲的技巧，才能赢得满堂彩。第一次尝试总是比较艰难，但是一回生、二回熟，熟悉之后就能泰然处之、游刃有余。

如果一个人能抓住机会努力练习口才，那么他的说话胆量一定会得到很好的训练。

家庭是练习口才的第一个场所。家庭不免会有些经济收支问题、子女教育问题、卫生保健问题、饮食起居问题，你能平时就这些问题与你的伴侣好好谈一谈吗？如果你能时常提出一些有益的意见或帮助他解决一些或大或小的困难，那么说明你的口才练习有了明显的进步。社会是由男性和女性组成的，男女间的相互交往、夫妻间的良好相处，都是练习口才的极好途径。同时，从和自己最熟悉的人开始练习，也不会有太大的难度，这样方便训练说话的胆量。

广结良友，与朋友频繁往来，是练习口才的又一途径。我们的朋友可能来自不同的地方，处于不同的年龄，属于不同的阶层，从事不同的工作，因此与他们相处时会遇到各种不同的问题。如果想练习好自己的口才，训练自己的说话胆量，最好去了解他们的各种情况，好好找他们谈谈，尽量想出如何帮助、开导、启发他们的谈话内容来。这样无形之中，你拥有的朋友、你了解的谈话内容都会渐渐地增多起来，你说话的胆量也会渐渐大起来。

在陌生人聚会的场合也可以训练说话的胆量。每个人都免不了会参加一些社交活动，如果我们参加的社交活动是陌生者的聚会，我们尽量去寻找与人说话的机会，那是训练说话胆量的很好的机会。在这种陌生者聚会的场合，我们想与人说话的机会和方法很多。大家相聚时，不外乎出现两种情形：一是有的人在交谈，而有的人却孤零零地待在一边；二是大家都三五成群地在一起交谈。如果仔细观察，发现有人也像自己一样，孤孤单单地坐在某个角落，那么就大胆地走上前去，向对方介绍自己。打完招呼可由天气等无关紧要的话题说起，逐渐加深话题的力度。这时候，除了某些特殊原因之外，对方多半是欢迎我们的。如果在这种陌生人聚会的场所多锻炼几次，下次再碰到陌生人也就不至于生疏和胆怯了。只要自己愿意主动开口，并掌握好说话的有效时机和方法，就一定不会被拒绝，这也无疑是对你下一次主动出击的最大鼓励。

总之，胆子是练出来的，要想拥有好的口才，就要抓住一切机会，锻炼自己的胆子。只有不懈地锻炼才能取得最后的成功。

三、营造减压的气氛

有时候，有的人在单位里见到以前在一起玩过的同事，竟然低头不语，装作没看见，自顾自地走过去。乍一看起来，似乎觉得这种人很没有礼貌。其实不然，他们并不是高傲不理人，而是害羞、胆小，连很普通的招呼都不知道该怎么打，也不喜欢有事没事都露出一脸微笑，所以见人只好假装没看见。像这种没有表情的人，除了可以和三四个密友谈天说笑之外，面对其他的人，就不知道该说些什么，无法像闲聊那样，与不熟悉的人自如畅谈。

其实，一个人说话胆量的大小、说话水平发挥得如何与说话时的气氛很有关系。说话时的气氛好，人的兴致便高，情绪便较高昂，谈兴也会较浓，这样便会使人放下包袱，倾心畅谈；反之，说话时的气氛不好，人的情趣就很难调动起来，人一觉得乏味，也就不会有什么好的兴致说话了。比如，当我们在与自己的家人或亲友交谈时，一般气氛都较好，这样几乎不需要思考，就能根据报上看的、广播里说的、街上听的关于昨天、今天或明天的重要的或一般的事情，聊个没完，越聊越起劲。但是，当我们在遇到初次见面的人、地位显赫的大人物、神秘的谈话对象时，往往都很拘束，很难一下子就形成良好的轻松气氛，这样谈话就没有那么顺利了，而且因为气氛不好，还有可能使自己大脑一片空白，完全想不出该说什么话。

所以，为了使我们的说话胆量得到提高，为了能使自己成为具有较好口才的人，我们在与他人说话时，要设法创造一种轻松和谐的说话气氛。

热情是这种气氛所必不可少的元素。你最好钻出自己的"壳"，热情主动地与人交往，不要使冰霜结在你的脸上，要把冰霜融化掉，方法是说些有趣的事。热情的力量会帮助你营造一种愉快气氛，并且使它富有人情味儿。

你也可以适当地开玩笑，在笑声中缓解紧张的情绪，这种方式很容易使气氛达到高潮。你也许在电影或在日常生活中看过男女双方第一次见面时手足无措的情节。男女相亲，双方默默无语，好不容易一方正要开口说话时，另一方也正好想说些什么，于是两人同时张开嘴巴，又尴尬地同时闭了口。过了一会儿，同样的事情又重演了。不过这都是出现在别人身上，如果真发生在自己身上，其慌张失措的窘态是可想而知的。

我们现在所处的社会，是一个民主的社会，再怎么有名的大人物，也跟我们一样是人，我们应该对他们表示敬意，但不必畏缩、恐慌，只要把他们当成自己的亲戚或师长，很自然地与之进行对话就可以了。我们说话的时候，不必害怕或紧张，应该泰然自若，以尊敬而明朗愉快的语调和知名人士交谈。这样就可以营造出一种轻松和谐的气氛了。

总之，我们无论在什么情况下与什么人说话，营造轻松和谐的说话气氛都是非常重要的。

四、把握练习的机会

发明大王爱迪生说过，天才是 1%的灵感和 99%汗水的结晶。天赋固然重要，但后天刻苦的锻炼更为关键。在实践中磨炼口才，以坚强的意志作为通向成功的基石，用汗水浇灌成功的花朵，勤奋的苦练加上技巧，就一定会成功。哈佛大学的著名教授威廉·詹姆士说过："我们只是半醒着。我们仅仅在使用我们体力和智力的一小部分。说得明白一点，人类就是一直这样画地为牢，生活在自己的圈子里。人具有各种力量，但往往未加以发挥。"这些力量我们每个人都有，只是没有得到充分的发挥，我们却对这些力量置若罔闻，真是太可惜了！

有的人想练习口才，但苦于找不到机会，我们可以清楚地告诉你：路就在脚下。练习口才的机会处处都有，不仅很多，而且方便省事。我们每天都要见人，都要说话，所以到处都是练习的机会，千万不要以为日常的说话不需要什么口才。其实，练习口才的人应该把每一句话都说好，口才好的人才能一开口就能说上一句好话、一句动听的话。这恰如练习书法的人一样，必须首先练好每一个字，一动笔就能把每一个字写好。所以，我们绝不能轻视那些日常生活对话。就是这些极简单的日常对话，口才好的人和口才不好的人，说起来都是截然不同的，即使是"哼"一声也迥然不同。

面对陌生的事物，我们很容易害怕、退缩。想让自己能够流利地表达意见，最好的方法就是让自己习惯开口。做任何事情都进行练习才会进步，说话也是如此。

假如你能鼓起勇气和超市店员或不太熟识的邻居说声"你好"，你就会发觉自己越来越习惯面对陌生人发言了。

所以在任何场合，你都要积极把握和别人交谈的机会，试着与他人闲聊、寒暄，从中学习说话的技巧，从而建立自信。

主持会议或在会议上发言也是练习口才的绝好机会。会议语言是一种很好的磨炼形式，能迅速地促进你口才的提高。

说话的机会随处皆是，如果有可能，你不妨参加一个社会组织，志愿从事需要你讲话的工作。在公众聚会里，你要勇敢地站起身来，使自己露个面，哪怕是附议也好。在参加各种会议时，千万别去敬陪末座，而要洒脱一些。另外，还应当参加相应的团体活动，并活跃地参加各种聚会。我们只要多留心周围的事情，便会发现，没有哪种商业、社交、政治、副业甚至邻里间的活动是你不能举步向前、开口说话的。如果我们不主动地开口说话，并且抓住一切机会不停地说，我们永远都不会有进步，也永远不知道自己会有怎样的进步。

思考与练习

1. 演讲的礼仪有什么要求？
2. 演讲的姿态应注意什么？
3. 怎样克服演讲的紧张心理？设计一个场景，在小组内进行交流，每人演讲3分钟。

第四章　演讲情绪的掌控

第一节　吸引听众的好奇心

我们常见的听众一般分为以下四种。

第一种是对演讲内容完全不了解的。

第二种是观点与演讲者相同的。

第三种是观点与演讲者相反的。

第四种是对于演讲漠不关心的。

对于这四种类型的听众,想要使他们接受演讲者的观点,其方法是不尽相同的。

第一种听众,是演讲者比较喜欢的听众,这样的听众是一张白纸,因为对于演讲者的观点,他是茫然无知的,所以可以很容易地接受演讲者的观点。

第二种听众,是演讲者最喜欢的听众,因为观点相同,非常容易产生共鸣。听众也不会产生排斥情绪。对于这样的听众需要注意的就是,即使是细小的观点、看法也不能出现错误,因为会被听众发现,同时演讲的内容还要有新意。

第三种听众,是比较棘手的听众,因为他们在听演讲者的演讲之前就已经否认演讲者的观点,在这样的演讲中,演讲者就是试图影响听众的观点和信念,或者使听众建立起新的观念和信念。对于这样的听众,论点一定要明确,事实依据一定要真实、有说服性,同时演讲者要有真情实感。

第四种听众,其实是最难以打动的听众,因为他们对于演讲者的内容,既不像赞同者一样喜欢,也不像否定者一样讨厌,而是没有添加任何感情。

一、研究听众的需求

演讲是讲给听众听的，是反映人们的心声、愿望的一种推动时代发展的活动，所以作为一名演讲者应该懂得人们想了解什么、想知道什么，不能闭门造车，不问世事，不了解群众。演讲的内容只有贴近生活，贴近人们的需要、需求，才能打动听众的心。

有一个著名的例子：曹操一次在行军时，走到了一个荒芜缺水的地方，将士们因为干渴而士气低落，这时曹操就说前面有一片杨梅林子，里面的杨梅又酸又甜，水分十足。将士们因为想到了杨梅的酸甜而大量地分泌了唾液，就不觉得干渴了，这样这支部队才成功地走出了这片地区。这就是"望梅止渴"这个成语的来历，这是因为曹操了解将士们的需求是什么而做出的决定。

爱国主义教育是时代的主题，是一个古老而永恒的主题，不管是工厂企业、学校，还是政府机关都要定期进行爱国主义教育。

在进行有关爱国主义的演讲时，如果我们只是单纯地喊口号就显得不务实际，变成了唱高调、不求实效的空洞的说教。这样的演讲容易使人们产生厌烦情绪，就很难起到教育的作用。如果我们邀请一些参与过某些战役或者有一定影响的人来进行演讲，由他们以自己的亲身经历道出一个人是如何爱国的生动事迹，紧紧围绕爱国这个主题，阐明祖国、事业、人生的关系，这样就能够深深地感染听众。由这些德高望重的人们来传达爱国主义思想，就能够达到宣传爱国主义的目的。

作为一名演讲者怎么样才能了解听众的需求呢？这首先要求演讲者了解当今社会的特点和需求，同时不要把自己当成高高在上的发话者，而是要把自己当成一个听众，设身处地地想想，听众有什么需求。演讲者应该以朋友和对话者的身份，提出听众想要提出的问题，然后给出自己对这个问题的看法与解决它们的办法。只有这样才能使听众觉得演讲者是在和他们讨论一个问题，而不是在发号施令。

二、分析听众的心理

分析听众的心理，是一个演讲者的最基本的工作。我们分析听众的心理，并不是为了迎合听众，而是为了了解听众、贴近听众，是为了保持演讲的真实性、独立性，以及演讲的公正性。

之所以这么说，是因为听众来听演讲者演讲首要的目的是从演讲中得到心灵的安慰。这也就是我们说的"好的演讲能给予人们心灵的共鸣"。

演讲者通过语言来安抚听众的情绪。作为一个演讲者，在分析听众的心理之后，在准备材料时多寻找些符合听众的感情需要、安抚心情的材料。

分析听众心理的另一个重要作用是诱导听众听演讲，可以通过选择听众喜欢的材料来引起他们的兴趣。

想要诱导人们听取演讲，先得给对方一点小胜利。引导对方做一件很重大的事情时，就得给对方一个强烈的刺激，使其对此事有着一份企求成功的希望。因为当他被一种成功的意识刺激时，他就会为接受更严峻的挑战而去再次尝试一下。

人们在这个世界上，大部分时间都是在思考自己，我们会思考我们的生活、工作、学习、家庭。同时我们还会幻想，幻想我们的未来，或者产生一些奇异的梦。

对于一名男士来说，有时和他讨论经济危机不如和他讨论怎样用刀片刮胡子不会刮伤皮肤；对于一名女士来说，和她讨论世界杯比赛不如和她讨论什么化妆品更适合她。

对于大多数听众来说，我们在进行演讲时只要选择和自身发展等相关的方向，就能够引起他们心灵的共鸣。所以，想要得到听众的赞同与支持，演讲者应该谈论的话题就是听众最关心的话题。一旦听众产生了与演讲者感同身受的感受，可以说演讲已经有了一个成功的开端。

曾经有一个青年，向一个大文学家说："我需要活着。"但是这位文学家却回答他："我看不出你有活着的必要。"

这位文学家说这样的话，并不是希望这位青年人去死，只是青年人的话无法感动文学家的心灵，使文学家感觉不到青年人的话中的活力。

这个实例说明一个演讲者，或许他脑子里有许多精妙的题材，有优秀的演讲稿，他设计了生动形象的现场表现方案，然而他每次讲起话来却死板而缺乏生气，就像是背稿一样，这样的演讲稿都不能感动自己，又怎么能感染听众呢？

这种现象出现的原因就在于演讲者不够了解听众的喜好，不能用脑中的题材结合听众的需求表达出来。他缺乏一种精神活力，他对于自己所要讲的话，总觉得好像没有说的必要。这样他的演讲无法感动自己，更无法感动听众。

所以，华丽的辞藻仅能耀人眼目，却不能感动人心。演讲者需要把自己的活力爆发出来，将自己的情感投入到演讲中去。演说必须伴以热诚和真诚。

当一个演讲者发现听众总是昏昏欲睡时，首先他要检讨一下自己的演讲是不是没有打动人心的力量，这时就要学习，像许多著名的演说家那样，在台上刺激一下听众。

这种刺激可以通过语言、动作、神态等多种手段来实现。

三、拉近与听众的距离

所谓套近乎，并不是要求演讲者放弃自尊一味地讨好听众，而是拉近和听众的关系。听众的心理是变化多端、复杂多样的，通过和听众套近乎，可以放松听众在遇到陌生人时本能的防备心理，使得听众能够在心情放松的情况下听取演讲。同时，演讲者和听众在某个问题上存在分歧时，套近乎可以帮助演讲者安抚听众的情绪，使得听众能够平心静气地听取演讲者的讲解。

最常见的套近乎方式一般在演讲开始时就可以进行，例如：

各位朋友，我是翻山越岭，历经千难万险才来到这里为大家来进行演讲的，虽然辛苦，但是我一点儿都不后悔，因为到这里我就发现，这里是山美，水美，人更美，在座的每一个人都非常热情，你们都是我的亲人啊。

短短几句话，一下子牢牢地吸引了听众的注意力，使听众的心里暖乎乎的，赢得了全场热烈的掌声。当然，"套近乎"并不是一味讲赞美的话，光说好听的，否则，会给人哗众取宠、油嘴滑舌之嫌。"套近乎"应该有感而发，有感而"套"，做到以情托声，声中有情。

运用心理控制调动听众情绪。前面讲到演讲者首先必须了解听众的心理需求，但当进入演讲过程中，就更应该注意心理控制及听众情绪的调动。只有做好了心理控制和听众情绪的调动工作，演讲者才能与听众心心相通，达到演讲的最佳效果。"套近乎的方法"是一种非常好用的拉近和听众之间距离的方式，但是这样的方式并不能每次都用一套方案，要根据听众不同的社会阅历、兴趣爱好、思想感情等方面的特点，结合自己的实际，给听众描述一段与听众相似的生活经历或在学习工作上相同或相似的事例，有时也可以将自己的内心烦恼、趣事展现给听众。

四、征服听众的方法

有时候演讲有其非常明确的功利目的：演讲需要"征服听众"，让他们的心随着演讲者的思考而思考，让他们的行动跟随演讲者的脚步。

这种"征服"的效果，不能通过混淆视听、欺骗蒙蔽的手段来达到，而要靠真情实感来感染听众。

古往今来，"尊重"都是能够"征服公众"的一个重要条件。要征服一个人首先要尊敬这个人，这是征服听众的必要条件。演讲者登上演讲台之后，他的一举一动都一览无余地展现在了听众面前，每一个下意识的动作都会影响到听众的感受和对演讲者的评价。所以只要演讲者怀有一丝一毫的骄傲，就会在演讲台上被无限放大，因此应谦虚谨慎地向听众表示你的诚意，这样听众才不会小看你，相反还会认为你是一位诚实坦白、值得信赖之人，你的演讲即能在一种融洽的氛围中进行并取得成功。

孔子是中国著名的思想家、文学家，是儒家的代表，但他从未以自己渊博的知识向别人炫耀，他总是以包容一切的博爱精神来感化别人、教化世人。作为演讲者，必须懂得这个简单的道理，并采取相应的措施。

其次，要征服听众，就应有卓越的演讲才能。所谓演讲才能，就是一个演讲者的口才和语言能力。这是通过长期的锻炼和学习来实现的。作为一名演讲者，可以从这几个方面来加强自己的语言魅力；有新颖奇特的观点；所有论述都是真情实感；有的放矢，尊重事实；思维清楚，加强语言的逻辑性；合理地安排演讲的布局；运用多种修辞来加强影响力；保持语言生动形象，有活力；语言简洁有力；声情并茂，感人至深。

如果能较好地掌握这些要求，那么就有了征服听众的较大把握，同时还要注意环境、音响、时间等因素的作用。

五、选择亲身的经历

对于人们来说，自己亲身经历过的事情说起来总会比较得心应手，一个人说得最生动、激昂、富有吸引力的，必定是自己最熟悉、最了解、最清楚的事物。

而作为听众最为关心的是与其生活息息相关的现实问题，是他们在生活中能够见到、听到的熟悉的事情，空泛的理论是无法吸引他们的注意力的，所以有真情实感的演讲总是比单靠从书本、报纸、杂志上东拼西凑的东西要感人。

每个人的生活和经历都不尽相同，以个人的生活经验为话题展开演讲，演讲者往往以个人生活中的小事为例子，这样的小事往往是神秘的、特殊的、隐秘的，带有鲜明的个性，很少能和其他人的重复，同时可以满足人们的好奇心。

善于演讲的人可以很轻易地从生活中寻找到自己想要的例子，或者能够将别人身上发生的事生动地转述出来，但是作为一名经验较少的演讲者，怎样才能寻找到合适的事例，使得自己的演讲不会显得干巴巴的呢？

这时可以从自己的生活背景中寻找主题。一般和家庭、幼年及学校生活相关的回忆，都能引起听众的共鸣。因为这是每个人都经历过的生活，都有自己独特的感受，人们都是希望从演讲中寻找到自己过去的影子。

当然，作为演讲者还可以谈自己的兴趣和爱好，这样能引起听众的好奇心，并能够引起听众的共鸣。这是因为演讲者所讲述的爱好或者兴趣总会和一些听众的喜好相吻合，而另一部分听众则有可能对演讲者所讲述的内容产生兴趣。

另外，一些特殊的经历也能够成为演讲的话题，同样能够达到吸引听众的目的。这些特殊的经历可以是在严酷的环境中求生存，或者接触过伟人、名人。因为大部分听众没有这样的经历，所以能够引起听众强烈的好奇心。

第二节　集中听众的注意力

听众的注意力是有限的，无论演讲者怎样努力，总会遇到听众注意力不集中的情况，在这种情况下，演讲者就需要想一些办法把听众的注意力吸引回来，否则就会导致演讲的失败、会场秩序的混乱。

一、声东击西

所谓声东击西，兵法原文是这样写的："凡战，所谓声者，张虚声也。声东击西，声彼而击此，使敌人不知其所备。则我所攻者，乃敌人所不守也。"它的意思是，凡是作战，所谓声，就是虚张声势。在东边造声势而袭击的目标是西面，声在彼处而袭击此处，让敌人不知道如何来防备。这样我方所攻击的地方，正是敌人没有防备的地方。

我没有踌躇过一刹那，去放弃那遵循格律的戏剧。地点的一致对我犹同牢狱般地可怕，情节的统一和时间的一致是我们想象力的沉重桎梏。我跳进了自由的空气里，这才感到自己(生长了)手和脚。现在，当我认识到那些讲究规格的先生们从他们的巢穴里给我硬加上了多少障碍时，以及看到有多少自由的心灵还被围困在里面时，如果我再不向他们宣战，再不每天寻找机会以击碎他们的堡垒的话，那么我的心就会愤怒得碎裂。

法国人用作典范的希腊戏剧，按其内在的性质和外表的状况来说，就是这样的：让一个法国侯爵效仿那位亚尔西巴德却比高乃依追随索福克勒斯要容易得多。

开始是一段敬神的插曲，然后悲剧庄严隆重地以完美的单纯朴素(风格)，向人民大众展示出先辈们的各个惊心动魄的故事情节，在各个心灵里激动起完整的、伟大的情操，因为悲剧本身就是完整的、伟大的。

在什么样的心灵里啊！

希腊的！我不能说明这意味着什么，但我感觉出这点，为简明起见，我在这里根据的是荷马、索福克勒斯及忒俄克里托斯，他们教会我去感觉。

同时，我还要连忙接着说：小小的法国人，你要拿希腊的盔甲来做什么？

它对你来说是太大了，而且太重了。

因此所有的法国悲剧本身就变成了一些模仿的滑稽诗篇。不过那些先生们已从经验里知道，这些悲剧如同鞋子一样，只是大同小异，它们中间也有一些乏味的东西，特别是经常都在第四幕里，同时他们也知道这些又是如何按照格律来进行的。这方面我就无须多花笔墨了。

我不知道是谁首先想出把这类政治历史大事题材搬上舞台的。对这方面有兴趣的人，可以借此机会写一篇论文，加以评论。这发明权的荣誉是否属于莎士比亚，我表示怀疑。总而言之，他把这类题材提高到至今似乎还是最高的程度，眼睛向上看(的人)是很少的，因此也很难设想，会有一个人能比他看得更远，或者甚至能比他攀登得更高。

莎士比亚，我的朋友啊！如果你还活在我们当中的话，那我只会和你生活在一起；我是多么想扮演配角匹拉德斯，假如你是俄来斯特的话！而不愿在德尔福斯庙宇里做一个受人尊敬的司祭长。

这是歌德为了纪念莎士比亚所做的一篇演讲，但是他并没有直接说明莎士比亚的作品有多么优秀，而是在说明另一些作品的特点，最后通过这样的比较达到了赞美莎士比亚的目的。

声东击西，是忽东忽西，即打即离，这是一种演讲方式。如果我们发现听众对于演讲的内容出现了疲劳和厌倦，采用正攻的方法是无法取得预期效果的，而采取佯攻，突然说些表面上和演讲没有太大关系的内容，反而能够引起听众的好奇心。

因此，在同听众的接触中，不要太急于暴露自己的意图，尽量将对方的注意力转移到他所感兴趣的地方，使对方逐渐对你产生信任感，从而建立起良好的关系，此时演讲才能取得良好的效果。

二、投石问路

当演讲者不确定某个论点是否能吸引观众时就可采用"投石问路"这种方式。

有时，为了了解对方心中的秘密，又不便直问，可以用"投石问路"的曲问法进行试探。对于一些敏感的人来说，问者便显得谨慎。投石问路之法也被广泛运用于审讯之中。尊敬的 Bok 校长、Rudenstine 前校长、即将上任的 Faust 校长、哈佛集团的各位成员、监管理事会的各位理事、各位老师、各位家长、各位同学：

有一句话我等了三十年，现在终于可以说了："老爸，我总是跟你说，我会回来拿到我的学位的！"

我要感谢哈佛大学在这个时候给我这个荣誉。明年，我就要换工作了……我终于可以在简历上写我有一个本科学位，这真是不错啊。

我为今天在座的各位同学感到高兴，你们拿到学位可比我简单多了。哈佛的校报称我是"哈佛大学历史上最成功的辍学生"，我想这大概使我有资格代表我这一类学生发言……在所有的失败者里，我做得最好。

但是，我还要提醒大家，我使得斯特夫·鲍尔莫(Steve Ballmer)也从哈佛商学院退学了。因此，我是个有着恶劣影响力的人，这就是为什么我被邀请来在你们的毕业典礼上演讲。如果我在你们入学欢迎仪式上演讲，那么能够坚持到今天在这里毕业的人也许会少得多吧。

这是比尔·盖茨在哈佛大学 2001 年毕业典礼上所做的演讲的开篇，我们都知道比尔·盖茨，1973 年进入哈佛大学，大三时辍学，与同窗保罗·艾伦一起创办了微软公司，成为世界巨富。但是这都不能改变他没有大学毕业的事实，他采取这种方式开始演讲，一方面可以缓解气氛，同时也可以试探听众对他的态度，可谓一举两得。

三、欲正故谬

当演讲者发现听众走神时，可以故意将一些简单的问题说错，这样不但能吸引没有走神的听众们的互动，同时能将走神的听众的注意力吸引回来，还能够缓解演讲现场的气氛。

当我们要启发听众思考某一个问题时，与其告诉他们答案或者给予提示，不如我们故意说一个错误的答案来刺激他们思考问题，因为当演讲者说错时，就能够激发听众思考的欲望。这方面最显著的代表就是教师在教学时的提问方式，学生在上课时，注意力大约只能集中到 30 分钟，但是通常教师都要讲上 45 分钟，这样就会导致学生在后半段的课程上经常会走神。作为教师，为了保证教学质量，就要想尽一切办法把学生的注意力吸引回来，这时欲正故谬就是一种非常有效的方法。

四、欲实先虚

所谓欲实先虚，是演讲者为了让对方顺着自己的意愿来展开话题而设下的一个圈套。这是因为平铺直叙地将道理讲述出来，有时无法打动听众的心，不能吸引听众的注意力。在这种时候，由演讲者先虚设一问，这一问乍一看与演讲内容毫无关系，或者让对方摸不清虚实，当对方说出答案后，这种答案其实正是演讲者想要的，这时演讲者就可以以此为契机，得出想要的结论。这时，听众也就无法否认自己刚才说过的话了，这样也就无法否认演讲者的结论了。通过这样的小圈套来达到演讲的目的。

历史上墨子曾经给楚惠王讲过这样一个故事，他说："有这样一个人，他自己家有非常珍贵的宝物，但是他觉得这些都没什么，反而特别喜欢邻居家的破烂的物品。"墨子问楚惠王："你觉得这是个怎么样的人啊？"楚惠王觉得好笑，他觉得这个人大概是有病，害喜欢偷东西的病，这是一个不识货的笨蛋。楚惠王的答案正中了墨子的下怀，墨子接着问，"楚国是不是一个物产丰富、土地肥沃的强大的国家"，楚惠王当然回答"是的"，接着墨子又说到了宋国，他认为宋国是一个地域窄小、物产贫乏、弱小的国家。楚惠王当然不会夸奖其他国家，所以他又回答"是的"。

至此，墨子好像问了三个毫不相干的问题，这就使得楚惠王十分好奇，而他的这些答案和他好奇的心理，就是墨子问这些问题的目的。最后墨子问道，如果大王守着强大的楚国，而去攻击弱小的宋国，这样的行为是不是和之前的那个人一样呢？

这时楚惠王才知道自己中了墨子的圈套，但是此时也是无能为力了，只能回答他"是的"。这样，墨子就通过简短的故事，化解了宋国的危机。

第三节　瞄准听众的兴奋点

所谓的兴奋点，就是最能够吸引听众注意力的关键点，这是演讲的一个亮点所在，也是演讲成功与否的重要因素。

最常见的引起听众的兴奋点的话题有以下几个。

一、满足求知欲的话题

陌生的知识领域或神秘不可及的事物总是能引起人们的求知欲，使人们兴起探索的欲望，对于不知道的东西，想要弄清楚其工作原理，这是人们的本能。针对这种奇闻逸事展开话题可以大大地吸引听众的注意力。

二、刺激好奇心的话题

西方有句俗语，好奇心害死猫(Curiosity killed the cat)。西方传说猫有九条命，怎么都不会死去，而最后恰恰是死于自己的好奇心，可见好奇心多么可怕！

演讲者可以通过各类趣闻、名人逸事、突发事件、科学幻想、传奇经历等内容，来激发听众的好奇心。

三、与听众密切相关的话题

在很多单位都会有这样一种现象，公司一些大的发展方向或者整体规划往往不能得到每个员工的重视。相反，一些小的细节，例如年终奖金的评定方法、午餐的标准，这样的事情反而能得到大部分人的关注，这是因为群众最关心的无非就是涉及自己切身利益的事情。所以，纵观各类演讲，一旦关系到吃、穿、住、行等生活琐事的都会非常受欢迎。所以高明的演讲者常常能将要演讲的问题和人们生活中的实际利益结合到一起，例如在讲解全球变暖，号召大家爱护环境时，可以不用空洞地说明，而是根据现实生活中的实际情况来说明：夏天的天气越来越闷热等。

四、有关信仰和理想的话题

在物质生活越来越丰富的今天，人们对于理想和信仰的追求也越来越明确，没有探索、没有理想的人几乎是没有的。古今中外，人们都在为信仰和理想而不停地奋斗着。

因此，有关这方面的话题能够被大多数的群众所接受，尤其是青年听众，他们正处于人生观、价值观形成的关键时期，关于信仰和理想的演讲对于他们正是良好的启迪。同时也要注意演讲的内容必须有针对性、现实性，符合现实生活，符合时代的需求，只有这样才能达到励志的目的。

五、娱乐性的话题

现代人的生活节奏越来越快，工作生活的压力也越来越大，这样的生活使得人们越来越苦闷。娱乐性的演讲正好可以缓解人们的压力。一般娱乐性的演讲大都是选择一些社会上热议的话题，通过演讲者在演讲中穿插一些幽默、笑话或娱乐性故事以达到在短时间内提起听众兴趣的目的。在礼仪场合或者社交场合，人们大多都喜欢用这种话题来缓解或者活跃气氛。

思考与练习

1. 怎样才能吸引听众的好奇心？
2. 联系实际谈谈演讲时集中听众注意力的方法。
3. 演讲怎样才能使听众兴奋起来？结合自身亲历的演讲谈谈体会。

第五章　演讲稿的准备

第一节　演讲稿的作用

演讲稿是演讲的依据。演讲稿能够帮助演讲者确定演讲的目的和主题，梳理演讲思路，提示演讲内容，把握演讲节奏，限定演讲时速，斟酌演讲用语，提高语言表达能力，促进演讲稿写作的研究等。具体来说，演讲稿的作用主要表现在以下几个方面。

一、避免妄说，减少失误

在演说时当众出丑，是非常难堪的事，由于种种原因而当众出丑的情况常常存在，但听众往往会宽容演说者的技巧失误，而对那些"无知妄说"的演讲、演说时的胡说八道是不会原谅的。出现后面一种失误，除了少数人是由于"无实事求是之心，有哗众取宠之意"外，多数人是由于没有经过深思熟虑，事前没有字斟句酌，本人对问题还处于模模糊糊、不甚了解的状态所造成的。"以其昏昏"焉能"使人昭昭"？再加上上台以后过度紧张，血压升高，头脑发热，故而信口开河、胡说一气。

如果事先写了演讲稿，则不会犯这方面的错误。因为在撰写演讲稿时，演讲者就会认真思考，进入分析、综合、归纳、推理的状态。原本散乱、模糊、似是而非或似非而是的理解，就会眉目清楚，如同在一缸浑浊的水中加进了明矾，立刻会变得清澈见底。冷静思考一般会出现两种情况：一种是觉得自己对问题还没有真切的见解，不能马上解决，便明智地婉言谢绝演讲，从而避免当众出丑；另一种是立即补充知识，抓紧时间学习，再上台演讲，就不会无知妄说，胡扯一气。

二、引发灵感，浮想联翩

撰写演讲稿的过程，其实是一种反复思考、广征博引的过程。这时，你就会充分发挥自己的智慧，对往日所有的"库存"，包括已有的知识、学问、经验、理论进行搜索和全面整理，如同电子仪器所进行的全方位、多角度、多层次的"扫描"过程。

我们可以把人的思维过程分成以下几个步骤。

1．收集材料

在收集材料阶段，演讲者沉浸在对问题的思考中，正是在这个阶段，收集那些在演讲中可能要用到的材料。有些材料也许已经存在于演讲者的头脑中了。这些一般性材料在以后将与具体的演讲主题资料相互融会贯通。

2．分析材料

一旦原始材料收集充分，演讲者就开始分析和研究这些材料，这是大脑消化阶段的主要工作。

3．灵感闪现

当演讲者将材料分析妥当之后，可以完全地放开自己的思维，转移一下注意力，休息一下。当你不经意时，念头有时就会冒出来。所以有些演讲者会随身携带一个笔记本用来记下突然出现的灵感。好的主意或点子，都是在不经意中一闪而过的。

4．应用阶段

要求演讲者把想法放到现实世界中测试，看看是否切实可行。例如，检查一下在演讲中是否有低俗的语言，或者对于民族、性别的歧视等现象。

这一阶段的工作要求耐心和坚韧，只有这样才能使演讲最终取得成功。许多人喜欢出主意，但大多数人的耐心和坚持奋斗的精神不足。

三、抛砖引玉，博采众长

要想获得演讲的成功，除了充分发挥自己的智力潜能外，还需要得到他人的指教和帮助。因为演讲要面对众多的听众，"众口难调"已是不容分辩的事实。你所做的演讲，从主题到语句，如果稍有疏忽、稍失分寸，就会得罪听众。要想使之周密并有分寸，最好能预先向你的亲友、同事、上级、老师征询意见，请他们指出谬误之处，以便改正。当然，并不是用众人的意见代替你自己的思索，"谋在于众，断在于独"，最后结论还得你自己做主，但众人的意见可以给你启发(包括正面的启发和反面的启发)。

征询众人的意见时采取何种方式呢？将众人邀请到一起，让他们作为听众做一预演吗？这种办法显然不行。虽然此举能做出科学的评价、提出中肯的意见，但是要把大家同时请到场是非常困难的。如果你把演讲稿分别给大家看，情况就不一样，但所起的效果是同样的。大家不用集中便能提出演讲稿的优缺点，然后给你出主意、想办法，为你提供新的材料、证据、理论，甚至帮你进行文字润色，这就是所谓"众人拾柴火焰高"。你的演讲稿便会像吸水的海绵一样，博采众人的智慧。这对你是多么幸运的事！除了少数自命不凡的傻瓜之外，人们都愿意接受别人的帮助。这种预先写好演讲稿，然后再征求、汲取众人意见的方法，对初学演讲的人是绝佳的途径，对有经验的演讲者也是有益处的。

四、稳操胜券，镇定自若

演讲者临场失常，不能将水平正常发挥出来，往往是因为心情过于紧张。而造成紧张的原因之一，是自己心中没有把握。尤其对于初次登台的演讲者来说，有了演讲稿，心中就有了底，就可以大胆沉着地进行演讲。即使恐惧心理较重，但由于有演讲稿作依据，演讲者也可以继续坚持下去，不至于出现中断演讲的现象。

如果演讲者登场前手上已握着一份精妙的演讲稿，这份演讲稿即使让听众自己阅读，听众都能被感染，那么演讲至少就有了百分之六七十的把握成功，心情也就不会紧张，登台演讲就不会发挥失常。他心里会想："现在我用不着害怕，也用不着粉饰，也用不着过多的表情、拿姿态、做手势，更用不着拿腔拿调，只要对着麦克风，一字一句地把意思表达完整，就足以感动听众了，我还怕什么呢！"这就叫"有恃无恐"。在演讲的过程中，当演讲者卡了壳，临时忘记了某些内容，随时看一眼演讲稿，就会把演讲内容连贯起来。但演讲者一定要做到，除长篇演讲外最好不要带演讲稿上台，而是应该背熟、记在脑海里。

戏剧界有句行话叫作："剧本，剧本，一剧之本，它决定剧场演出一半的生命。"演讲也可以借鉴这个道理，其实演讲稿就是登台演说的"剧本"，这个"剧本"的好坏，决定着演讲一半的成败。所以，有好的演讲稿在手，演讲者一般都能镇定自若，如同吃了定心丸。

当然，演讲还有时间限定的问题，短则几分钟、十几分钟，长则一两个小时甚至半天或一天，总是要在一定的时间范围内讲完的，不能永远不停地讲下去。所以同一主题的演讲，在不同的时间限定下，其稿件也是不相同的。

第二节　演讲稿的现场感

每个演讲者都有自己不同的演讲风格，想要成为一名成功的演讲者就一定要形成自己的演讲风格，不同的时代、不同的民族和不同的阶级都有自己不同的特点，每个演讲者的风格也都会受这些因素的影响。演讲者的个人风格是可以通过演讲稿的写作来逐步细致和完善的。

一、利用不同的演讲风格来加强现场感

(一)激昂型演讲

激昂型演讲风格就如同字面上的意思一样，是一种充满了激情、豪放、爽朗、干脆、刚健的演讲。激昂型的演讲要求具有真情实感，案例丰富，具有极强的说服力，并不能单纯地认为，激昂就是大吼大叫。

在演讲过程中，演讲者的情绪一直处于一种亢奋的状态。这样的演讲，为了能够产生慷慨激昂的演讲效果，在演讲稿的写作中，经常要加入非常多的引人入胜的情景描述成分，营造出一种神秘、紧迫的氛围。这样的演讲，一般会大量地运用比喻、设问和反问等修辞手法，通过这样的描写来加强语气，使演讲稿语言简洁明了，表达通俗易懂。同时，在演讲中经常会用大量的排比句，这是因为排比的句子在朗读的过程中读音是逐步加重的，这样就能够让人产生一种语气逐渐加强的感觉，使得演讲者的音域宽广、音色洪亮，能够使会场的气氛异常活跃，演讲者必然能听到听众或是鼓掌喝彩，或是捧腹大笑，或是痛哭流涕。

激昂型的演讲是通过演讲稿中的每一个字来表现演讲者的思想感情，并将这些思想感情施加到听众的感情上，通过演讲的过程加强观众的认知。

作为一名演讲者在写作演讲稿时，如果想将演讲稿写成这种激昂型，首先要确定自己的演讲主题是否符合这种类型的要求。如果演讲者要做的是一个未受人注意的新观点的演讲或是具有鼓动性和号召性的社会政治演讲，那么这种具有强烈感染力和鼓动性的演讲稿类型，是十分合适的。如果演讲者在一个社交的场合做一场平和的或是娱乐的演讲时，用这种类型的演讲稿，无疑就是贻笑大方了。

也应当指出，激昂型的演讲也有一些明显的缺点。第一，就演讲者而言，因为高度兴奋，往往过分注意感情的抒发和渲染，因而容易离题，缺乏逻辑性，这种情况在即兴演讲中表现得尤为突出。第二，就听众而言，在演讲者的情绪感染下，他们虽然容易进入强烈的情感状态，情绪和心理上得到满足，但未必就真正抓住了演讲的精华。第三，就影响力

而言，有一项实验调查显示，如果效应在当时或过几天就进行衡量，那么情绪影响的作用确实是强烈的；如果过几个星期或几个月后进行衡量，那么情绪影响的效应就很容易消失。

(二)严谨型演讲

严谨型演讲风格的总特征是理智、精深、执着、质朴和稳定。一般来说，这类演讲崇尚实事求是、朴实无华，它所刻意追求的是用命题本身去激发听众的思想，是通过对命题的充分论述去说明某个道理。因此，在主题方面，它要求尽可能排除主观性，使演讲者对待主题的态度具有客观性，至少要隐蔽到近乎毫无所察的"旁观者"的地步；在选材方面，它的形象材料往往少到最低限度，没有多余的情景描述；在结构方面，它着力于对论点进行论证和分析，使其严谨无隙、相互贯通；在语言方面，它讲究工整、鲜明和准确，不可雕琢和粉饰；在声音方面，它的语流比较平稳，没有太大的起伏；在体势方面，它的手势动作用得不多，连演讲者的站立姿势和位置都比较稳定。这就是严谨型的演讲风格。

很明显，最具有这种风格特点的，当首推学术演讲和课堂演讲。例如，我国著名学者和演讲家梁启超先生曾应邀在南京等地做的二十余次学术演讲，还有杨振宁的《读书教学四十年》，这些演讲充分地表现出了严谨的特色。在法庭诉讼演讲中，这类风格的演讲也是不乏其例的，如古巴卡斯特罗的名篇《历史将宣判我无罪》。我们还注意到，在庄严、隆重的集会上，在某些极为特殊的场合，不少演讲也都是这种风格的典范，如华盛顿的《告别词》、林肯的《在葛底斯堡国家烈士公墓落成仪式上的演说》和周恩来的《在亚非会议全体会议上的补充发言》等。

必须指出的是，诉诸理性的严谨型演讲，并不是说它不需要或者毫无感情色彩，而是说它更注重对听众理智的征服；也并不是说它全然不做加工和修饰，而是说它很少显示出粉饰的痕迹。也许正是这一缘故，才使得这种演讲具有很高的审美价值和巨大的社会作用。事实证明，虽然它在短期内对听众的影响不如激昂型演讲那样强烈，但比后者持久得多、稳定得多、深刻得多。

当然，这种风格的魅力是有条件的。如前所述，对于具有较高智力水平的听众来说，诉诸理性的演讲比诉诸感情的演讲所能产生的影响确实要深刻得多、有力得多。但是，这类演讲能否产生应有的正效应，除取决于演讲者的演讲素养之外，显然还取决于听讲者的内在条件。

(三)活泼型演讲

轻松、亲切、生动、幽默、灵活和多变，是活泼型演讲风格的总特征。在具体的演讲实践中，这些总特征既表现在内容的诸要素上，又表现在形式的诸要素上。比如，在选题上，多是讲一些别开生面的小题目，特别是一些角度新、与现实联系紧密的题目；在题材上，多选用古今中外某些新鲜有趣的材料，喜欢大量引用名言警句、奇闻逸事、典故史实；在结构上，貌似臃肿杂乱，实则是形散而神聚；在语言上，善于运用各种修辞手法，采用一些富有表现力的词语和多变的句式，口语化色彩很浓。此外，这类风格的演讲也很注重表情、神态和手势，讲究声音的轻重缓急和抑扬顿挫；喜欢用提纲式和即兴式演讲与听众交流；会场气氛轻松活跃，听众常常会发出会心的笑声和鼓掌声。一句话，它既讲内容的厚度，又求形式的多彩。

显而易见，活泼型风格与激昂型、严谨型风格虽有这样或那样的相似之处，但差别却是十分明显的。这种风格通常有自己特定的适用范围：首先，它比较适合用来讲社会生活问题，如衣食住行、风俗人情、人生爱情和工作学习等；其次，它比较适合那些气氛轻松的集会演讲，如形势教育报告以及某些仪式上的致辞；再次，它比较适合和平时代的演讲；最后，它比较适合对普通听众或青年听众演讲。

不言而喻，活泼型演讲同样有着独特的魅力。但是，它也很容易引导人们走上另一个极端，即刻意追求演讲的戏剧性效果，因此一旦处理不妥，即使是最出色的演讲家，也会成为人们的笑柄。有许多事实证明，俄国著名演讲家普列汉诺夫也是擅长活泼型演讲的高手，然而随着时间的推移，他后期的不少演讲表演化倾向越来越明显，常常"带有做作的热情与戏剧式的姿态"。

因此，发表这类演讲，文学性和戏剧性一定要使用得适可而止，尤其要防止过分幽默。如果都是夸饰的言辞、栩栩如生的形象、引人入胜的情节、朗诵般的腔调和表演化的姿态，就会使演讲喧宾夺主，以辞害意；如果节外生枝，随意穿插与主题无关的笑料，就会破坏演讲主题的严肃性，进而破坏演讲的效果。这些都是演讲者应该特别注意的。

(四)深沉型演讲

深沉型风格的总特征可以概括为恳切、凝重、深邃、含蓄和柔和。说它恳切，是指演讲者的态度一般都比较诚恳，有实事求是之意，无哗众取宠之心；说它凝重，是指演讲的内容通常比较严肃，有相当的分量；说它深邃，是指演讲的思想一般比较深刻，有相当的力度；说它含蓄，是指演讲的感情不尚外露，看似风平浪静，实为倒海翻江；说它柔和，一是指演讲的音调较为低沉，节奏也较缓慢，力度对比不太强烈，二是指演讲的体态动作用得较少而且轻缓，主要依靠面部表情。由此看来，这种风格既明显地区别于激昂型演讲，也明显地不同于活泼型演讲。在某些特征尤其是某些形式特征上，虽然它和严谨型演讲有一定的相似之处，但从这些特征表现出来的强弱程度来看，从这两种风格总的色彩、总的面貌和总的状态来看，两者还是有很大差异的，基于这一事实，把深沉作为一种相对独立的典型的演讲风格，应该说是合理的，也是必要的。

其实，在某些政治外交演讲中，在某些意在说服教育听众的训导演讲中，尤其是在悼念演讲和告别演讲中，这种风格不仅大量存在，而且以它特有的魅力显示出了很高的审美价值和强有力的感染力。林肯的《告别演说》和恩格斯著名的《在马克思墓前的讲话》，就是这种风格的典型代表。

不过，在发表这类演讲时，应该引起特别注意的是，其要求的平柔不同于平淡，也不同于柔弱。平淡是内容的贫乏，是形式的枯燥，它不是心灵的强烈震动和对表现技巧的积极追求；柔弱是内容的浅薄和脆弱，是形式的苍白和软弱，它不是理智的高度升华和对表现艺术的刻意创造。作为一种审美追求，平柔是外柔的美，内刚的美，两者有机统一的美，是一种有特定适用范围的演讲风格。因此，我们不能把它等同于平淡和柔弱。否则，这种演讲就将成为听众的沉重负担，其风格也就失去了应有的光彩。

二、利用蒙太奇的效果来增强现场感

蒙太奇是电影中常用的剪辑和组接的方法。它是电影构成的法则，运用这种法则，把那些不同画面的镜头有机地、艺术地剪辑、组接在一起，用以形成整部影片的节奏、气氛和塑造生动感人的艺术形象。在电影创作中运用蒙太奇手法，可以产生隐喻、象征、想象、衬托、悬念、对比、连贯等效果，增强电影的艺术魅力。而这种方法同样适用于演讲。

蒙太奇的表现手法多种多样，分类方法也五花八门，从结构形式上看主要有"并列式蒙太奇""平行式蒙太奇""交叉式蒙太奇""对比式蒙太奇"四种。在演讲中恰当借鉴蒙太奇手法，同样会产生特殊的艺术效果。

(一)并列式蒙太奇

"并列式蒙太奇"又叫"剪辑蒙太奇"，即把各种不同的镜头用并列的方式剪接、编辑在一起，从不同的侧面来反映一个共同的演讲主题。

(二)平行式蒙太奇

"平行式蒙太奇"就是把两组镜头用平行的方式串联起来，使之相对照，通过互相映衬来突出主题。

(三)交叉式蒙太奇

"交叉式蒙太奇"就是把各种密切相关的生活镜头交织在一起，以引起人们的联想，来突出主题。交叉式蒙太奇的方式时而国内，时而海外，进行交叉的叙述、联想、引申，事例就成了有血有肉的统一体，具体而生动形象。如果没有这种镜头的交叉运动，就不会有这么强的艺术表现力。

(四)对比式蒙太奇

"对比式蒙太奇"就是把两种截然不同的生活场面或事物紧紧地组接在一起,以造成强烈对比的气氛,来突出主题。

第三节　演讲稿的撰写

演讲稿不同于我们平时写的作文,有的演讲者认为演讲就是把写好的作文背诵好了就可以了。这其实是错误的。要进行演讲就必须准备好演讲稿,演讲稿不同于一般意义上的作文,演讲稿有它自己的要求。

初学演讲者往往人为地割裂了演讲稿与演讲的有机联系。要么把心思全放在"演"上,只考虑着上台后如何去"演"、去"讲",对演讲稿为演讲服务的重要性认识不足,即使有充分的时间也不愿去撰写演讲稿,或者写了也当成可有可无的"道具",显示出心态上的浮躁;要么倾尽全力在"写"上下功夫,成语、典故、格言连篇累牍,忽略了演讲稿到演讲之间语体上的有机转换,失去口头语言应有的通俗、朴素、简短、流畅等特点,失去了演讲的可听性,上台后唯稿是从,不敢改动一个字,结果把演讲变成"作文朗读"或"作文背诵"。我们认为,作为初学演讲者,不但应认真撰写演讲稿,还应充分把握演讲稿的写作要求,努力达到演讲稿为演讲服务的目的。

撰写演讲提纲是组织演讲时一种不可或缺的辅助手段。清晰的提纲可以帮助你掌握自己希望谈论的要点;采用提纲还可以使听众容易记住演讲的大致内容。演讲要有头有尾,要懂得尊重听众,不要一开口就冒出一句没头没脑的话,使听众听不明白。

一、演讲提纲的作用

编列演讲提纲,是演讲前的重要准备工作。它常常是临场发挥的重要依据。提纲编写得好坏,直接影响到演讲成功与否。所谓编列提纲,实际上就是确定框架,以提要或图表的方式列出观点、材料以及观点和材料的组合方式。

第一,它可以确定演讲框架。编列提纲能把演讲的整体轮廓用文字固定明确下来。事实上,拟订提纲的过程,正是认识不断明朗化、条理化的过程。通过拟订提纲,可以对论题的设想不断加以修改和补充,使构思更为周密、完善。确定了整体框架,演讲者便能心中有数,逐层展开,不致东一句西一句,词不达意。

第二,它可以进一步选材组材。编列提纲的过程,也是进一步选材和组材的过程,是演讲内容逐步具体化的过程。演讲题目、结构层次、典型事例、引文材料以及其他有关资料都要具体地在提纲中体现出来。在这个过程中必然要对材料做进一步的筛选和补充。

第三，它可以训练思维。编写提纲的过程，正是演讲者积极思维的紧张过程。在这个过程中，演讲者必然要认真思考，分析演讲的主题、材料、层次、结构和其内在的逻辑联系，促使思维的条理化和科学化。因此，这个过程事实上正是培养和锻炼思维的过程。

第四，它可以避免遗忘。编写提纲也是不断熟悉材料的过程，特别是在不用演讲稿仅用提纲进行演讲时，提纲更是起着提示启发、避免遗忘的作用，成为临时发挥的重要依据。根据演讲的具体目的和要求，以及演讲者对材料的掌握情况等，演讲提纲的编写可粗可细。内容简单，材料易掌握，可编得粗略一些；内容复杂，材料丰富，就宜编得详细一些。粗略的概要提纲要以极其简练的语言，扼要地列举出演讲的主旨、材料、层次大意等；详细的提纲则要求比较具体，应基本上是讲稿的缩影。

二、撰写演讲大纲的步骤

撰写演讲稿应先拟出演讲大纲，演讲大纲大致分如下五个部分。

(1) 标题。
(2) 内容提要。
(3) 开场白。
(4) 正文。
(5) 结尾。

在这里，要注意把握演讲稿的整体结构：标题、副标题分别是什么？论点、分论点有哪些？如何开头、过渡和结尾？如何应对可能出现的问题？等。

第四节　演讲稿表述观点的要求

演讲观点也就是演讲者演讲的主题，这影响到整个演讲的流向，公众演说并不需要像诗或绘画等必须具有特殊的才能，只要遵循以下 10 个原则，任何一个能说话的人都可以在公众面前发表演说。

一、观点简明

观点简明、表达清楚于交流而言十分重要，在公众演说中，如果能自觉地遵循这一原则，你的演说就等于成功了一半。事实证明，听众往往不可能抓住演说的全部思想，长篇演说尤其如此。因此，假如不能用几句实质性的话把所要演说的观点表达清楚，那么，你的演说就将是漫无边际的。更重要的是，如果你自己都不清楚要说些什么，那你的听众将更是如坠云雾、不知所云。

二、精心组织

不管你的演说是长是短,你都必须有条理地将它组织好——怎样开头、要说明什么重点问题、怎样结尾。一些有经验的演讲者发表演说时,通常会事先写下演说的最后一个句子,因为当自己知道目标在何处后,就可以选择能达到目标的最佳线路。演说的最后几句话是听众最容易记住的。因此请务必注意:结尾一定要有力。

三、宁短勿长

一幕歌舞表演的标准时间一般是 12 分钟,舞姿优美、歌声悦耳的表演是观众们十分喜爱的,但是,如果时间拖得太长,观众也会感到乏味的。

某海军陆战队司令将要退休,他为此准备了一篇非常出色的告别演说词。但轮到他演说的时候,天气十分闷热,他只是简单地说了两句:"做海军陆战队司令是最自豪的,我向你们致敬。继续前进吧!"在场的不少听众都说,这是他们所听到过的最精彩的演说,在当时天气很热的情况下,司令要是长篇大论地讲一通,演说恐怕就很难得到这样高的评价了。并不是说长篇演说要绝对禁止,也并不是说长篇演说都注定要失败,而是说在多数场合,公众演说还是以简短为佳,时间最好是几分钟。

四、结构合理

(一)演讲稿结构的基本要求是协调、和谐

"凤头""猪肚""豹尾"的形象化说法,原则上也适用于演讲稿的结构。

(二)演讲稿结构的最大特色是简洁明晰

演讲稿不同于一般供阅读的文章。一般文章读者可以反复阅读玩味,即使结构层次复杂一些,也可以经过分析而掌握。演讲稿是口耳相传的,而口述的信息稍纵即逝,容易与听众的听觉、思维之间出现游离脱节现象。如果演讲结构复杂、头绪纷繁甚至思路紊乱,听众就难以理解演讲的内容。为了使演讲收到最佳效果,应尽可能简化演讲结构,尤其是对长篇演讲更应该使结构简明化。

(1) 把所要讲述的思想、材料进行逻辑分类。对问题的划分尽量明确,防止互相交叉和互相包容。这是使结构简明化的根本方法。

(2) 注明大结构和大纲目的序列号。例如第一个问题、第二个问题……或(一)、(二)……

(3) 把纲目的要点用准确的标题语言醒目地呈现出来,要使演讲稿的头绪清楚,脉络

分明，在很大程度上依赖于目录。

(4) 在内容层次转换过渡处，多用明转法，少用暗转法。即采用提示语、交代语、承上启下语、前后照应语或小结语等，便于听众把握内容的梗概和轮廓。

(三)演讲稿结构的写作要求是讲究逻辑

1．全文应该是合乎逻辑构成的总体

对演讲稿总体上的逻辑要求是：概念要明确，判断要恰当，推理论证要遵守逻辑规则和规律。通篇安排应具有内部的必然联系。如果一篇演讲稿在总体上杂乱无章，就很难使听众信服，演讲就难以收到预期的效果。

2．注意层次间、段落间、句子间的联系

要正确体现出并列、顺承、分合、选择、递进、转折、假设、条件、因果、目的、排除、推演等种种意念关系，在这些局部问题上也应该有严密的逻辑关系，做到无懈可击。

3．要有充分的论证

以说理为主的演讲稿要有充分的论证，特别是提出新颖独特见解时，更要严密论证。人们不会轻易接受未经论证或论证不严密的观点。

五、真情实感

如果你企图伪饰，那么你是不会取得成功的。道理很简单，连你自己都认为某个故事实在平淡无味，怎能期望它会令听众捧腹大笑呢？连你自己都不为之感动的演说内容，怎能叫听众为之感动呢？罗伯特·佛罗斯特曾经写道："作者无泪，读者亦无泪。"公众演说何尝不是如此！

我们之所以要演说，是因为听众没有经历过我们所经历过的事情。我们的任务就是要通过演说，让听众同我们一起感受人间的冷暖和喜怒哀乐。要达到这个目的，用第一人称演说就是一种比较有说服力的方法。

六、风格明确

演讲稿的风格主要指的是演讲的语言或文学风格。

演讲稿的风格，应该尽可能符合听众了解的风格。一般来说，演讲者可能需要介绍几个在日常说话中不常使用的词语，而又是听众能够接受的语汇，增强风格色彩。这种情形应该维持在最低限度，如果某个词语讲出来显得很奇怪，或者超过听众平常使用的范围，演讲者就应该提醒大家特别注意，并小心说明其意义。有些时候演讲者可能会在演讲中使

用一般人常用的词语，但这些词语在演讲中具有特殊的意义，这个时候他就必须很慎重地向听众说明应该如何使用这些字，并且再三地提醒他们这些字在此处的用法，否则听众一定会感到很困惑。所以，最好避免使用技术性的词语或艺术名词，并少用带有特殊意义的平常字眼，尤其是对一般听众演讲时。

风格的另一规则，可以用两句话来形容：第一，语句应该清楚明白；第二，语句应该不平凡也不艰涩。这两点说起来容易，做起来却不简单。

七、抓住听众

一登上讲台，你就要设法迅速建立起与听众的感情联系。沟通的方法很多，比如：面带微笑环视全场，向听众略略点头以示谢意，对主持人和听众说声"谢谢"。这时，你还不能马上就讲，仍需稍等片刻。当所有的听众都把注意力集中到你身上来了之后，你就可以演说了。一旦激发起了听众的听讲兴趣和热情，他们就会很快领悟到演说的内容并进行思索，这正是我们所需要的演说气氛。

在演说过程中，要用眼睛和听众保持交流。当然，不能总是盯着某一个、某几个或某个方向的听众，而应该让所有的听众都感觉到你是在和他讲话。此外，面部表情也要显示出热情友好的样子。这样，你就可以始终牢牢地抓住听众的注意力。

八、入情入理

在演讲稿中，情、理至为重要。动之以情，晓之以理，是演讲成功的基石。因此，在演讲稿写作中能否做到入情入理、情理交融是决定演讲成败的关键。演讲稿中的理，通常是反映客观规律的真理，或是高尚人生哲学和伦理道德观念，或是科学文化知识以及获取知识的方法，或是有益于推动社会改革的工作经验，等等。这些都是演讲稿的精髓、灵魂和支柱。演讲稿中的道理应该给人以新鲜感。所阐述的道理最好是听众闻所未闻的真理；如果所讲的道理对听众来说并不陌生，演讲者就应该做出独到的分析，或者紧密联系实际，以新鲜的材料做出富有意义的阐发。同时，演讲稿还应该是有情物。演讲稿中的情，一是"笔下常带感情"，笔端渗透着对听众的殷殷深情；二是对所叙述的人、事物以及道理的情感。干巴巴的说教是演讲的大忌。情和理的自然交融更为可贵。情感有了理性的渗透就不至于泛滥，理性有了情感的萌动就不致冷漠。许多成功的演讲，无一不是情理渗透的结合物，情是有理的情，理是有情的理，两者"合则双美，离则两伤"。

九、即兴发挥

好的演讲稿能够帮助演讲者做好演讲，但是一名优秀的演讲者并不是单单依靠演讲稿来取得成功的。

首先，这是因为演讲稿写得再好，再贴近口语，也毕竟是写在书面上的，有时难免会使听众产生疏离感。这种疏离感是演讲者所要极力避免的，所以作为一名演讲者要在演讲中对语言进行调整，使得演讲能够被听众接受。

其次，通常演讲者不一定能完整地将演讲稿背诵下来。

最后，有时演讲者会遇到一些突发问题，如听众的提问或是某段讲解听众已经理解了，不需要再讲解了。

这样的情况都会导致演讲者所讲述的内容和演讲稿有所偏离，所以能够即兴发挥的演讲者才是成功的演讲者，否则一旦遇到问题就只能尴尬地站在演讲台上无所适从了。同时，一味地照着演讲稿来讲也会使得现场气氛低沉无聊。

十、尽量放松

喜剧作家罗伯特·克莱恩在他的关于婴儿自然出生的《拉马兹法》的剧作中指出，丈夫的关键作用似乎就是提醒他的妻子要注意呼吸。这似乎很令人费解，因为要别人提醒才呼吸实在是荒唐无比。我们在此所要强调的是，许多演说者确实不知道演说时该怎样正确地呼吸。

不言而喻，用不着那种狼吞虎咽似的大口呼吸，也用不着那种超出正常速度的急促呼吸。否则，会出现气哽塞。要放松，用隔膜进行有节奏的呼吸，这样就会感到十分轻松自如。

每一位公众表演者都知道对呼吸进行控制是重要的，我们是否曾经注意到一些优秀的篮球运动员在自由投篮前突破对方防线时是怎样呼吸的呢？我们或许可以从中学到一些东西。

公众演说并不比使用筷子和射箭更难。一旦知道怎样去演说，它的谜底就十分简单了。

思考与练习

1. 演讲稿的重要性是什么？
2. 演讲稿怎样体现现场感？
3. 演讲稿的撰写为什么要列提纲？演讲提纲的作用是什么？
4. 简要分析演讲稿表述观点的要求。

第六章 演讲内容的设计

第一节 收集材料

演讲是一种需要精心准备、梳理写作的一种表现形式,所以在演讲前精心地写作演讲稿能够帮助我们理清演讲的逻辑,明确地表达演讲的目的和主要问题。

我们在演讲的过程中,需要引用大量的实例来支撑我们的论点,使听众信服。我们还需要了解当今社会最新的科学技术、信息知识,这些也是保证演讲成功的必要条件。所以,收集材料是演讲非常重要的一个步骤,它是充实演讲主题,充分证明论点的有利条件,也是能够影响一个演讲是否成功的重要条件。

一、收集材料的原则

收集材料不是一个茫然混乱的过程,我们要知道自己的演讲需要什么样的材料,什么样的材料适合我们的演讲。如果我们不分青红皂白,只是广泛地将能看到的信息都收集起来,虽然这让我们得到大量的材料,但是这样繁杂的材料会增加我们的整理数量,加重我们的劳动量。所以只有有逻辑、有计划地收集材料才能更好地完成演讲。

(一)为演讲选择充分的材料

所谓选择充分的材料就是尽可能多地把能够收集到的材料全部收集起来,只有这样,才能满足演讲要求大量地详尽地收集和占有材料。这样我们既能纵向了解事物发生、发展的经过,又能横向了解事物各方面的联系。

在收集材料时,演讲者不但要收集赞同的声音作为论据的材料,对于那些反对的声音、与论点相悖的材料,也要大量地收集,材料越充分,思路就越开阔,论据就越充分,也就越能正确有力地阐明论点,产生令人信服的雄辩力量。特别是学术演讲和法庭演讲,更要求论据充足，旁征博引。材料不足往往难以言之成理，很难达到预定的目标。

这就要求我们在更加了解所要演讲的内容的同时，能够更加丰富我们的知识。当演讲者在面对听众的反对意见或刻意刁难时，有充足的材料和准备，自己才不至于哑口无言，闹出笑话。

(二)材料信息要真实可靠

我们说的真实可靠，是指我们的材料是有据可依的，是真人真事，是客观世界确实存在的、符合历史实际的。真实是选择材料的出发点，因为只有真实存在、发生过的事情才有说服力，才能够感动人，才最有利于人们形成坚定的信念。选择材料时，要选出最可靠的第一手材料，不能用捕风捉影、道听途说的材料，更不能无中生有、胡编乱造。只有真实的材料，才能取信于人。

对于演讲而言也是一样，任意臆造的和虚构的材料，势必与事实发生矛盾，势必被揭穿，所以比起因为虚假材料导致失去信任，就不如多花费些时间寻找真实的材料，当然，这同样包括要学会鉴别材料的真伪。

(三)尽可能地选择具有代表性的材料

我们在收集材料时，有时能够收集到几十或者几百个材料，而通常演讲者的演讲时间只有几分钟，作为一名演讲者，从众多的材料中选择合适的材料是最为重要的一个准备工作。真实的材料具有可信度，新鲜的材料具有吸引力，而典型的材料则由于其能够深刻揭示事物的本质，具有代表性。演讲的目的在于说服人、鼓动人。

具有代表性的、典型的事例，在演讲中可以使演讲有较强的说服力、感染力和鼓动性，而平淡无奇和被多次引用的事例则会使听众产生厌倦的心理，使演讲失败。

典型材料与一般材料是相比较而言的。只有在充分掌握许多材料的基础上，才能有比较，才能分出高下。在对众多材料进行比较时，要发现典型材料，关键在于演讲者的观察分析能力和思想认识水平。

1．选择具体的材料

具体，是相对抽象笼统而言的。有些材料虽然真实、新鲜、典型，但由于详略处理不当，尽管讲清楚了来龙去脉，也使人感到"不够味""不解渴"。这恐怕就在于叙述太简略所致。之所以出现这种情况，对于事例性的感性材料来说，往往是忽视了对重点材料的必要渲染；从记叙的诸要素看，常常是对 Why(为什么)和 How(怎样)交代得不够。如果把 Why 和 How 的内容进行较为详细的阐述，做必要的渲染，就会显得具体，给人留下明晰的印象。比如"他带病坚持工作，最后累倒在车床旁"，给人的印象就较笼统。如果进一步把他为什么带病工作、如何做的、怎样累倒的、累倒后又怎样、当时的现场怎么样等做必要的交代和渲染，给人的印象就具体得多。

2．定向收集的材料

收集材料要把准方向，防止盲目性和随意性。生活千头万绪，书报浩如烟海，时间和精力不容我们有见必记、有闻必录，这不仅没有必要也没有可能。我们必须把准方向，有计划、有针对性地收集。所谓把准方向就是围绕论题进行，根据论题划定的区域范围，按计划、有重点地工作。选择的论题要大小适中，不宜太窄，也不宜过宽。太窄，往往会漏掉与之相关的材料，使用时没有回旋余地；太宽往往难抓住主线和重点，造成内容芜杂臃肿，削弱和冲淡主题。例如，做一次题为"岗位成才"的演讲，不妨把收集目标集中在下列方面：从名人先哲的著作中收集有关成才的论述及有关部分和整体关系的论述；从教育学和心理学的图书中收集有关成才理论和有关青年心理特点及其发展趋势的论述；从历史图书中收集有关青年在工作中立志成才的故事；从报刊和现实生活中收集事例，特别是收集本单位青年在本职岗位上所做贡献的先进事例；等等。确定了这样一个范围和方向，收集材料就会顺利得多。

3．选择新鲜的材料

新颖别致，是就听众的感觉而言的。新奇感是促使人们注意的心理因素。演讲者立论高妙，演讲材料新鲜，就能较好地激起听众的新奇感，引起注意。这对深化主旨、充实内容都有着十分重要的意义。演讲者"人云亦云"，重复使用别人用滥了的材料，就会令人感到乏味甚至反感。因此要尽力防止和避免材料的雷同。要使人产生新鲜感，一方面要留心收集现实生活中新近发生的事情；另一方面也要善于收集那些过去早已发生但并不为人所知的事例。此外还要善于分析现实中看似一般的材料，从中挖掘出新意来。这些当然不是随手可得的，而必须有耐心、有韧劲。鲁迅先生在这方面为我们树立了很好的榜样。他常借古讽今，十分生动，如题为"由中国女人的脚，推定中国人之非中庸，又由此推定孔夫子有胃病"的演讲，用了大量历史材料和现实材料，古今结合，使人感到异常新鲜、有趣。

4．选择感人的材料

在演讲活动中，要注意选取能提高听众兴趣和打动听众感情的材料。在现实生活中，许多感人的事情都是看似违背常理但又是在情理之中的。例如，有位演讲者在演讲时引用了一位老师上课老是请假跑厕所的事。这种事显然违背常理，令人好笑。可是，当你知道这位老师身患膀胱癌，长期尿血，直到他被抬上病床，大家才发现他揣了一大摞病假条却从不请假时，你会觉得看似违背常理的事情，其实却在情理之中。演讲者用这件事来表现这位老师的高风亮节，十分生动感人。在现实生活中有许多这样的事例，关键在于要善于发现这种有违常理事例的特殊性。此外，演讲要感人，讲人们的奋斗经历，讲与听众切身利益相关的事，容易达到目的。

二、有计划查阅、研究相关材料及向他人求教

只有收集到大量的材料，演讲者才真正具有站在公众面前的勇气。演讲是向听众传达信息，如果你不能满足听众的需要，不能提供足够多的信息，那么你的演讲一定不是好演讲。根据演讲的题目或主旨查阅相关资料，向他人求教都是很好的办法。

(一)根据演讲题目查阅相关材料

好好规划一下资料的查找工作，开始查找之前必须认真考虑自己的演讲题目和场合，就演讲的性质而言必须查阅哪些事实？哪些题目要调查？查阅资料的目的是什么？

1．从演讲题目入手

先从了解"总体情况"入手。我们不应该先入为主地在一个方面的材料上花费大量时间，这样做也许会遗漏与演讲题目相关的其他重要方面。随着研究的深入，我们会得到更加具体、更加确凿的材料，知道哪些内容可以置之不理，如果其他方面的有关内容突然冒出，根据已经掌握的知识完全能够把握这些提示，并顺藤摸瓜进一步深入下去。

演讲者在查阅材料之前的准备或探索性研究是由一系列活动构成的。面对一个知之甚少的题目，在分析题目之前必须先查阅一些概括性的知识。即使对演讲题目很熟悉，也应在准备查找材料之前在脑海里先理清自己的思路。

2．规定完成时间

根据可以支配的准备时间和演讲题目的不同，我们要进行的查阅工作也会有很大的差异。建议为自己的准备工作制定一份可行的时间表。如果演讲前一天才接到通知，就不可能详尽地查阅所有相关文献，但是可以从百科全书之类的书中查找概括性的材料。如果时间较为充裕，我们的准备活动就可以更加深入，先从概括性的书籍中收集线索，用它们作为指导再寻找其他更加细致、更加具体的材料。跳读是从头开始查找材料时最有用的技巧之一。在从图书馆查阅书籍或为此购买图书之前，先迅速浏览一遍书目。因为你没有时间把所有的书都看完，一定要掌握最重要的方法和理论。要首先查看书籍目录，跳过第一章和最后一章，或者阅读某一章或一篇文章的第一段和最后一段。记下书中频繁引用的重要学者和公众人物的姓名，留意反复出现的概念和研究项目。不要认为自己必须一字不落地把整个句子读完。

开始浏览时，翻找一些综述或有关该问题现状的文章和书籍。这些文章和书籍概括指出该问题目前的思潮，追溯该问题来龙去脉的文章段落也非常有用。这些文章和书籍往往很容易从题目中加以识别。

跳过一些资料，阅读一些概括性的书籍可以使你对自己的题目有大致的把握，你就可

以进一步缩小范围，把查阅内容集中到某些问题上。

3．带着分析性问题查阅材料

当你已经完成背景材料的查阅，还没有开始主要的研究活动之前，要回头分析自己的演讲题目。想一想你是否要把题目缩小为某个问题，调整自己的演讲目的，或者修改主题句的遣词造句，使之适应演讲场合。

4．熟悉相关的专业用语

为新题目查找材料就像学习一门新的语言一样。随着逐步展开对题目的研究，我们就能够列出这个过程中所出现的关键词。比如，在研究职业女性时，我们会发现自己必须搞清楚"机会均等""果断行动"和"相对价值"等之间的区别。我们会注意到如"玻璃天花板""女强人综合征"和"粉领工人"等都是关键性的名词，在谈论我们所面对的问题时这些词已被广泛采用。熟悉与演讲题目有关的语言随着研究的展开而变得不可或缺，因为我们在浏览文献时要查找这些关键词。

(二)直接向他人求教

直接向他人求教相关问题是非常便捷的一个方法。如果没有特别合适的人选，我们也可以请教一下周围的人对我们要演讲的题目的看法。朋友、家人、同事都可以成为信息渠道。

根据演讲题目组织整理自己的思路时，先和那些自己每天接触的人们谈一谈，我们可能会得到意外的收获。在大多数情况下，这些人告诉的情况是他们自己的观察和体验，在书本中是无法找到的。随便和几位朋友交谈一番，我们就会惊喜地发现，学到了很多自己原来不知道的知识。在向他人求教的过程中，有几种对象要重点考虑。

1．教师

不同级别的教育者往往都是平易近人的专家。传播知识和信息是他们的本职工作。如果不知道应该向哪位专家咨询，可以打电话询问适当的院系或学校，让他们给推荐某位取得本领域研究成果的专家。

2．政府相关部门

因为政府拥有的资源非常丰富，如果找到合适的部门进行询问，相信会得到有关人员的帮助。

3．独立机构和特殊利益集团

像一些专业性协会和团体也是最佳信息渠道。要注意，这些团体看问题的角度往往是有局限性的。可以向一些独立性的机构、协会、特殊利益集团求教，但是要根据自己所了解的客观标准权衡听到的答复。可能的话，可以采访与自己立场不同的专家，尤其是当演讲题目有争议时，更应该这样做。

另外，要注意的是法官、运动员、商业人士、警官、医生、会计师等都是专家。如果不认识某个特定领域的任何人，看看是否可以通过同事或朋友介绍结识一位相关人士。如果无法建立这种联系，随时留意报纸上提到的人物。如果他们曾经接受过采访，那么可能也愿意再回答一些其他问题。

三、采访的技巧

采访是获得材料的重要手段。不要慌慌张张、毫无准备地采访别人。了解一下采访对象，想一想他或她该如何最大限度地为自己的研究提供帮助。如果面谈的对象曾经对自己所要谈论的问题写过文章或有专著出版，先把这些材料读一读。你应该事先设计一系列具体而明确的问题，这样就不会浪费宝贵的面谈时间，否则只能得到一些在百科全书中也可以查到的内容。要准备一些没有确定答案的问题，而不是做肯定或否定的问题，或者只需简单地进行事实确认，但是不要含糊其词，让对方不知该从何说起。

采访时先用几分钟时间融洽气氛，建立进行采访的背景，介绍自己的身份，解释自己为什么需要了解这些情况以及已经得到哪些信息。同时，再次说明预计采访将占用多长时间。如果自己希望把采访过程录下来，首先应该征求被采访者的同意，但是要准备记录纸和笔，以防录音失败。不管怎么说，即使确实把采访过程录了下来也应该记录采访内容。笔记可以帮助自己让采访始终沿着所设计好的、有待澄清的问题前进，在重新听录音内容时，书面记录还可以帮助自己把握重点。

开始提问时，一定要把大部分时间留给专家发言。不要打断对方发言、表示异议或鲁莽地说出自己的看法。用话语和身体语言鼓励专家继续说下去：点头、微笑、表示兴趣，留意自己的姿势和面部表情，用谦和的评价鼓励对方，比如"我明白了""非常有趣""那么后来怎么样"，为采访结束留出一定的空余时间。尊重接受采访者的时间，如果时间快到了，要主动停止发问，即使只得到了一半问题的答复。总结自己的采访角度，通常请被采访者进行总结性发言会让人获益颇多。有些情况下可以这样问："您希望我提出哪些问题而我没有提到？"当然最后要对他或她表示感谢。

四、演讲材料的收集范围和具体方法

占有丰富的材料是演讲成功的一个重要因素。熟悉演讲材料的收集整理范围非常重要。重要的是还要收集属于自己的材料，整理属于自己的素材，而且要保证材料的充足。

(一)演讲材料收集整理的范围

演讲材料的收集整理范围主要包括直接材料、间接材料和自己创建的材料。

1. 直接材料

从现实生活中得到直接材料。这是演讲者在生活、工作、劳动、学习及其他社会活动中所见所闻、所思所感的材料,也就是演讲者自身通过对社会生活的观察、体验、感受和调查研究所得到的第一手材料,这是最重要的材料来源。社会实践是我们获取直接材料的源泉。《从外国人的名片谈起》这篇演讲,就是演讲者在生活中看到外国人的名片,看到了外国人的实际能力,也看到了我国一些人的实际能力等真实材料后产生的,讲出后自然生动感人。

2. 间接材料

从书本或各种媒体中获得间接材料。这是演讲者从报刊、书籍、文献、广播电视上得到的材料,可称为第二手材料。演讲者由于时间和空间的限制,不可能事事处处都亲自观察体验,不可能每种知识都从亲身体验中得来,书籍是前人的经验总结,而广播、电视传播的也是他人的亲身经历所得。所以,必须拓宽材料来源,获取大量的间接材料。间接材料的收集也是占有材料的重要手段之一。鲁迅的演讲《魏晋风度及文章与药及酒之关系》,就是靠大量的古代历史、政治、军事理论、医学等多方面的间接材料表现主题的。

3. 创建材料

分析研究后获取创建材料。这是演讲者在获得大量直接材料和间接材料的基础上,经过归纳、分析、研究所得出的新材料,是一个演讲者智慧的结晶。这常常和直接材料、间接材料一起综合运用于演讲之中。

(二)准备属于自己的素材

这里强调一个"自己的",虽然念一本书也是一种准备,但并不是最好的方法。从书上找材料,是可能有帮助的,假如一个人仅想从书本上得到一大堆现成的材料,立刻据为己有而讲给别人听,难以获得听众热烈的掌声。

今天能参加你们的毕业典礼,我感到很荣幸。你们要离开的是世界上最好的大学之一,而我从来没有大学毕业过。说老实话,这是我最亲密接触大学毕业的时刻了。今天我想告诉你们我生命中的三个故事。就这些,没啥壮举,不过是三个故事。

第一个故事是关于连起生命中的点滴。

我进里德大学读了半年之后就退学了,不过还是作为在校生在校园里晃荡了一年半才最终真正离开。我为什么要退出呢?

(退出)这事在我出生前就开始了。我的生母当时是年轻的未婚大学毕业生,她决定把我送给人收养。她的态度很坚决,收养我的人必须是大学毕业生,这样,由一名律师及其妻子来收养我的事在我出生前就全都弄好了。可是当我呱呱坠地的时候,他们在最后关头确定他们真正想要的是女孩。这样，我现在的父母，当时他们也在备选名单上，在晚上接到一个电话，告诉说有一个意外出生的男婴，问他们是否想要，他们说当然想要。我的生母后来才发现，我的养母不是大学毕业生，我的养父连高中都没有读完。她拒绝在最后的收养文件上签名。几个月后当我养父母保证以后我会上大学之后，她才妥协。

十七年之后，我上大学了。不过当时不懂事，选择了一所花销昂贵的大学，几乎和斯坦福大学不相上下。我父母都是工薪阶层，他们的积蓄都用来支付我的学费了。过了半年，我看不到这么做有什么价值。我不知道以后如何生活，也不知道大学如何来帮我对生活做出规划。而我在这里花的是我父母一生所积攒的钱。于是，我决定退学，并且相信这个决定会被证明是成功的。在当时，这个决定还是很让人惊慌的，不过回头去看，这是我做出的最好的决定之一。我退学了，就不用再去上那些我不感兴趣的必修课了，我开始旁听那些看起来有意思的课程。

整个事情并非全都那么具有传奇色彩。我没有宿舍房间，只好睡朋友房间的地板。我把可乐瓶还回去，这样可以得到5分钱来买吃的东西。每周日的晚上我会步行7英里横穿城区，到黑尔克力斯纳教堂吃那每周一顿的美食。我喜欢这种状态。我凭着好奇和直觉，无意中涉足的很多事情后来证明都是非常有价值的。

这是史蒂夫·乔布斯在2005年斯坦福大学毕业典礼上做的演讲的开篇，在这篇演讲中，他大量地举了自身的例子，这些都是他亲身经历过的，所以就显得特别真实可信。同时因为他所列举的场景都是在场听众所熟悉的，就更增加了听众的好感和演讲的真实感。

这就是准备，只有自己真实的经验并加上深思的演讲才会成功。

(三)积累的材料一定要充足

别人的东西，只要消化了就能成为自己的东西。积累材料的过程就是收集属于别人的东西，为己所用。然后在开始演讲前，就集中于某个题目，去思考、去斟酌，回想并选择最能引起你兴趣的题材，加以润色，改造成另一种形式，成为你自己的作品。

某演说家被问到怎样准备他的演说，他如此回答："我的准备是这样的，当我选择了一个题目时，就把题目写在一个大信封上，我备有许多这样的信封。假如我在读书时遇到一些好材料，认为将来用得上，就把它抄上，放入适合它题目的信封里。另外，我一直带着一本记事簿，当我在听别人演讲时，听到有切合我题目的话，便立即把它记下来，也放入信封内。当我要演讲时，就针对我要讲的题目取出我收集的所有材料，再加上我自己的研究，这样一篇文章就形成了。在我许多年的演讲中，从这里取一些，从那里择一点，因而演讲永远有材料，也不会陈旧。"

材料需要积累而且需要积累充分。收集100个材料或事例，选择10个非常契合题目的，而抛弃另外90个。收集丰富的材料和知识，可以增加自信，可以使你的心境觉得安然有把握，讲话的态度自然大方。这是准备演说最重要的基本原则，演讲者不应该忽略此点。

第二节 整理材料

在收集材料阶段，我们收集了大量的材料，但是这些材料如果不整理妥当，那么不论收集了多少材料都是毫无用处的。怎么才能把大量的材料整理成自己需要的材料呢？材料的选择有哪些基本要求？这就是这一节要研究的问题。

一、整理材料的原则

(一)选出真实的材料，剔除虚假的材料

如果演讲者使用没有经过考证或找不到出处的材料，准备材料的工作就不能说是完善的。可以设想一下，如果演讲内容被听众怀疑其是否准确，演讲的效果就很难说好。要在平时多下功夫，经常查阅有关书籍、资料并将用得着的资料摘录下来，注明资料的出处，以便在演讲时引用，这能提高演讲的效果。材料准确性的另一个方面是用词准确性。任何一篇演讲的第一个要求是让人听懂，即演讲者的用词必须与听众使用的词汇一致。凡是演讲者使用的词汇、术语超出一定范围，就应该加以解释。特别是面对非专业性的听众发表有关专业方面的演讲时对专业词汇更应该进行解释。

为了保证材料的准确性和可靠性，我们可以对材料进行刨根问底。例如，在材料中有哪些人？他们在做什么？他们是什么时候做的这些事情？这件事情发生在什么地方？为什么要做这些事情？他们是怎样完成这件事情的？这些问题可以帮助我们了解材料的情况，帮助我们辨别材料的真假，帮助我们理清材料的脉络，完善我们的演讲，同时，还可以帮助我们避免在演讲时闹出笑话。

(二)选出有新意的材料，舍弃平淡的材料

有新意的材料，指的是能够成为演讲的依据，同时是大部分听众没有听过或者没有想到过的材料。

演讲时为什么要使用有新意的材料？一是为了使信息更有价值，二是为了表现魅力。世人常说，世界上没有两片完全相同的树叶，人不能进入同一条河。这是因为事物是不断变化的，而人更喜欢多变。相声、小品演员经常抱怨说，他们要不停地变换段子，因为再好的段子，观众看过几次后也就会失去兴致。同样，一首非常好的流行歌曲也不能长期占据榜单的前几位，这是因为人们喜欢多变的事物。

一名女性如果在街上或者宴会上和其他人撞衫，那是非常尴尬的一件事。但是，许多人却不断地重复他人的思想、观点和见解，甚至乐此不疲。这样的信息没有价值，更没有吸引力。信息没有吸引力，就不能打动人心，就是老调重弹，陈词滥调往往使人听不进去、不感兴趣。我们对人讲话、与人交际，不仅要利用新材料，而且要在思想和内容上有新颖的东西。

内容新是指演讲要有新意，谈论问题要有超越一般、不同凡响的感受和见解。比如谈论"怎样看待人体美？""离婚率的上升说明了什么？"这一类的题目，往往会引起别人的注意和兴趣。这就是选取新题目，有新发现。可口可乐是目前世界上畅销的饮料，可口可乐公司推销成功的秘诀是什么呢？就是广告有新创意，与众不同。

在某次会议上，主持人请某企业领导讲话，他谢绝了。理由是：一时讲不出新的意见，与其重复别人的话，不如少说，最好是索性不说。这位领导的做法值得提倡。实际上那种一讲老话、套话就没个完的现象真的比比皆是。有些人讲起话来滔滔不绝，可往往是打着官腔，说套话，信息量很少，缺乏给人以启迪的东西，甚至只是起到了留声机、传声筒的作用。听这种没有新意的讲话，实在是味同嚼蜡，令人生厌。有个知名人士做报告，这里讲，那里讲，一年之内每次所讲的内容都如出一辙。试想，社会在变，听众在变，可报告者如此一成不变、墨守成规，还有什么价值和吸引力呢？即使这个报告起初内容不错，可是日复一日地重复也早让人生厌了。

要做内容有新意的演讲当然有许多方法，首先要有自己的个性和积极的自我意识，要敢于标新立异。如果一个人不能发现和发挥自己的与众不同，不敢表现真实的自我，就不可能用自己的语言表达自己的思想感情，演讲就没有生命力。

(三)选择幽默风趣的材料，放弃枯燥呆板的材料

演讲要想引起听众的兴趣就要选用新颖的、生动有趣的、寓意深刻的材料。吸引听众的有趣材料是演讲的调味品。适当地使用诙谐幽默的材料将在吸引听众方面起重要的作用，它可以帮助你消除紧张感，委婉地表达自己的意见，巧妙地解除窘境，甚至可以出奇制胜。使用给听众设悬念的办法，也能增加演讲的趣味性。演讲者可根据听众的心理，在演讲中提出问题，然后解答问题，使听众的思路和注意力自始至终跟着演讲者的思路走。

除了对材料有以上的要求外，还需要树立吸引意识，讲求语言有魅力，内容有新意，做到说话方式巧妙一些。如果你的某一次演讲在语言上难以做到妙语连珠，内容上也不够新颖，那么只要在表达方式上比较巧妙，也会具有吸引力，就像"新瓶装旧酒"，使人精神一振，从而获得成功。

说话方式是指语言表达与交流的诸种因素如何组合搭配。口语表达的角度、语句的顺序、悬念的设置、对比的效果和怎样利用仪表、体态、时间、空间、气氛、物体等非语言

形式，都属于说话方式。处理好说话方式与各要素之间的关系，需要在平时多加留意，积累经验。

所以，如果演讲者演讲的内容不够新颖，材料也不够幽默有趣，那么他可以试试改换说话方式，也能收到良好的效果。

(四)选材要紧紧围绕主题

主题是选材的依据。选择材料必须紧紧围绕主题，选择材料时必须考虑它能否有力地支持主题或为主题服务，否则，再生动的材料也不能用，即坚持这样一条原则：凡是能突出、烘托主题的材料就选用，否则就舍弃。能够有力支持主题的材料一般包括：演讲者自己被感动的材料，演讲者亲身实践证明了的材料，听众感兴趣的材料等。

在公元前 44 年，古罗马的布鲁图斯等人说，恺撒大帝是暴君、有野心。恺撒的重臣安东尼为了驳斥他们的诡辩，在恺撒的葬礼上为恺撒做了辩护，在辩护词中，选择了这样三个材料："他从前曾获胜边疆，所得的财富都归入国库……"(这不是私心，而是公心)"他听到穷人的呼唤，也曾经流下泪来。"(这不是暴君，应是富有同情心的好君主)"那天过节时，你们眼睁睁地看着，我三次以皇冠劝他登基，他三次拒绝。"(这不是野心，而是虚心)

这些材料都紧扣主题，直接支持和证明了自己的观点，从而产生了无可辩驳的说服力。

二、正确安排要点的方法

收集到足够的材料以后，把所有的想法根据演讲题目进行筛选，保留自己满意的部分，然后对它们进行综合，最后做到前后连贯。这个过程涉及很多步骤，主要包括：产生想法，把想法归类，把每类综合起来，然后重新过滤、调整并且理顺各种想法的关系，最终确定各个要点。

(一)广泛收集想法

在准备演讲时，不要限制自己的思路。把你觉得演讲中可能提到的内容随手记下来，不管这些内容是在收集材料还是在整理准备放弃的材料时碰到的。不要对任何想法心存偏见或轻易抛弃，把它写下来，现在不必为你记录的内容排列顺序。加快工作速度，即使其中有些只是另一种想法的不同表达或者与另外一些想法截然对立也不要在意。除非已经积累了充足的原材料，否则无法着手进行整理。

(二)整理归类想法

可以采用许多不同的办法进行组织整理，选择适合自己的一种或几种方式，加以组合，起决定作用的可以是视觉效果或者演讲内容。

1. 基础的、可行的提纲

组织演讲内容最传统的办法是采用阶梯形的、缩格提纲的格式，但是在确定提纲的时候不要自我局限地认为只能用正式的、完整的句子列出提纲。用完整的句子列出提纲对清楚表达要点和分要点很关键，但是运用主题提纲这种比较灵活的形式也很有好处。

可以尝试采用不同的办法整理思路，不要把时间浪费在措辞或格式上，以不同的方式对各项内容加以整理，使得它们能够和谐地组织起来，直到发现一种紧凑而清晰明了的结构为止。

2. 概念图

概念图是一种理清思路的方式，通过它可以直观表示某些概念之间的相互关系，可以按照其基本形式很快绘制简单的图表，用中间标有说明的圆圈或方框表示，再用线把它们连起来。

从核心想法、主题入手，在一张纸的中间画圆圈或方框。然后利用整理的想法，对其加以扩展，围绕主题写出几个要点，留出足够的空白以备将来补充分要点。围绕最初的想法会出现若干新想法，把脑海中产生的新想法写下来，用线将相关的要点连起来。

3. 调整可移动的想法

把内容分布在纸上各个部分，它也可以类似于列提纲用线性方式连接内容。比如，可以把自己的想法在记事贴上记下，把它们粘在墙上或桌上。可以根据主题把它们集中起来，把某一组的某些部分移到另外一组，直到对整体结构感到满意为止。或者，如果更喜欢以线性方式考虑问题，则可以根据记事贴上的内容制定原始提纲，提纲可以写在任何地方，包括缩格记录的分要点。

另一种可行的方式是从收集资料的笔记卡片入手，在卡片上添加自己的想法。建议在查阅资料时使用笔记卡片在上面注明标题。可以从这里着手写下自己的看法、过渡句，并再用一些卡片进行综合，把它们插在认为适当的地方。像记事贴一样，可以随意改变顺序和模式，尝试变换多种处理主题的方式。充分展示每种组合方式的优点，不要急于下判断、做选择。让自己享有充分的自由，能够随意调换各个部分，直到满意为止。

经过这个过程，就为自己的演讲准备了好几个可能的要点。下一步是选择最能满足演讲目的、效果最佳的要点。

(三)要点应独立且符合主题

看到论点陈述句，就应该想演讲中应该包括哪些要点。明确必须做出回答的核心问题。一旦明白主题涉及的内容，就能用论点陈述句检验提纲中的要点了。除此之外，还要注意挑选彼此独立的要点。

为了尽可能清晰明确地说明问题，要点应该彼此独立。每项都应该排除隶属于另一项的可能性。用简单的话来说，这条法则就是我们常说的一句格言："任何东西都有其所归和所属。演讲者面临的挑战在于找出一种可以恰到好处地把所有内容加以安排的条理。"

当尝试把各项内容归为几个要点时，发现有些内容既可以属于这个要点，也可以属于另一个要点。出现这种重叠现象时，说明自己还没有理清思路，还没有为所有内容找到一个有效的分类系统。如果自己不知道某项内容应该放在什么地方，听众当然也不会明白。

给要点分类的时候要遵循单一的原则，使得各项内容可以归入某个要点，并且只能归入这个要点，这一点最重要。

往往会碰到这种情况，即某项内容在两个要点之间很难决定把它归入哪一类，对普通听众来说，最好的办法是把问题的范围缩小，排除某些模棱两可的要素，必要时把这些问题留到听众提问时解答。

如果一项内容可以放在两个地方，说明自己的要点不能彼此独立。如果一项内容不能放在任何地方，这说明离题了。

(四)确定要点的数量

作为演讲者，应该围绕几个要点整理自己的内容和思路。如果把每条思路都作为要点，结果弄得没有机会扩展其中任何一条。如果分要点过于庞杂，就无法从中抽象出适合演讲主题的东西。此外，如果只有一个要点，那么基本上只有主题，谈不上所谓的整理和组织演讲。

还有一点值得大家注意，就是要点如果超过五条，听众就难以记住了。重要性相同或逻辑作用平行的要点称为并列要点。用于解释、支持或服务于其他要点展开的逻辑推理过程，重要性稍弱的要点称为分要点。必须明白各种要点之间的关系只是相对的。演讲的每项内容都既是并列要点，又是分要点，这也是对其他内容的概括。

逻辑推理类似于说明内容之间从属和并列关系。例如，汽车是一种有效的货物运输方式，因为汽车运输的目的地覆盖范围相当广，汽车的设计形式多种多样，灵活多变，汽车相对易于操作。

显然，原因从属于它们所支持的要点。

安排演讲内容时用于证明要点的论据不能与要点具有同等的重要性，或与要点并列。

第三节　运　用　材　料

一、演讲稿应亲自撰写

加里宁讲过："要演讲就要做准备，写演讲稿。这就逼你研究得更深刻。因为写演讲稿时,每一个字、每一个意思都得考虑周到。"英国演讲家丹尼尔·韦伯斯特则批评那些不准备演讲稿的人"就好比未穿衣裤出现在众人面前一样"。

遗憾的是有些演讲者不自己写演讲稿,一收到别人的邀请参加演讲时,便找人代写演讲稿,以至于经常会在演讲现场闹出不会读或读错字的情况。

演讲是情感的言行外化,如果演讲者以另一种角色来体现别人为他准备的演讲稿,其间肯定存在一定的距离,不可能表达得那么亲切、那么自然。也许不可能全面地理解演讲稿的思想内容,也许不可能深层次地把握演讲稿的感情基调,也许不可能完整地体现演讲稿的语言色彩,表达时只能照本宣科,言不由衷。平时要充分储存素材,"长期积累,偶尔得之",有丰富的知识底蕴为基础,创作就会文如泉涌。

如果素材"存款"不多,那就只能"临时抱佛脚"了。首先可请教有经验的演讲者如何整体地把握演讲稿,然后尽量收集材料,占有材料,多多益善。只要与主题有关的,不论是现实的、历史的、理论的、事实的,正面的、反面的,都要把材料一个一个分类用卡片整理好,然后理出线索,定好提纲,写成初稿,进行修改,"文章不妨千次磨"。

选的材料要尽量是发生在身边的事、最近的事,不要太大、太远、太旧,不要抄袭,要有自己的议论、自己的抒情、自己的事例。"以我口传我心中之声,以我手写我心中之言。"

演讲稿由自己写,至少有以下几点好处。

(1) 增强信心。自己对自己的演讲稿有一种亲切感、满足感,相信"熟能生巧"。

(2) 便于记忆。写演讲稿时已调动了各种感官,加深了对演讲稿的理解,记忆时当然就轻松多了。

(3) 利于表达。演讲稿从内容到感情,从修辞到逻辑,从字词句到篇章结构都是按自己的需要设计的,有利于感情的抒发、口语的表达。

(4) 便于发挥。演讲中如果有一条非常清晰的逻辑线索,备稿时就了然于胸了。演讲中可以在此基础上灵活变动,临场发挥。

二、演讲稿应如何选题

大部分的演讲有一个特定的讲题范围,只是范围有大有小罢了。

一般来说,生活中常用的演讲如大会演讲、祝词、贺词、悼词等选题范围比较灵活,一些为听众所喜爱、所关心的话题均可选取。一些带有较浓厚专业色彩的演讲如军事演讲、外交演讲、法律演讲、学术演讲等讲题相对确定些,灵活变动的范围不是很大。赛事演讲的命题范围有两种,有些活动的余地很大,有些余地小些。无论是什么类型的演讲,无论是选题的范围宽或者范围窄,选题时都要做到立足时事热点,抓住社会焦点,适合听众的论点,寻求奇特的激发点,讲出新颖的观点。这样,你的选题才能别具一格,你的演讲才能脱颖而出。

在一次以"交通安全在我心中"为主题的演讲比赛中，有位演讲者分析这个主题后，认为很大一部分选手可能会立足于"人们交通意识淡薄而产生的危害"这方面，演讲中展示在听众面前的可能是骇人听闻、惨不忍睹的血腥事件。这样，几十名选手讲下去，听众会听得喘不过气来。时间长了，就产生知觉的倦怠。思索之后，这位选手准备从新的角度去体现，于是选择现代生活中这样一种现象切入：很多人不懂交通安全，以致不理解交通警察，致使交警的工作举步维艰，如果全社会都理解交通警察，支持他们的工作，交通事故将会减少。斟酌再三，确定了以"奉献与理解"为题，通过赞颂交警默默耕耘为祖国、无私奉献为人民的精神呼唤人们理解他们。这位选手的演讲似乎为比赛吹来了一股清凉的风，赢得了听众热烈的掌声。

三、演讲稿应如何选材

演讲时选材如果能独具匠心、别具一格，本身就是很吸引人的。如果生搬硬套，拾人牙慧，步人后尘，无异于第二、第三个把姑娘比作鲜花的人——落入不是"庸才"，便是"蠢材"的可怜境地，给听众带来的是难以透气的沉闷。要选取一些典型、生动、鲜为人知的材料，让人觉得你的演讲有新东西、新信息、新见解。立意高，思维性才能强；角度新，吸引力才能大。

心理学研究表明，人的大脑对各种信息的接收是有选择的，往往选择那些新奇古怪的与自己有关的事。社会在进步，一日千里；时代在发展，突飞猛进。新的人物、新的性格、新的问题、新的经验、新的成就以及新的教训俯拾即是。只要我们认真观察，处处留心，是不愁找不到新的演讲材料的。

四、演讲题目应怎样确定

演讲的题目是演讲开头的"开头"。演讲的题目要立意精当而深刻，文字新颖而优美。演讲前无论自己说出的题目还是主持人介绍的题目均要让听众"一听便知，过目不忘"。这就要求题目的确定做到简洁、新奇、意远。题目太长了，听了、记了后面，忘了前面，题目太旧了会给人一种"似曾相识"之感，提不起精神。还要注意的是，除了一些政治性类型的演讲与一些篇幅太长的演讲外，最好不要在演讲中出现小标题。

可以从以下几个方面设计题目。

(1) 题目要具体生动，不要太长。像"未来的思考""伟大的历史，光明的未来""缔造现实、开拓未来""奋起吧，人们！"显得太空洞，演讲时只能东拉西扯，随意漫游。

(2) 充分运用修辞手法。运用修辞格选题能打破常规，体现新意。举例如下。

比喻法：《祖国——母亲》。

设问法：《良心何在》。

反问法：《服务于民，你能做到吗？》。

呼告法：《救救地球》。

引用法：《挥一挥衣袖，不带走一片云彩》。

对比法：《生与死》或《冰与火》。

婉曲法：《进攻"3800"高地》。

(3) 着眼"只言片语"，要求题目简洁。从字面上来说当然是以最少的字数表达最深广的内容。只言片语的题目又简单，又醒目，又好记，如《路》《选择》及《责任》。

(4) 感情浓缩其中。在演讲开头报上一个感情浓烈的题目是能引起"轰动效应"的。如果在题目之前插上几句简短的引语，运用朗诵技巧处理，效果更好。如：

"'慈母手中线，游子身上衣。'每当读到这句诗，我这个远方的游子总会油然而生一种对母亲的牵挂之情。我不能回到母亲的身边，只能诉感情于言语，寄托对母亲的深深祝福。这里，我给大家演讲的题目是《妈妈，您听我说》。"

这种类型的题目还比如《祖国，请相信您女儿吧》《为了我们的父亲》。

五、演讲稿的选词原则

演讲最忌空泛。有些演讲者总想在演讲中多用点"优美词语"，于是堆砌辞藻，咬文嚼字，趋于雕琢，而这正是演讲所忌讳的。演讲的选词要做到以下几点。

(1) 准确。演讲中词语要用对用准，否则"一字之失，一句为之蹉跎"。它要求演讲者在选词时掌握词语的含义，辨别词义之间的细微差别，把握好词的感情色彩、语体色彩。

(2) 洁净。单个的词语无所谓洁净之言。这里所说的是具体的演讲中要字不虚设，词不虚发。这要求演讲者在演讲时明确词的含义，不用重复词，不用无义词。

(3) 规范。演讲中要尽量避免深奥冷僻的词语。力避佶屈聱牙，晦涩难懂。

(4) 和谐。演讲语言要朗朗上口，生动悦耳。选用双声叠韵词、叠音词，注意押韵合辙，平仄相间，以增添演讲的音乐美、节奏感。

我们来仔细欣赏下面一段演讲词：

我梦想着，有那么一天，甚至现在仍为不平等的灼热和压迫的高温所炙烤着的密西西比，也能变为自由与平等的绿洲。

我梦想着，有那么一天，我的四个孩子，能够生活在一个不是以他们的肤色，而是以他们的品性来判断他们的价值的国度里。

我梦想着，有那么一天，就在邪恶的种族主义者仍然对黑人活动横加干涉的亚拉巴马州，就在其统治者拒不取消种族歧视政策的亚拉巴马州，黑人儿童将能够与白人儿童如兄弟姊妹一般携起手来。

我梦想着，有那么一天，沟壑填满，山岭削平，崎岖地带铲为平川，坎坷地段夷为平地，上帝的灵光大放光彩，芸芸众生共睹光华！

这就是我们的希望！这是我返回南方时所怀的信念！怀着这个信念，我们就能从绝望的群山中辟出一颗希望的宝石。怀着这个信念，我们就能变我们祖国的嘈杂喧嚣为一曲优美和谐的兄弟交响乐。怀着这个信念，我们就能共同工作、共同祈祷、共同斗争，甚至哪怕共同入狱。既然知道有朝一日我们终将获得自由，我们就能为争取自由共同坚持下去！

这是马丁·路德·金著名的《我有一个梦想》的最后一部分，演讲饱含激情，用词清新、具体、生动。读来流畅，听来悦耳。

六、演讲稿的炼句技巧

演讲是一个动态过程。演讲所形成的特殊情境给其中每一句话都赋予特定的意义。这要求演讲者在炼句时首先要从演讲整体出发，从演讲情境考虑，做到精短、严整、自然、亲切。先看下面一段演讲词。

十二年来，我饱尝了作为一个教师的酸甜苦辣与喜怒哀乐；十二年来，我更深层次、更立体地把握了教师的整体形象。教师是辛苦的，为了学生，他们夜以继日，整日操劳。教师是清贫的，为了别人，他们含辛茹苦，不计酬劳；教师是磊落的，为了事业，他们两袖清风，虚心清高；教师是伟大的，为了祖国，他们孜孜以求，不屈不挠。

这段话句式完整，匀称贯通，自然优美。

一般来说，除学术演讲、政论演讲较多地运用长句、散句外，演讲的语句以短句、整句为主。短句和整句各有特色。

短句指字数少、形体短、结构简单的句式，演讲中运用短句可以明快、活泼、有力地表达感情，简洁、干净、利落地叙述事理。

整句是相对于散句而言的。它紧凑有力，严密集中，匀称流畅。演讲在适当运用散句的基础上要多运用整句。整句包括排比、对偶、对比、顶真、回环等。

七、演讲稿中的修辞

(一)设喻

在演讲中，比喻技巧的运用是很广泛的。这是因为比喻能准确地讲解知识，形象地表达感情。在演讲稿《争气篇》中有这么一段话：

……洗去靡靡之音，摔掉酒瓶子，让我们与书这个"哥们儿"交上朋友吧！它不需要拔刀相助的江湖义气，只需天长地久地交往。让我们与知识这位热情的姑娘"恋爱"吧！它不需要大彩电和沙发床，只需孜孜不倦地热烈追求。

这里演讲者委婉的妙喻，引人深思。

演讲语言与书面表达不同，它转瞬即逝，应通俗化、口语化。除了学术演讲外，那种从概念到概念，从理论到理论，弯来拐去、悬而又悬的表达是不受欢迎的。因此比喻在演讲中发挥的作用就大了。

下面是美国黑人领袖马丁·路德·金《在华盛顿示威游行集会上的演说》演讲稿中的一段：

100 年前，一位伟大的美国人在《解放宣言》上签了字，今天，我们站在这个伟大的阴影下。这条巨大的法令就如一座巨大的灯塔，给成千上万的在不公平的毁灭性的火焰中烧焦了的黑奴带来了希望；这条巨大的法令犹如欢乐的黎明将结束那被监禁的漫长黑夜。

为了使比喻发挥更大的作用，演讲者可以临场设喻：就演讲的地点、场景、事物设喻，这样就更具说服力。

(二)排比

排比是由三个或三个以上的结构相同或相似、语气一致、成串地表达相关或相连内容的语句组成的一种句式。无论在叙事演讲、政论演讲，还是抒情演讲中，排比都被广泛运用。运用排比能使言语规整，语气协调，感情贯通，表达流畅。演讲的开头有排比，演讲的中间、结尾也有排比。演讲中，真是无处不排比。表达排比时一般采取开头慢、后面快的方法。下面看一则演讲词。

沿途中，壮观的瀑布，会刷净你的头脑；平静的湖水，会使你冷静思考；雄伟的山峰，会唤起你的激情；名胜古迹的内容，会引发你无限的遐想。

四层排比，热情奔放，层层推进，立意高远，振奋人心。祖国的美好景致历历在目，对大好河山的赞美之情呼之欲出。

演讲中运用排比能深化主题，增强说服力，如佩特瑞克·亨利的演讲稿《诉诸武力》。

我们的申请却遭到轻蔑；我们的抗辩招来了更多的暴行和侮辱；我们的祈求根本没有得到大家的理睬；我们所遭到的是被人百般奚落后，一脚踢到阶下。

运用排比句可以全方位地表达各种感情，喜悦、痛苦、亲切、庄重都可产生在其中。如下面两段：

一杯茶，细细品尝；一支烟，神游古今；一张报，看它半天。

教师是蜡烛，燃烧自己，照亮别人；是绿叶，默默生存，点缀生活；是渡船，迎着风浪，接送人们！

最后我们看看道格拉斯在 1854 年 7 月 4 日美国国庆大会上《谴责奴隶制的演说》演

第六章 演讲内容的设计

讲稿的精彩结尾。

7月4日,对美国的奴隶意味着什么,让我来回答吧。对于长期受压迫和受凌辱的奴隶,7月4日是一年中最屈辱和最残酷的一天。对于他们来说,你们今天的庆祝活动仅是一场骗局,你们吹嘘的自由只是一种亵渎的放肆,你们标志的民族伟大充满着一种骄傲的自负,你们的喧闹声空虚而没有心肝,你们对暴君专制的谴责无异于厚颜无耻的言辞,你们所唱的"自由平等"的高调更是虚伪至极,是对这些口号的本身的嘲弄。你们的祈祷与圣歌,你们的布道与感恩,连同一切宗教的游行与典礼,仅仅是对上帝的装腔作势的信奉,是欺骗,是诡计,是亵渎和伪善——是给罪恶的勾当蒙上一层薄薄的纱巾。

这里,犀利的言辞和愤怒的感情被如林的排比连成一片。排山倒海,轰轰烈烈,从而使谴责奴隶制的主题思想更加突出,论点更加鲜明,感情上对听众的震动也更大。

(三)设问

演讲时在适当的情境下进行提问可以拉近与听众的距离,满足听众的好奇心,创造宽松的气氛,使演讲者处于主导地位,请看下段演讲。

同胞们!敌人在践踏我们的领土,敌人在屠杀我们的乡亲,敌人在掠夺我们的财产,敌人在烧毁我们的房屋,敌人在蹂躏我们的姐妹,难道我们能容忍他们如此兽性大发、胡作非为吗?难道我们能让他们荼毒生灵、为非作歹吗?不能,绝对不能!怎么办,大家说怎么办?

强烈的情感鼓动点燃了听众对敌斗争的熊熊火炬,他们义愤填膺,异口同声:"与他们拼了!"这样,听众与演讲者心相连、语相通,一致说:"我们听你的!"

提问要适时而发。要在气氛很融洽的时候进行,这样听众才能很好地配合。当讲到现实生活中机构臃肿,办事艰难,又引起了听众的共鸣时,可以这样发问:"朋友们,我刚才说的这种'门难进,脸难看,事难办'的现象,你碰到过没有?"

在听众有一种强烈的探讨欲、表现欲时可进行提问。比如演讲中讲到"金钱"问题时,一般人对这个问题很敏感。可以这样问:"有人大声呼喊,'世上只有金钱好,没有金钱不得了',在座的诸位,您说对吗?"

提问是最易使演讲掀起高潮与最易走向低谷的手段,一定要把握住分寸。

要问得简洁。提问次数不能太多,每次提问要简短,问题的答案要让听众在很短的时间内能答出来,甚至在潜意识驱使下就能作答。切忌内容晦涩难懂,用词佶屈聱牙。如下面这个问题就提得不太好:"朋友们,有人说生活是美,有人说观念是美,你说呢?"

要问得真诚。除非在不得已的情况下,比如想通过提问来平息喧闹时,一般不要问得离奇,问得庸俗,问得莫名其妙,要示之以诚,发自真心。

提问要能放能收。要放得开去,收得拢来,一发不可收只会使演讲走向失败。要始终围绕主旨发问，使听众的回答处在你的"圈套"里。适当的时候可运用如"对啊""是啊""正像刚才那位朋友所说的一样"等词句。如果问题提出来后听众没有反应，自己要巧妙地引接下去。

八、语气要规范和谐

演讲中常常把相同或相似的语言单位排列在一起使用，给人以整齐一律、气势贯通、怡情悦目的美感。要达到这个目的，可以运用修辞手法中的排比、对比、对偶、回环、顶真等。比如道格拉斯的一段演讲。

为了你们，也为了我们，我真希望这几个问题能有肯定的回答！要是我的任务不致如此繁重，我的担子不致如此压人该多好啊！然而，有谁会这样冷若冰霜，以致民族的同情心也难温暖他的心？有谁会这样顽固不化，对于感恩的要求毫无反应，虽然不愿满怀感激地承认独立给我们带来的无价恩惠？有谁会这样麻木不仁，这样势利，在四肢解除奴隶制的枷锁之后，仍不愿为国庆节日献上颂歌？

以上这段演讲运用排比，语气强烈，感情充沛。

对比在演讲中也常见，例如：

原来的货币所有者，现今变成了资本家，他昂首走在前；劳动力所有者，就变成他的劳动者，跟在他的后头。一个笑眯眯，雄赳赳，专心于事业；另一个却是畏缩不前，好像是把自己的皮运到市场去，没有什么期待，只期待着刮似的。

这段演讲词运用对比活生生地刻画了资产阶级的狂傲、奸诈和威势，也描绘了被统治者的悲惨处境和苦难命运。

运用回环和顶真均可收到语气流畅、结构严谨、互相映照、循环往复的妙用。

回环例："科学需要我们，我们更需要科学。"

顶真例："希望是附丽于存在的，有存在便有希望，有希望便有光明。"

演讲中如果不求变化，过分地使用以上修辞技法也不行，显得单调、呆板，有矫揉造作之嫌。

九、演讲稿如何引用史料

美国宇航员埃德温·奥尔德林上校于1969年7月20日登上月球。返回地球时，他在美国国会上发表了一次讲话，其中有一段是：

科学考察意味着对未知世界的探索，人们根本无法预知全部结果。查尔斯·林白说过："科研成果不是最终目的，而是一条通向奥秘而又消失在奥秘中的道路。"

查尔斯·林白是美国宇航专家，此处埃德温引用他的话证明自己的观点，加强了表达的力度。

演讲中，适当地引用名人的言论、公认的史料、数据，以及广泛流行的成语、谚语等，可以更好地点明主题、佐证观点，使文义含蓄而富有启发性。成功的演讲都能巧妙地或明引，或暗引，或仿引古今中外、东西南北，使听众会心言外，深思彻悟。

演讲家李燕杰演讲时善于旁征博引，说古道今。听他的演讲可以驰骋九万里，纵横五千年。他有一次以"心上绽开春花，芳草绿遍天涯"为题进行演讲，整个演讲只有十来分钟，可引用的哲言、警句、诗文达二十多处。

斯大林在一次选民大会上的演讲中，批评了候选人中一些不正派的人，巧妙借引文学中的语言、人物形象、典故和传说来增强演讲的幽默感和讽刺力，使演讲意新旨远。

同志们，你们自己知道，丑儿家家都有……果戈理说：这种不正确的、不三不四的人，使你弄不清他们究竟是什么样的人，既不像人，又不像鬼……

我不能确有把握地说，在代表候选人中间和我们的活动家中间，没有那种在性格和面貌上很像民间所说的"既不像供神的蜡烛，也不像喂鬼的馒头"的人。

要注意的是引文要与行文完整统一，切忌东拼西凑，乱加标签，否则给人以生硬、做作之感，甚至叫人莫名其妙。

十、演讲稿中如何巧用俗语

谚语、歇后语是经过人们长年传诵、千锤百炼丰富起来的。它们寓意深刻、韵味隽永、结构固定、朗朗上口，用它们来形容、描绘事物形象生动、诙谐幽默。听众听来如饮甘泉，如嗅芳香。请看下面两个例句。

……行得正，走得直，身正不怕影子斜，虽然他们受到了一些人的诬蔑，虽然有时不被理解，但我们相信，路遥知马力，日久见人心。他们的付出是会得到人们理解的。

这里两处用了谚语，很有说服力。

我虽然是一个普通的农民，有些人对我们农民有"土包子""傻帽"之"尊称"，他们是从门缝里瞧人——把我们看扁了。但在这里，我要大声疾呼：……

这里运用歇后语，生动形象。演讲中运用谚语、歇后语要注意以下几点。

第一，不能太多。谚语、歇后语有俏皮感，但用多了显得轻佻浮滑。尤其是凭吊演讲、政治演讲更要少用或不用。否则会冲淡主题，失之庸俗。

第二，不能乱用。有些谚语、歇后语虽有一定的群众基础，但内容粗俗浅陋，不堪入耳。例如，"龙生龙，凤生凤，老鼠生来会打洞"，"茅厕里游泳——奋(粪)勇(涌)前进"，"穷人死在大路上——命该如此"等。

第三，要自然，完整，与正文融为一体。可以用一些提示语连接，如"有道是""俗话说"等。

第四，有些方言区的歇后语不能用。如："蜀嘴食胡椒——胡溜溜"(福州方言)，"狗吠老虎——唔知死"(客家方言)。

下面罗列一些朗朗上口的民谚。

(1) 百日连阴雨，总有一朝晴。

(2) 帮人要帮到底，救人要救到头。

(3) 补漏趁天晴，读书趁年轻。

(4) 不会做小事的人，也做不出大事来。

(5) 不怕家里穷，只怕出懒汉。

(6) 不怕学不成，就怕心不诚。

(7) 常在有时思无时，莫到无时想有时。

(8) 迟干不如早干，蛮干不如巧干。

(9) 尺有所短，寸有所长。

(10) 宁可正而不足，不可邪而有余。

十一、演讲稿如何巧用幽默

演讲中的幽默并不是去追求一种赢得听众一时哄笑的直观效果。那种哗众取宠、无聊打诨的低级取笑是演讲的大忌。演讲中的幽默应是演讲者或演讲中主人公高尚情操和完美人格的外化，是思想、学识、智慧和灵感在语言运用中的结晶，是一瞬间闪现的光彩夺目的火花。听众听来陶冶情操，健全人格。

演讲中运用幽默主要是批评丑恶，使人思索，令人回味，幽默体现含蓄委婉、生动形象、轻松活泼，给人一种温和、友善之感。正如哲学家莱卡尔说的："幽默不是轻蔑，而是爱。"

演讲中幽默产生于喜剧性的冲突、惬意性的误会、有趣性的错误。运用技法主要是讲笑话、讲故事；运用比喻、借代、双关、倒置、夸张、类比等；运用动作、表情、姿态配合。

马克·吐温的《无意剽窃》语言诙谐幽默，吸引听众。

当然了，我给霍姆斯博士写了封信，告诉他我并非有意偷窃。他给我回了信，十分体谅地对我说，那没有关系，不碍事；他还相信我们所有的人都会不知不觉地运用读到的或听来的思想，还以为这些思想是自己的创见呢。他说出了一个真理，而且说得那么令人愉快，帮我顺顺当当地下了台阶，使我甚至庆幸自己亏得犯了这剽窃罪，因而得到了这封信。后来我拜访他，告诉他以后如果看到我有什么可供他作诗的思想原料，他尽管随意取用好了。(笑声)那样他可以看到我是一点也不小气的。于是我们从一开始就很合得来。

从那以后，我多次见过霍姆斯博士；最近，他说——噢，我离题太远了。

得体的幽默轻松活泼、快乐滑稽、诙谐优美，赢得了听众的赞同。

幽默在演讲中要适度、适事、适时，不能太滥，不能太乱，否则让人感到俗气、不庄严。尤其是一些政治性演讲、学术性演讲、凭吊性演讲更要小心。

十二、演讲稿如何巧用数据

在古今中外的诸多演讲中，一个个、一串串、一组组的数字在其中发挥着奇妙的作用。这不仅因为数字清楚、明白，也因为数据说服力强，表达准确；还取决于数字运用于广泛的领域，很少受时空、形式、趋向等外界因素的限制，可以纵比也可以横比。数字宛如一颗颗晶莹透明的星座，散发着奇异的光彩，点缀着一篇篇演讲佳作。

当年美国政府决定修建尼亚加拉大瀑布水利工程时，赞成者与反对者争论激烈。有位赞成者运用数字演讲。

我们听说在国内有几百万民众是胼手胝足地过着日子，而且憔悴、显得营养不足。他们缺乏面粉来充饥，可是尼亚加拉瀑布，每小时都要无形中消耗掉与25万块面包价值相等的瀑布能力。我们可以想象到：每小时有60万只鸡蛋，越过悬崖，变成一块巨大的鸡蛋饼，跌到湍急的瀑布中。如果从织布机上织下来的白布能够有400尺宽，它的价值也等于尼亚加拉瀑布所消耗的能量价值一样……这是多么惊人的巨大消耗啊！对于这个无形的消耗，有人主张拿出一笔款子来利用这一个巨大的水能，想不到也有人来加以反对呢。

演讲者运用数字，浅显易懂，反驳有力。听者无不为之动容。

演讲中数字运用要准确、精当。不能含混、模糊，忌用"大致""大约""可能""好像是"等引导词。使用的数字宜用整数，不用过长的小数，并且尽量对数字进行形象性的解释。如下面的演讲词：

在兽性狂发的一个多月中，日本侵略军在南京屠杀了30万中国人！30万个人排起来，可以从杭州连到南京！30万个人的肉体，能堆成两座37层的金陵饭店！30万人的血，有120吨！

有时重视数字的尾数可让听众增加价值感。"今年年度营运指数上升率为5.317%。"

演讲中数字的运用要简洁、精巧，不要太滥太泛。如果太多会流于枯燥，而太少则容易产生听觉错混。

思考与练习

1. 演讲的材料如何收集？
2. 如何整理演讲的材料？整理材料的原则是什么？
3. 引用俗语撰写演讲稿应注意什么？试举例分析。

第七章　演讲的过程及风格

第一节　演讲的酝酿

"万事开头难",而"良好的开头是成功的一半"。

演讲正是如此。美国著名演说家洛克伍德·桑佩说:"在整个演讲过程中做到轻松地、巧妙地和听众交流思想是困难的。然而,做到这一点的关键是讲话开头的用字和表达。"所以演讲者要殚精竭虑、全力以赴准备好开头,设置悬念,讲究文采,引人入胜,力求一开口就能拨动听众兴奋的神经。如果能在开始就让听众产生一种肯定的心理,那么这种情绪将伴着他们听完你的整个演讲。

那么应该如何开始一个演讲呢?

演讲的开头方法很多,或单刀直入,或迂回进攻,或敞开发问,或试探而进。下面介绍几种方法。

(1) 开宗明义,一开始就亮出自己的观点,肯定什么,否定什么,批评什么,赞扬什么,和盘托出,清楚明了,如公元前 44 年罗马的安东尼在《为恺撒辩护》演讲中的开场白。

我今天来,是来安葬恺撒,并不是赞扬他的功德。我看人生在世,"好事入泥沙,坏事传千古"。这句话无疑是为恺撒说的。布鲁图斯是一个高尚的人,他告诉你们,说恺撒野心勃勃。若果真如此,自然是恺撒的大错。恺撒已死,也算是已偿了他的债了。今天承布鲁图斯的好意,准我演讲,所以我得在恺撒的灵前说几句话。

(2) 运用故事、笑话开头能吸引听众。

(3) 展示物件式,运用此法可以给听众以形象、新颖感,一下子抓住听众的注意力。

(4) 引用名人警句式,运用此法能启人心扉,振奋精神,如《人贵有志》的开头。

一个人要有志气。法国生物学家巴斯德在 18 岁时写过一段名言。他说：工作随着志向走，成功随着工作来！这是一条规律。立志、工作、成功是人类活动的三大要素……

（5）自我介绍式。介绍自己的一些个人情况，当然还可以插入些俏皮话来吸引听众。

（6）提问式，运用此法利于引起听众的注意，利于演讲者控制演讲气氛。麦克阿瑟在《责任·荣誉·国家》演讲稿中是这样开篇的：

今天早晨，我走出旅馆的时候，看门人问道："将军，您上哪儿去？"

一听说我到西点时，他说："那是个好地方，您从前去过吗？"

（7）新闻式。新闻的特点是"新"，说一则新闻可以吸引听众的注意，如罗斯福的一次演讲是这样说的。

昨天，1941 年 12 月 7 日——一个遗臭万年的日子，美利坚合众国遭到了日本帝国海空军部队的突然和蓄谋的进攻。

（8）修辞格式+猜谜语式+悬念式。

纵观世界上那些著名的演说家，甚至包括林肯、丘吉尔那样的演说天才都非常重视撰写演讲稿，并且是认认真真地写演讲稿。写演讲稿并非表示他们的无能，反而显示他们的明智、精心的准备和严谨的科学态度。

古今中外，成功的政治家无不把绝妙的演讲作为实现政治目标的第一手段。他们机敏睿智、伶牙俐齿、巧发奇中、一言九鼎，为维护国家、民族的利益，或游说，或劝谏，或答辩，或谈判，或演讲，或辩论，均以说话水平导航政治风云，左右形势变幻。

第二节　演讲的开场

演讲者应殚精竭虑、全力以赴对付好开头，力求一开口就拨动听众的兴奋神经。

良好的开头应如瑞士作家温克勒说的有两项任务：一是建立听众对演讲者的认同感；二是如字意所释，打开场面，引入正题。具体方法是语言新鲜，忌套话、空话；忌那些磨光了棱角的、听众不爱听的老话、旧话；语言准确，忌大话、假话；语言简练，忌空话、抽象话。

文章开头最难写，同样道理，作演讲开场白最不易把握，要想三言两语抓住听众的心，并非易事。如果在演讲的开始听众对你的话就不感兴趣，注意力一旦被分散了，那么后面再精彩的言论也将黯然失色。因此只有匠心独运的开场白，展示其新颖、奇趣、敏慧之美，才能给听众留下深刻的印象，才能立即控制场上气氛，在瞬间集中听众注意力，从而为接下来的演讲内容顺利地搭梯架桥。

听众对普通的论调往往不屑一顾，置若罔闻；倘若用别人意想不到的见解引出话题，造成"此言一出，举座皆惊"的艺术效果，会立即震撼听众，使他们急不可耐地听下去，这样就能达到吸引听众的目的。

平常多用的形式主要有这样几种。

一、以故事开头

在开头讲一个与所讲内容有密切联系的故事,从而引出演讲主题。1940 年 12 月 17 日,罗斯福总统终于在美国白宫记者招待会上露面了。

此时,正当美、英、苏等国家共同抗击纳粹德国的关键时刻。英国处在欧洲反法西斯侵略的最前线,由于黄金外汇已经枯竭,根本无力按照"现购自运"原则从美国手中获取军事装备。作为英国的重要盟友,罗斯福深知唇齿相依的道理。在反法西斯战争旷日持久的情况下,英国一旦被纳粹击溃,希特勒一朝得势,势必严重威胁到美国的全球利益。美国全力支持英国,是理所当然的事情。

但是,美国国会一些目光短浅的议员们只盯着眼前利益,丝毫不关心反法西斯盟友和欧洲糟糕的战局。而罗斯福却认为必须说服他们,使《租借法》顺利通过,以全力支持英国。他特别举行了一个意义重大的招待会。

"尊敬的女士们、先生们!"罗斯福在简要地介绍了《租借法》以后,紧接着就来说明他的设想了。"假如我的邻居失火,在数百英尺处,我拥有一条浇花的水管,要是赶紧借给邻居拿去接上水龙头,就可能帮他灭火,以免火势蔓延到我家。但是,在救火前要不要对他讨价还价?喂,朋友,十万火急,邻居到哪里去找钱。我想,还是不要他十五元为好,只要他灭火之后原物奉还。如果灭火后水管还好好的,他会连声道谢;如果他把东西弄坏了,他得照赔不误,我也不会吃亏。"

记者们紧追不舍,问罗斯福总统:"请问,总统阁下所说的水管一定是指武器了!"

"当然,"罗斯福毫不掩饰,"我只不过以此来阐述《租借法》原则而已。也就是说,如果你借出一批武器,在战后得以归还,而且没有损坏的话,你就不吃亏;即使军火损坏,或者陈旧了,干脆丢弃,只要别人愿意理赔,我想,你依然没吃亏,不是吗?"

这一番回答之后,再也没有人对此提出任何质疑与反驳了。

这种方式的开场白很能引起听众的兴趣,而且在语言操作上也比较容易,适合那些初学演讲的朋友使用。总之,你要注意的是,故事型的开场白一定要摒弃复杂的情节和冗长的语言。

二、开门见山

开门见山式的演讲开场白,也就是一开始就用高度凝练的语言把演讲的基本目的和主题告诉朋友,引起他们想听下文的欲望,接着在主体部分加以详细说明和论述,如《在马克思墓前的讲话》。

3月14日下午两点三刻，当代最伟大的思想家停止了思想。让他一个人在屋里总共不过两分钟，等我们再进去的时候，便发现他在安乐椅上静静地睡着了，但已经是永远地睡着了。这个人的逝世对欧美战斗着的无产阶级、对于历史科学，都是不可估量的损失。这位巨人逝世以后形成的空白，在不久的将来就会使人感觉到。

在这里恩格斯以极为简略、精当的话语明确道出了他这次演讲的主题。

开门见山型的开场白适合于比较庄重的演讲场合。因此，它要求必须具备高度的总结概括能力。

三、幽默的开场白

幽默型即是以幽默或诙谐的语言及事例作为开场白。这样的开场可以使听众在演讲者的幽默启发下集中精力进入角色，接受演讲。

因为笑话中人物鲜明、情节离奇、意义深远、俏皮幽默，所以在演讲开始讲一个笑话会令听众开心解颐，得到启示，在轻松气氛中领悟演讲的观点。

运用笑话开始演讲要轻松地去体现，要配合以微笑、点头等态势语，表现出真实情感；要用清楚而贴切的语言，不装腔作势；要正视听众，求得共鸣，讲之前不要急着做言过其实的应允或过分地谦卑，过高或过低的姿态都会使听众反感。

四、引用的开场白

演讲的开场白也有直接引用他人话语的(大多是名人富有哲理的名言)，它为演讲主旨做事前的铺垫和烘托，概括了演讲的主旨。

五、抒情的开场白

抒情的开场白主要借助诗歌、散文等抒情文学的形式，通过华丽的辞藻和汹涌澎湃的激情，感染听众，把听众带入诗一般的境界。多数参加演讲比赛的人喜欢运用这种类型的开场白。

林肯在为独立战争时期一位烈士的遗孀辩护时说：

现在，1776年的英雄早已长眠于黄泉，可是，他那衰老而可怜的遗孀，还在我们面前，要求我们代她申诉。这位老妇人从前也是一位美丽的少女，曾经有过幸福愉快的家庭生活，然而，她为美国人民牺牲了一切，到头来却变得贫困无依，不得不向享受着革命先烈争取来的自由的我们请求一些援助和保护。试问，我们能视若无睹吗？

六、演讲的承上启下

演讲，尤其是赛事演讲，一般来说，选手需要对演讲的开头、中间、结尾进行全面完整的设计。不可能也不太好做过多的临场更改，这似乎没有什么不妥的。如果你能独辟蹊径，逆向求新，巧妙地承接上一位或前面几位选手的演讲话题，或是他们演讲中的观点、动作等进行引发，效果将非同凡响。这种临场性的引发会给听众留下良好的印象。

第三节　演讲的悬念设置

李燕杰曾强调演讲应有"戏剧般的冲突"。这就要求演讲巧设悬念，变化有致，高潮迭出。恰当地使用悬念技法可以极大地调动听众的情绪，使演讲产生高潮。请看下例。

主持人宣布"下一位演讲者的题目《1 大于 2，1 大于多》"。古怪的题目有悖于常理，但悬念突出。只见演讲者镇定地走上讲台，拿出一张纸，上面写着：《1 大于 2，1 大于多》。演讲开始了："朋友们，我在这里要告诉大家的是 1 大于 2，1 大于 3，1 大于 4，1 大于多。"演讲者运用实物、言语对本显古怪的题目进行了更进一步的渲染，使观众产生一种强烈的好奇心，急迫地期待下文，以求得解释。接下来演讲者以计划生育为题旨，阐述道："'多生有害国家，多生有害人民，多生有害自己。''夫妻同育一枝花，利国利民又利家。'从这点上说，难道不是 1 大于 2，1 大于多吗？"(注：这种观点只适合当时的形势)释答了问题，解开了悬念，听众接受了观点。

设置悬念的方法很多，例如，可以运用与演讲内容相联系的实物，可以运用突然发出、与内容反差较大的情感，可以运用听众一时难以回答上来的串问，可以运用带有夸张色彩的动作，可以运用录音、幻灯、录像等设备。

悬念的设置要注意以下几点：新奇，产生出人意料的结果；形象，处在听众情理之中；到位，表达圆满自然。

一般来说，悬念设置在演讲的开头，这利于它贯穿整个演讲，也可运用在中间和结尾处。

下面看看利用录像效果设置悬念，以"懒惰走向失败"为题进行一次演讲。整个演讲由固执保守走向封闭、忍耐走向衰竭、虚伪无情走向混乱、懒惰畏缩走向死亡几个板块组成，每个板块前由与板块内容相关联而又有一定刺激作用的图像开始。听众在奇巧的演讲中产生对演讲观点的认可。最后放了一段美国几位运动员团结协作取得一次高难度障碍赛冠军的录像，就录像进行了这样的结尾安排："朋友们，记得所罗门有句名言，'懒惰者贫困，勤奋者富有'。面对懒惰，该说的我都说了，面对勤奋，尽在不言中。您看了刚才这段录像，想到了什么呢？谢谢！"

连锁悬念，环环紧扣。演讲结尾，再展高潮。当听众走出演讲大厅，仍是余音绕梁，深深思索。

第四节　演讲者的自我介绍

演讲者走上讲台，听众一般有一种陌生感、朦胧感，渴望了解演讲者的愿望很强烈。如果这时你能及时、准确、得体地做自我介绍，自我坦露，使听众得到满足，他们会很高兴的。自我介绍切忌背稿式的朗诵，不要让人感到你花费了很多时间在自我介绍的设计上。自我介绍能取得听众认同的最好方法是自嘲！

自嘲是运用嘲讽的语言，自己戏弄、贬低或嘲笑自己，以此外化出另一层意思，显得"表里相悖"。这就必须委婉达意、巧妙得体、格调轻松、俗而不陋，透露出豁达与聪明。

在演讲中，自我介绍要注意以下几点。

(1) 如果节目主持人已经介绍了，自己就没必要再介绍。如果觉得要补充的话，则要注意与主持人的介绍连成一体。某演讲者参加《理想与未来》的演讲，主持人是这样开场的："接下来是曾多次参加全国演讲比赛并获奖的国家级优秀演讲员，当代青年演讲家为大家演讲，大家欢迎！"显然，主持人忘了他的名字。只见这位演讲者立即上场接过话："我姓谢，谢谢的谢，叫谢伦浩。在这里首先要谢谢主持人对我的赞美，更要谢谢大家来听我的演讲，不过这里要把主持人刚才讲的'当代青年演讲家'改成'未来著名演讲家'。未来是美好的，我相信未来。让我们大家携手并进，共创未来。我给大家演讲的题目是《理想与未来》。"

(2) 一些赛事演讲由于时间控制严格，主持人会为你介绍，这时就没有必要再进行自我介绍。

(3) 自我介绍尽量精巧点。

第五节　演讲的进行

初次上场的演讲者容易犯的错误是速度太快，像放鞭炮似的噼里啪啦，一个调子，一个速度。他们提醒自己"慢慢慢"后，又趋于慢得平坦，慢得没变化。

这里提醒初次上场的演讲者，演讲的进行要灵活控制，有快有慢。

就听众对象来说：一些年轻的听众，精力充沛，反应灵敏，他们的思维和举止很敏捷，可快一点；对小朋友、老人家演讲，因为他们接受迟缓，反应不快，可把音节的时值拉长，语流中间停顿可久点，停顿的次数可多些。

就内容感情来说，讲述一些热情、紧急、赞美、愤怒、兴奋之类的内容时，不能以"毋庸赘言"代替，叙述那种无法控制的感情，即表示激动的态度时，叙述进入精彩高潮时可以速度快点。

表现一些平静、悲伤、庄重、思考、劝慰之类的内容时，讲述一些需要听众特别注意的事时，讲述有关数字、人名、地名时，引起疑问之事时要慢点。就环境而言，演讲场合大的，速度可慢点，场合小的可快点；听众情绪受到干扰时慢点，情绪旺盛时快点。

下面以丘吉尔的演讲《热血、辛劳、眼泪和汗水》的结尾处为例进行说明。

摆在我们面前的，是一场极为痛苦的、严峻的考验。在我们面前，是漫长的战争和苦难的岁月。你们问：我们的政策是什么？我要说，我们的政策就是用我们的全部能力，用上帝所给予我们的全部力量，在海上、陆地和空中进行战斗，同一个在人类黑暗悲惨的罪恶史上所从未有过的穷凶极恶的暴政进行战争。这就是我们的政策。你们问：我们的目标是什么？我可以用一个词来回答：胜利——不惜一切代价去赢得胜利。无论多么可怕，也要赢得胜利，无论道路多么遥远和艰难，也要赢得胜利。因为没有胜利，就不能生存。

大家必须认识到这一点：没有胜利，就没有英帝国的存在，就没有英帝国所代表的一切，就没有促使人类朝着自己目标奋勇前进这一世代相因的强烈欲望和动力。但是当我挑起这个担子的时候，我是心情愉快、满怀希望的。我深信，人们不会听任我们的事业遭受失败。此时此刻，我觉得我有权利要求大家的支持，我要说："来吧，让我们同心协力，一道前进。"

这段演讲，开始几句平稳缓慢，从内心发出质问："我们的政策是什么？"接下来加快说明现实的严酷。演讲者激情迸出，最后号召大家同心协力，一起前进。

总之，演讲要快慢适中。长时间的快会"供过于求"，引起烦躁，听众不易全面了解内容，理解感情；太慢则"供不应求"，听众注意力无法集中，情绪提不起来。

一、演讲应怎样设置称谓

演讲中无论开头、中间、结尾都可以适当地运用称谓。得体的称谓可以把演讲者的感情传导给听众，容易让听众与演讲者同欢乐、同伤悲，共希望、共思索。演讲中的称谓可分为泛称和特称两种形式。

泛称是指不分职业、不看年龄、不管层次的统称。这种称谓广泛用于多层次听众参与的演讲。

如"各位朋友和同胞""我的朋友们"，一般的还有"朋友们""同志们""同伴们""各位小姐、先生们""女士们、先生们""有相同爱好的青年朋友们""姐妹们"等。

特称是指在一些特殊行业、特殊年龄、特殊层次的听众面前用的称谓。例如，"副总统先生、议长先生、参众两院各位议员先生"(见于1941年12月6日罗斯福的《要求国会对日宣战》)，又如，"在座的各位老师""尊敬的教练""各位评委""未来的工程师们""尊敬的白衣天使""可爱的小朋友们""祖国的卫士们"等。

称谓要能反映出对方的身份、地位和双方的关系，更重要的是表达出演讲者的感情，融洽气氛，拉近距离。无论是泛称还是特称均要做到以下几点。

(1) 称谓要发自内心。句句有义，字字含情。语气要亲切，语速要缓慢。景克宁有一次到山西一所农业大学演讲，面对大学生他是这样称呼的："三晋热土，大地之子，绿色生命的守护神。"

(2) 称谓要轻快得体。在一般情况下可用"朋友们"称呼。当你没有了解听众的具体情况时不要乱用特称，以免喊错对象而闹出笑话。比如面对的是年龄大小不一的女听众，而你又是年轻男士，就不能称呼"女同胞们"。当你很清楚听众的职业、年龄等情况时最好用特称，特称比泛称更显得亲近些，听众有一种受尊敬感。

(3) 称谓要适时适度。可在开头结尾处，也可在感情高潮处，如诺曼底威廉大公的一段演讲。

我的勇士们啊！一个屡战屡败，对军事一无所知，连弓箭都没有的民族竟能陈兵列阵挡住我们，这岂不是奇耻大辱！背信弃义的哈罗王竟敢露面和你们作战，岂不叫人羞耻？令我十分惊异的是，将你们的亲属和我的族人艾尔弗雷德斩首，犯下滔天大罪的凶犯仍未授首。勇士们，高举战旗，奋勇前进吧！你们的叱咤之声将震动山河，东西回荡，你们的刀剑之光将气冲牛斗！

演讲中称谓不要过多，过多偏于空泛，听来很不好受。

(4) 称谓直接与感叹句、反问句、双重否定句连用，更能表达出一种强烈的肯定感情，起到振聋发聩、掷地有声的作用。如："难道还要我再说吗？朋友们，这令人咬牙切齿的税耗子就是这样吞噬着国家的财产，他们难道不该受到法律的严惩吗？"

二、营造逼真生动的语言环境

我们先看下面一段演讲词。

一天下午，轰隆隆，一发罪恶的炮弹拦腰削断了一棵碗口粗的大树。接着，轰隆隆……一连几发炮弹在战士们的周围爆炸。这时，受伤的战士继续匍匐向前，嗒嗒嗒……敌人的高射炮轰击着，战士们顺着山势往下滚，鲜血浸进了殷红的大地……

这段演讲词把绘声和描状结合起来，增强了演讲的视觉形象和听觉感受，逼真地烘托出战场的气氛，使听众宛如身临其境。

苏联著名幼儿教育家波维卡娅也很喜欢在教学中使用摹状手法，充分调动动作、姿态去表演，运用口技去摹声，使课堂充满笑声。

摹状主要运用形容词后附加重叠音节的方法，如"绿油油""红彤彤"。

还有变迭法："滴滴答答"，"郁郁葱葱"。

还有直音法:"黑咕隆咚","轰"的一声。

摹状的最大作用是诉诸人的感觉。举例如下。

描写:"哒哒哒哒地跑过跑道","风嗖嗖地吹着"。

象声:"牛哞哞地叫","狗汪汪地叫"。

拟态:"波涛滚滚地涌来"。

三、运用排比技巧表达各种情感

排比是由三个或三个以上结构相同或相似、语气一致的语句成串地表达相关或相连内容的一种句式。无论在叙事演讲、政论演讲还是抒情演讲中,排比都被广泛运用。

另外,在演讲中,一些特别要强调的字词,一些特别要加固的感情可以采用重复的方法去表现,如罗斯福1941年12月9日在对日宣战后向全国广播的"炉边谈话"。

10年前,在1931年,日本入侵中国——未加警告;

在1935年,意大利入侵埃塞俄比亚——未加警告;

在1938年,希特勒侵占奥地利——未加警告;

在1939年,希特勒入侵捷克斯洛伐克——未加警告;

同样在1939年,希特勒入侵波兰——未加警告;

在1940年,希特勒入侵挪威、丹麦、荷兰、比利时和卢森堡——未加警告;

在1940年,意大利先后进攻法国和希腊——未加警告;

而今年,1941年,轴心国家进攻南斯拉夫和希腊,控制了巴尔干——未加警告;

还是1941年,希特勒入侵俄国——未加警告;

而现在日本进攻了马来西亚和泰国,以及合众国——未加警告。

这里罗斯福十次反复使用"未加警告"强烈地呼吁和唤醒人们,如果继续放任法西斯,他们将更猖狂地践踏人类。

这里运用的是同一重复的方法。

演讲中为了防止格式的雷同,可以采取详略变化的方式重复,如"我是一棵小草,一棵秋冬以后枯萎在路边的小草"。

所谓重复,就是用相同的言辞复述某一观点或某一句话,分为重复语词和重复叙述两种。前者是对相同语词的重复,后者是运用不同语词表达同一重复的观点或内容。使用重复手法,可以加深感情的程度,加大语言的力度,强化演讲的节奏。

运用重复,切忌走向啰唆,比如下面的演讲词就犯了啰唆的禁忌:"朋友,刚才我所说的就是事实,活生生的事实。什么是事实呢?刚才我说的是事实。"

以下一些场合可以运用重复手法。

(1) 演讲内容新颖独特。

(2) 演讲的话题与听众既往经验相矛盾时。

(3) 听众对演讲中的一些理论难理解时。

(4) 听众不喜欢演讲的内容，情绪低落时。

(5) 演讲者感到应着重强调的地方。

四、怎样才能增强情感的力度

反问是指用疑问形式表达确定的思想内容的一种形式。反问寓答案于问句之中，思想内容恰与字面意义相反。在演讲中用好反问句能加强语气，把意思表达得更加鲜明。由于反问句带有感叹语气或疑问语气，比正面陈述更有激发、鼓动力量，更能唤起听众的思想和激情，因此具有很强的感染力和鼓动性。

佩特瑞克在演讲时很喜欢运用排比，把听众的情绪推向高潮。例如：

战争实际上已经爆发。兵器的轰鸣即将随着阵阵的北风而不绝于耳！我们的兄弟们此刻已开赴战场！我们岂可以在这里袖手旁观，坐视不动！请问一些先生们到底心怀什么目的？

他们到底希望得到什么？难道无限宝贵的生命，无限美好的和平，最后只能以戴镣铐和受奴役为代价来换取吗？……

演讲中，设问与反问经常连用，设问、反问与排比、递进、感叹经常套用，如古罗马演讲家西塞罗《第一篇控告卡提利那辞》的开场白。

卡提利那，你恣意地滥用我们的耐心还要多久？你疯狂地嘲笑我们何时才了？你肆无忌惮地炫耀自己的无耻行为有无止境？难道无论是帕拉提乌姆山冈的夜间警戒，无论是罗马城里的夜间巡逻，无论是全体人民的惊恐，无论是所有的高尚人的集会，无论是选择这一受到严密保卫的地方作元老会场，无论是元老们的脸色或表情，都未能使你有所触动？你难道看不出你的阴谋已被在座的人们识破而难以施展？你以为我们当中谁都不知道你昨天夜里干了什么？前天夜里干了什么？这两夜你待在哪里了？……

这段演讲词开头是设问，问而不答；中间部分是反问；后面是设问。演讲者将设问、反问、排比、感叹、陈述诸种句式融为一体，使感情更加强烈，气势更加宏大。

在演讲中，巧妙地用好双重否定也可收到强调的效果，如："我们并非不求上进、不思进取的一代。"运用双重否定要把握好否定词，用得不好，适得其反，如："大家在论辩时，没有一个人不认为论辩的超水平发挥，不是知识丰富的结果。"这里连用了"没有""不认为""不是"三个否定词，使表达出来的意思与本义恰恰相反。

五、演讲中如何巧妙朗诵诗文

被戴尔·卡耐基称誉为美国最有感染力的演讲家之一的福尔敦·希恩主教每次演讲总

是慷慨激昂，谈论自己有激情的话题，而他运用的技巧是喜欢在开头或结尾朗诵一段感人的诗歌。

演讲中运用声情并茂的朗诵可以更好地营造气氛，引领听众进入演讲意境之中。例如：

我是你的十亿分之一，／是你的九百六十万平方公里的总和；你以伤痕累累的乳房，喂养了——／迷惘的我，沉思的我，沸腾的我。／那就从我的血肉之躯上去取得，／你的富饶，你的荣光，你的自由。／祖国啊，我亲爱的祖国！

朋友们，每当我看到"祖国"这个字眼，我就情不自禁地想起了舒婷的这首诗《祖国啊，我亲爱的祖国》！

这里以声传情，以情托声，声情并茂，这样的开头很有吸引力。

演讲的中间也可在感情强烈处加上一段朗诵，宛如一颗闪亮的星星，点缀着演讲气氛的空间，为演讲平添几分光彩。

季米特洛夫1933年在莱比锡法庭的最后辩词中就曾引用了歌德的诗。

警官海勒在法庭上读了一首共产党员写的诗，以此证明共产党员在1925年放火烧国会。该诗选自一本1925年出版的书。请允许我也引用一首诗，一首由最伟大的德国诗人歌德写的诗。

要及早学得聪明些。／在命运的伟大天平上，／天平针很少不动；／你不得不上升或下降；／必须统治和胜利，／否则奴役和失败，／或者受罪，或者凯旋，／不做铁砧，就做铁锤。／不是胜利，便是失败，不做铁砧，就做铁锤！

清算账目的时刻终会到来，而且要加上利息！国会纵火案的真相以及真正罪犯的判定，将由未来无产阶级专政的人民法庭完成。

伽利略被判刑时，他宣告："地球仍在转动！"

我们共产党人今天也怀着同伽利略一样的决心宣告："地球仍然在转动！"历史的车轮滚滚向前，向着最后的、不可避免的、不可遏制的必然要达到的目标——共产主义。

这里感情浓缩，寓意深长，深深地打动着听众。

演讲结尾是运用朗诵较多的地方。

丘吉尔任英国首相期间，正逢第二次世界大战，有一次他发表演讲，结尾引用了英国诗人克拉夫诗作中的一段：

当那疲乏无力的浪花向岸边冲击，／仿佛是寸步难进了的时候。／远远地，通过小河小溪的流灌，／正静静地汇成一片汪洋。／当晨光初照人间，／那光芒岂止透过东窗；／太阳在前缓缓地上升，／多么缓慢啊！／但是请看西边，／大地正是一片辉煌！

这里丘吉尔引用诗人的诗句结尾，表达了对战争胜利的期望和信心。

演讲中的朗诵可选用诗段、散文、杂文、台词、歌词、名人警句等。表达时要自然真挚。切忌为了朗诵而朗诵。因此，演讲稿忌通篇运用诗歌形式表达。

怎样才能使演讲口语化？演讲中要多用贴近人们现实的轻松自然、通俗流畅的口语，如多选用儿化名词、象声词、叠音词、语气词、民谚、歇后语等。但有很多演讲者很难做到这一点，他们的演讲似乎每一句话都是经过精心雕琢似的。请看下例：

探索，贯穿于人类前进的每一步，自从地球上诞生了人类以后，探索就成为人类的主旋律，探索就成了人类忠实的伴侣。它伴随着人类发现一束又一束真理的光芒，伴随着人类一步又一步从愚昧的沼泽走向文明的净土，伴随着人类步履艰难地从黑暗的蒙昧时代步入光明的理性时代……

这段演讲中长句多，深奥的词语多。"愚昧的沼泽"及"文明的净土"，表现这样的文字时，很难讲得出口，只能是"念"或"诵"，因此缺少感情。

演讲表达的口语化可以通过下列方法做到。

(1) 少用文言词，多用现代词汇；

(2) 少用方言词，多用通用词汇；

(3) 少用书面语，多用口语词汇；

(4) 少用抽象语，多用形象词汇；

(5) 少用学术语，多用普通词汇；

(6) 少用连接词，多用动态词汇；

(7) 少用成语，多用俗语。

六、演讲时如何运用事例

"事实胜于雄辩"，演讲中如果没有典型、生动、感人的事例作为依据，再动听的语言也是苍白、空乏的。

黑格尔说："演讲家不能只把主题和目的简单地演绎为抽象的概念，而且还要用事实来说理。"演讲的事实要生动具体。唯其如此，才能使演讲引人入胜。

大千世界，丰富多彩，作为"万物之灵长"的人表现出来的感人事迹是数不胜数的，大到名人领袖，小到百姓平民。遗憾的是，我们有些演讲者总是喜欢列举一些尽人皆知的名人趣事、逸事，似乎觉得只有名人的言行才有震撼力。不可否认，名人事迹有一定力度，能收到"权威效应"。如果千篇一律，听来就会索然无味，面目可憎了。另外这些名人一般不在我们身边，时间悠久、地域相隔遥远，听众容易产生"身外之物""可望而不可即"之感，并以此产生逆反心态。

这就告诉我们，演讲中也可以举一些发生在身边的让人感到亲切可信的事例。它们具体、生动、实在、说服力强。可以这样说，"下里巴人"更易走入"寻常百姓家"。励志大师戴尔·卡耐基的学生千千万万，有总统、伯爵、牧师、邮差、家庭主妇、教师、工人。他教给学生主要的是战胜自己、消除烦恼的方法。每次新开课，他总要把一些以前取得好成绩的学生介绍给新生,其中大部分是一些普通的人。因为他觉得这样更能使学生相信,这些学生就生活在他们中间,平时常可见面,很真实。

七、演讲中正反用例有何技巧

在一次以"孝敬父母"为主题的全国演讲比赛中,有位演讲者以"愿天下父母都幸福"为题参加了比赛,演讲中列举了正反两个事例。

刚刚过去的星期天是我十六岁的生日,那天,我首先想到的就是要感恩父母,因为有了父母才有了我,才使我有机会在这五彩缤纷的世界里体味人生的冷暖,享受生活的快乐与幸福,是他们给了我生命,给了我无微不至的关怀。儿女有了快乐,最为之开心的是父母;儿女有了苦闷,最为之牵挂的也是父母。舐犊情深,父母之爱,深如大海。因此,不管父母的社会地位、知识水平以及其他素养如何,他们都是我们今生最大的恩人,是值得我们永远去爱的人。

然而,同学们,你们是否扪心自问过:我对父母的挂念又有多少呢?你是否留意过父母的生日?民间有谚语:儿生日,娘苦日。当你在为自己生日庆贺时,你是否想到过用死亡般的痛苦让你降生的母亲呢?是否曾真诚地给孕育你生命的母亲一声祝福呢?我们中国是一个文明古国,自古讲求孝道,孔子言:"父母之年,不可不知也。一则以喜,一则以惧。"也就是讲,父母的身体健康,儿女应时刻挂念在心。但据报道,今年北京某中学的抽样调查却显示,有近50%的学生竟不知道自己父母的生日,更谈不上对父母的生日祝福。同学们,或许一声祝福对自己算不了什么,但对父母来说,这声祝福却比什么都美好,都难忘,都足以使他们热泪盈眶!

像上面一样,在一篇演讲词中正反事例两相对照、观点鲜明、感情强烈,可以收到很好的效果。因为正面事例能鼓励人们奋发向上,寻求一种美好的精神境界,而反面事例则鞭挞丑恶、抨击虚假,使人受到教育,二者相得益彰。

八、如何委婉表达演讲稿

演讲中运用婉曲技法可以含蓄地表达内心的不满和意见,艺术地表达不便直言的事情,婉转地批评丑恶与谬误。运用婉曲技法可以使气氛风趣轻松,易使听众接受你的观点。

英国文学家查尔斯·兰姆在一次演讲时,有人故意发出"嘘嘘"的怪声捣乱,兰姆说:"据我所知,只有三种东西会发出'嘘嘘'声——蛇、鹅鸟和傻子,你们几位能到台前来让我认识一下吗?"台下顿时一片安静。

演讲中运用婉曲技法要注意以下几点。

(1) 要恰到好处且点到为止,不能含混糊涂、晦涩,也不能直露。

(2) 切忌为了取得婉曲的效果而一个劲儿地把矛头指向听众，令听众听来好像含沙射影，难以接受。

(3) 要随机应变，随境而发。巧妙地利用语音、语汇、语调、语气、表情、体态、动作结合生活实际，创造出一个内涵深刻、丰富的语言形式，使之具有动人的魅力。

九、怎样使演讲带上幽默感

"幽默是语言中的盐。"演讲需要幽默，幽默感的形成可借助仿词与拆词手法。

先看仿词手法：突破现行语言规范的束缚，巧移善铸，临时仿造出一个意义相反或相近的词语来提高语言的表达效果。演讲中的仿词听来风趣，有一种明快犀利、生动活泼之感。

仿词要仿得使听众理解，不能太怪。应仿名言名句、名人诗词。

再看看拆词手法：把词拆开镶进别的词，或把特定的词句有规则地暗嵌在别的词语中，或把词拆开交错搭配。

例如："荒天下之大唐"，"滑天下之大稽"。

演讲中运用拆词手法可引人注意，加深印象，又可创造生动活泼的气氛。

例如："有的电视机带彩色还要遥控，收录机卡拉还要 OK，而他家里只有一样东西是带电的，你猜是什么？电灯。"

这里把"卡拉 OK"拆来嵌字，妙趣顿生。

十、怎样准确把握演讲稿中的概念

在演讲前一定要对演讲稿中的每一个词、每一个概念仔细推敲，认真斟酌，以免出错。虽然演讲不同于书面文字，转瞬即逝，但有些观点一旦表达出来是不会马上从听众感觉中消失的。他们会思考，会比较。如果认为你的观点虚假、错误，他们会因为你的演讲提供了虚假失真的信息而觉得自己受骗、被愚弄，从而产生了一种抵触心情，导致演讲的威信下降。

在一个"戒烟联席会"上，"主席"说："吸一支烟至少要少活一天。"下面的听众马上就有人吸烟。为什么呢？因为这位先生已经抽了三十多年的烟，现在六十多岁了。按"主席"的说法，以每天十支烟计算，他已经少活了 300 年，岂不是天大的笑话！"主席"的话经不起推敲。

十一、怎样把演讲设计得错落有致

"文似看山不喜平。"演讲亦如此。心理学家认为，人听讲话时的注意力每隔五至七分钟就会有所松弛。因此，演讲者要适度地注意演讲的起伏张弛，变化有度。

如果把演讲的进行轨迹用一根线来描述的话，这根线不应是直线，而应是曲线，具有运动变化感的曲线。这主要从语言、内容、情感几个方面去体现，语调要高低升降，速度要急促徐缓，声音要宏大精细，音色要刚柔多变，情感要跌宕起伏。

产生这种效果的方法是，事实与道理相交，议论与抒情互见，严肃与轻松共存，快捷与徐缓交叉。请看下面这篇演讲。

试问，自从1870年的大战结束以来，哪一年不曾有过战争的警报？就在70年代初我们结束战争回来的时候，他们就已经说了：我们什么时候重新开战？什么时候我们再兴"复仇之师"？最迟不过五年。当时他们对我们说："我们是否会发生战争以及能否取得胜利(这正是中间派一位代表在国会上用来责备我的话)，现今完全取决于俄国了。唯有俄国手里掌握着决定权。"

在现在这种时刻，我们必须尽力壮大自己。只要我们愿意，我们就能比世界上拥有同样资源的任何国家更加强大。因此，不利用我们的资源就是一种罪过。如果我们不需要一支随时可作战的军队，我们就无须征集这支军队。

这事只取决于并不十分重要的费用问题。费用问题的确无关紧要，我只是顺带提提而已。我说我们必须继续努力，以便应付一切紧急情况。鉴于我国的地理位置，为了达到上述目的，我建议我们必须做出比其他大国更大的努力才行。我国位于欧洲中部，我们至少在三条边界线上可能受到袭击。法国和俄国分别只有东部和西部是无掩护的国界。由于我们的地理位置，或许加上直到现在德国人民所显示的团结力量还要比其他民族薄弱，使我们比任何其他国家的人民更直接地受到敌对联盟国家的威胁。不管怎么说，上帝已经把我们放在一个邻里不允许我们稍有懈怠的地位，不允许我们在只求苟存的泥潭中打滚。

这项法案将使我国能增加装配有更多武器的部队。在我们不用增加士兵人数时，增加的士兵无须征集入伍。如果我们有了足够武器，他们就随时可以装备起来。这是头等重要的事。我还记得1815年英国供给我国后备军的卡宾枪，我用那些枪打过猎，那不是军人用的武器。当然，遇有紧急情况，我们可以很快地得到武器，但如果我们现在储备下武器，这项法案就能加强我们的和平力量，也能给予和平联盟以强大的支援。那就简直犹如一个拥有70万军队的第四强国加入联盟。这是迄今在战场上最大的队伍。

我从不主张侵略战争。我们决不发动战争。火必须有人去点才会燃烧，我们决不去点火。无论我们怎样意识到上述自己的力量，也无论我们相信盟国多么可靠，都不会因此而妨碍我们以固有的热忱与努力去继续保卫和平。

我们不会意气用事，也不会冲动、偏激。

我们德国人除了上帝之外，不畏惧世界上任何人！正是由于我们敬畏上帝，所以我们热爱和平、保卫和平。谁要是残忍地破坏我们的和平，他就会受到教训，知道我们德国人的尚武爱国感情意味着什么！1815 年，当普鲁士还是一个弱小的王国时，这种精神就曾使我们全体人民一致团结在我们的国旗下。他还会知道，这种爱国主义精神现已成为全德意志民族的共同财富。

因此，谁要想进攻德国，都会看到这是一个团结一致、武装起来、每一个战士都抱定上帝与我们同在的必胜信心的德国。

这是德国著名的铁血宰相俾斯麦 1888 年在德国国会上发表的演说，这篇演说运用了多种语气，文章错落有致，慷慨激昂，令听者热血沸腾。

十二、如何处理篇幅长的演讲稿

有些篇幅较长、时间较久的演讲，如学术演讲、论辩演讲、政治演讲、外交演讲、谈判演讲等，在演讲之前很简要地阐述演讲的目的、论点及方式，能让听众紧紧地把握演讲的中心论点，便于听众接受与理解，如下面的演讲。

我很高兴来到这里，我相信我一定不虚此行。因为我面对的是时代的骄子、科学的栋梁、祖国的人才。而我所要讲的是一个很时髦而又实用的话题——口才与人才。(基本理由)

在这段时间里，我将与在座的各位朋友共同探讨一个这样的热门话题：人才是否一定有口才，有口才的人肯定是人才吗？(论点)

为此，我将从以下几个方面与大家交流：

首先，……

其次，……

再次，……

最后，……(分述)

这样在开始便交代了演讲的目的、主题、论点等，开宗明义地介绍了演讲的整体框架，听众对演讲就心中有数了。

要注意的是，比较短小的演讲，带有浓烈感情色彩的演讲最好不要这样做，赛事演讲更不能如此。

十三、演讲中如何巧施客套话

市长先生、各位爵士、各位先生：

对于诸位先生对我的亲切表示以及我的朋友市长先生和我的尊敬同行大法官阁下刚才对我的过誉之词，要是说我拙于辞令，无法用语言表达我的感谢，想必你们不会觉得奇怪。尽管我无法用言语表达，你们一定会相信，我的感情完全是真挚的、由衷的。我感谢你们，各位先生，不仅因为今天晚上你们在此为我举行的宴会极其隆重，有异于寻常的宴会，尤其因为你们使我有机会在这友好的气氛中会晤众多的良友。对于他们，我怀着深深的惜别之情。

这是费尔普斯卸任离开英国前在饯别宴会上的演讲的开篇，这篇演讲用词恳切、真诚，表现出了他对此地的不舍和对人们的尊敬。

十四、如何在演讲过程中表达情感

美国南北战争结束后，有两位军人竞选国会议员。一位是著名英雄陶克将军，他功勋卓著，曾任过两三次国会议员；另一位则是约瑟夫·爱伦，他是一位很普通的士兵。

陶克的演讲是：

诸位同胞们，记得十七年前(南北战争时)的那天晚上，我曾带兵与敌人激战，经过激烈的血战后，我在山上的树丛里睡了一个晚上。如果大家没有忘记那次艰苦卓绝的战斗，请在选举中，也不要忘记那位吃尽苦头、风餐露宿、造就伟大战功的人。

这段话很精彩，感情色彩也很浓。

爱伦的演讲是：

同胞们，陶克将军说得不错，他确实在那次战争中立下了奇功。我当时是他手下的一个无名小卒，替他出生入死，冲锋陷阵。这还不算，当他在树林里安睡时，我还得携带武器，站在荒野上，饱尝风寒露冷的味儿来保护他。

爱伦的演讲更动人，更易激起共鸣。他打败了陶克，取得了胜利。

"感人心者，莫先乎情。""情不深，则无以惊心动魄。"有经验的演讲者，当他激情迸发时，好比冲出闸门的河水，呼啸着奋进的浪花，使"快者掀髯，愤者扼腕，悲者掩泣，羡者色飞"，听起来使人精神振奋，思想升华。

这就要求演讲者性情豪爽、话语坦荡、推心置腹、以真换真、以诚对诚、以爱求爱，讲出真情实感；要求演讲者情感的显示应该是炽热、深沉、热情、诚恳、娓娓动人的，做到"未成曲调先有情"；要求演讲者必须和听众一起喜怒哀乐，不掩饰、不回避，对真、善、美热情讴歌，对假、恶、丑无情鞭笞，各种情感溢于言表，使听众闻其声、知其言、见其心，达到感情上的融合、思想上的共鸣、认识上的一致，既影响了听众，也受到听众的影响，达到一种心理情感的交流与平衡；要求演讲者对整个演讲立体把握，协同处理，既有冷静的分析，又有热情的鼓励，既要有怒有喜，又要有爱有憎；要求演讲者不摆架子，不野蛮粗俗，不声色俱厉，不以局外人自居，要引而不发，诱人深入；还要求演讲者寻找自身投入的方式，使用好表达的技巧，有些演讲者在演讲前吃点白参，唱点白酒借以提神是有道理的。

十五、演讲时如何进行情感迁移

里根向美国人民发出了一封公开信,信的开头几段如下文所示。

我的美国同胞们:

最近我被告知,我是数百万美国早老性痴呆症患者之一。

得知这一消息后,南希和我必须做出决定:是把这作为一个普通公民的个人私事,还是将这一消息公布于众?

过去,南希得了乳腺癌,而我做了肿瘤切除手术。我们发现,我们的公开宣布,能提高公众的警惕。结果是许多人都去做了检查,使患者在早期得到了治疗,并恢复了正常、健康的生活。

所以现在,我认为重要的是,也让你们都知道这个情况。我们衷心希望这能进一步提高人们对早老性痴呆症的警惕。也许,这能促使人们更好地理解罹患此病的个人和家庭。

接下来,里根讲到了他如何调养,治病;他希望同病者战胜病魔;他感谢美国人民过去给他的荣誉。通篇演讲涌动的是"急人所急、想人所想,立足自身、达及他人"的情感。因此他通过演讲赢得了人们的爱戴。

演讲首先要能引起人们的共鸣,然后在此基础上教育人,感化人。列夫·托尔斯泰说过:"演讲应做到把他自己体验过的感情传达给他人,而使别人也为这感情所感染,也体验到这些感情。"这就要求演讲者沟通与听众之间的情感通道。不仅仅让听众体验到演讲者的情感,而且应该把这种体验化为"自发的感情",即将自己的感情转化为听众的感情,达到情感的迁移。

第六节　演讲的风格

不同的演讲风格能够达到不同的演讲效果,是影响演讲成功的重要因素。

一、男性演讲者追求的演讲风格

男子汉应有男子汉的风采和气质。男性演讲者在演讲中要做到态度坚定沉着,言语掷地有声,表情容光焕发,精神气宇轩昂,风度潇洒大方。达到语言美与风度美的统一,内在美与外在美的交融。要达到这一目的,需注意以下一些技巧。

(一)声音洪亮

由于男性声带相对于女性来说偏宽、厚、长,他们的音色浑厚有力,发音准确平稳。

初学演讲的男士要使声音优美洪亮，首先要学会控制气息，加强气息力度，以保证发音明亮、爽朗。其次要运用好共鸣器官，即灵活控制好口腔、鼻腔和胸腔，尤其是胸腔。共鸣会使声音很稳健、厚实、有力。另外发音要有特色，不要去学流行语、现代语，把声音发得漂浮灰暗。应做到"高而不喊，低而不散"，"轻而不浮，沉而不浊"。同时要注意吐字清晰，喷弹有力，这样才能像炮弹一样打得出，送得远。

(二)内容理性

相对女性来说，男性的思维表现得重理性，体现在演讲中带有明显的理性色彩，开诚布公，见微知著，高瞻远瞩。一般来说，男性演讲者以取议论型演讲为佳，一些叙事演讲、抒情演讲尤其具有极度情感抒发的如悲痛、厌恶、惊喜等情感不宜在演讲时表达。因为男士表达这些感情难免粗犷而弄巧成拙。

(三)言语豁达

男性粗犷开朗，坦率自然，决定着其演讲语言干脆利落、豪迈奔放、信息频传、旁征博引，往往有一锤定音之势。绝不患得患失、结结巴巴、吞吞吐吐。男性演讲的语言还有一个很大的特色——幽默技巧的运用，诙谐有趣、幽默的言辞中露出讽刺的锋芒，富有战斗性。

美国莱特兄弟在成功地驾驶动力飞机飞上蓝天之后，在法国的一次欢迎酒会上哥哥威尔伯再三被邀请演讲，他即兴演讲说："据我所知，鸟类中会说话的只有鹦鹉，而鹦鹉是飞不高的。"这一句深含哲理而幽默的演讲词博得了与会者长时间的鼓掌。

(四)感情真挚

对于感情，女性的塑造性强，表演色彩浓，而男性则感情内敛，外化不多。演讲时，男士不宜表达极度的感情，但要投入，要自然地去体现，真诚地去体现。

(五)动作潇洒

演讲时，男士一举手、一投足、一顾一盼之间，都要不失稳重、洒脱。高雅的仪态、大方的举止、得体的打扮、亲切的神情是男士演讲风采体现的主要手段。要想达到灵活自如的境界，需要平时加强态势语的设计和训练。

二、女性演讲者追求的演讲风格

秋瑾是近代史上著名的演讲家。我们先看看她的一篇演讲《敬告中国二万万女同胞》的开头和结尾。

开头——

唉！世界上最不平等的事，就是我们二万万女同胞了。生下来，遇着好老子，还说得过；遇着脾气杂冒、不讲情理的，满嘴连说："晦气，又是一个没用的。"恨不得拿起来摔死。

结尾——

……有钱做官的呢，就劝丈夫开学堂，兴工厂，做那些与百姓有益的事情。无钱的呢，就要帮助丈夫苦作，不要偷懒吃闲饭。这就是我的望头了。诸位晓得国是要亡的了，男人自己也不保。我们还想靠他们么？我们自己要不振作，到国亡的时候，那就迟了。诸位！诸位！须不可以打断我的念头才好呢？

这篇演讲采用深入浅出的方法，以形象生动、明白晓畅的话语说服听众，以事明理，感情充沛，代表了女性演讲的特点。女性的演讲总是以清脆悦耳的声音、真实浓烈的感情、优美得体的打扮、温柔端庄的气质吸引听众。与男性演讲相比显得细腻、丰富、流畅，表现在以下几点。

(1) 感情细腻。女士感情丰富、多变、热烈、细腻。她们对演讲内容的把握很精准，很投入。在演讲时能真实地体现各种感情，或致以亲切动人的问候，或诵以优美悦耳的诗章。其中不乏轻言细语，娓娓道来，像春风沁入听众心扉，时起时伏，峰回路转，余音袅袅，让人回味。她们演讲议论时犀利激烈，抒情时舒展优美，叙述平缓清晰。她们很注意与听众的交流，善于调整音节强弱，表达快慢，给人一种变化多姿之感。

(2) 形象生动。女性演讲以形象生动见长，善于体现抒情型与叙述型演讲，如下面这段演讲词。

朋友，你是否留心过这样一组镜头：早晨上班，毫不费力地挤上公共汽车的是身强力壮的男子汉，而雨里急哭了的是抱着孩子的女工；凶狠地谴责妻子没有及时把饭做好的是丈夫，委屈得哭了的是妻子；回到家里，轻闲、自在地看电视的是爸爸，困乏不堪地操持家务的是妈妈……

(3) 打扮得体。女性很爱打扮，女性很会打扮。相对于男士来说，她们可以更准确地用演讲内容去"包装"自己，美化自己，以塑造一个完美的形象。

(4) 态势精巧。男性在演讲中表情、动作、姿态可大起大落些，女性则不可以。她们态势语言的表达应显得含蓄、精巧，可以在台上始终如一地站着，也可以双手下垂，或一只手稍稍在胸前动一动。

女性演讲时要注意的是，一不能太过。言语高亢、音量过大、动作大放大收、表情大起大落均不行。二不能做作、言语男性化。奶声奶气，慢腾腾、软绵绵，大舌头，卷衣角，甩辫子，摇脑袋，动作左摇右晃，都不雅观。

第七节　演讲的结尾

结束演讲的方法是多种多样的，没有一种适合于任何特殊情况的通用方法。演讲者可根据自己演讲的具体时间、地点、主题、听讲者(或听众)及自己的个性等因素，选择适合于自己结束演讲的方法，使之有效地为自己演讲的思想和目的服务。

在演讲的结尾，也有些演讲者不考虑如何把演讲留到听众心中，让演讲走入听众的记忆深处，也喜欢用一些没有信息含量、没有感情力度的陈词滥调，以致留下松散、疲沓无力的尾巴。有位演讲者这样结束他的演讲："我的演讲就要结束了，此时我向大家表示深深的歉意。耽误了每人五分钟，加起来就耽误了大家五百分钟，很对不起！"本来这位演讲者音色可以，感情贯通，可这样的结尾实在差劲，似乎让人想到鲁迅先生的一句话，耽误别人的时间等于谋财害命。前面精彩的部分被这苍白无力的话语冲淡了。

演讲的结尾应该感情充沛、语气铿锵，像美国作家约翰·沃尔夫说的"演讲最好在听众兴趣未尽时戛然而止"，给人以振奋，给人以鼓舞，给人以无穷的思考和无尽的遐思。

古希腊哲学家苏格拉底被指控由于不信仰人们共信的神而被处死刑时，临死前演讲的最后一段是："诀别的时刻到了——我将死去，而你们还将活下去，但只有上帝知道我们中谁会进入天堂。"这句话意味深远。

一、常用方法

常用的结束演讲的方法有以下几种。

(1) 在演讲结束时简洁、扼要地对自己已阐述的思想进行总结，帮助听者加深印象。

(2) 利用赞颂的话结束演讲。人一般都喜欢被赞颂。通过一些赞颂的话，会场的活跃气氛可达到一个新高潮，演讲者和听众的关系就更融洽了，给听众留下一个满意的印象。但要注意，演讲者在说赞颂的话时，不能有过分地夸张和庸俗地捧场，否则听众就会有溢美或哗众取宠的感觉。同时，演讲者说话的表情要自然，态度要严肃，口气要诚恳。

(3) 利用名人的话或逸事结束演讲。权威崇拜是一种普遍存在的社会心理，恰当地运用权威和名人的话或者逸事结束演讲，可以把演讲推向一个新高潮，给演讲者的思想提供最有力的证明。演讲者可借助这样的话来结束演讲："最后，我想引用×××的话(或者关于×××的一个逸事)来结束我的演讲……"但要注意，演讲者引用名人的话或逸事要有针对性，要能丰富和深化自己演讲的主题。

(4) 利用诗结束演讲。用诗结束演讲可使演讲显得典雅而富有魅力，听众听了也会产生清新和优美的感觉。引用诗句同用名人的话或逸事一样，要有目的，要为演讲的主题服务。同时，演讲者引用的诗一定要短，最好四句，最多八句，而且演讲者一定要谙熟地背诵所引用的诗句，否则弄巧成拙，反而影响演讲效果。

(5) 利用幽默结束演讲。除了某些较为庄重的演讲场合外，利用幽默结束演讲可为演讲添加欢声笑语，使演讲更富有趣味，并给听众留下一个良好的印象。演讲者利用幽默结束演讲时，要做到自然、真实，使幽默的动作或语言符合演讲的内容和自己的个性，绝不要矫揉造作、装腔作势，否则只会引起听众的反感。

(6) 利用呼吁结束演讲。这种方法对一些"使人信"(相信)和"使人动"(行动)的演讲来说，效果尤为显著。演讲者通过对与听众有共同思想、共同愿望、共同利益和共同语言的某问题的阐述，使演讲达到高潮。然后，演讲者利用一些感情激昂、动人心弦的讲演词对听众的理智和情感进行调动，并借助像"为实现我们预定的目的而奋斗"等语言，向听众指明行动的具体步骤，这样，演讲者实现了激励和感召听众的目的，听众马上就会明了演讲者的意图和自己行动的具体方案。

(7) 利用动作结束演讲。在演讲中，演讲者的动作(无声语言)是与听众交流思想的重要媒介，利用动作结束演讲，是一种具有独特风格的方法。例如，有位演讲者在结束自己的演讲时，他穿上外套，戴好帽子，拿起手套，而后诙谐地对听众说："我已结束了自己的演讲，你们呢？"他出人意料的动作立刻博得了全场听者的掌声。

二、绝妙诱人的结尾

演讲要获得全面成功，一定要精心设计好结尾。也就是俗话所说的："编筐编篓，全在收口。"如果说好的演讲开头犹如"凤头"，那么好的演讲结尾就像"豹尾"。豹尾者，色彩斑斓而又强劲有力。结尾是对整个演讲的总结，它承担着收拢全篇的任务，因此，其意义非常重要。演讲的结尾既有文采又坚定有力，既概括全篇又耐人寻味，才能使全篇演讲得以升华，收到良好的效果。

对演讲结尾的要求大致可以归纳成以下三点。

(一) 加深印象，结束全篇

当演讲基本完成，听众对你的观点、态度以及讲述的有关知识基本上已经掌握时，就必须考虑"收口"了。"收口"将从视觉上、听觉上给听众留下最后印象，将在听众的大脑屏幕上"定格"。"收口"的好坏直接决定了听众对整个演讲的印象。精彩的结尾往往能弥补一些不足，强化听众的总体印象。只要我们留意一下，便会发现古今中外的演讲家对结尾都是很重视的。

(二) 言简意赅，耐人寻味

演讲的结尾切忌重复、松散、拖沓、枯燥，尽量避免那种人云亦云的客套式的结束语。结尾言简意赅应该是演讲者追求的目标。

结尾应犹如撞钟，余音绕梁，耐人寻味，令人感奋向前。

(三)戛然而止，余音绕梁

结束语是演讲的重要组成部分，精妙的结束语能使演讲收到意想不到的效果。通常情况下，结尾不应冗长拖沓，更不能画蛇添足，而要在达到高潮时戛然而止，给听众以余音绕梁、回味无穷的感觉。结尾时要尽可能达到与听众感情上的交融，引起听众的共鸣。在把握好分寸的前提下，满腔热情地提出希望、要求和建议。

结尾要干净利索，凝练有力，极富人情味和鼓动性。

当演讲需要中止时，如果演讲者仍然滔滔不绝地讲个不停，必然引起听众的反感。因此，一定要学会适可而止。

三、高潮式、总结式和余韵式的结尾

与演讲的开场白一样，其结尾也有不同的形式。结尾结得好，能给人余音绕梁、回味无穷的感觉，也能引人深思。其形式一般有以下几种。

(一)高潮式结尾

演讲如果在演讲主题思想的升华、情绪氛围的渲染都达到了最高点时结尾，我们把这种演讲结尾方式称为高潮式。

"一二·一"是昆明的光荣，是云南人民的光荣。云南有光荣的历史，远的如护国，这不用说了，近的如"一二·一"，都是属于云南人民的，我们要发扬云南光荣的历史！

反动派挑拨离间，卑鄙无耻，你们看见联大走了，学生放暑假了，便以为我们没有力量了吗？特务们！你们错了！你们看见今天到会的一千多青年，又握起手来了，我们昆明的青年决不会让你们这样蛮横下去的！

反动派，你看一个倒下去，可也看得见千百个继起的！

正义是杀不完的，因为真理永远存在！

历史赋予昆明的任务是争取民主和平，我们昆明的青年必须完成这任务！

我们不怕死，我们有牺牲的精神，我们随时像李先生一样，前脚跨出大门，后脚就不准备再跨进大门！

这是李公朴被杀之后闻一多先生的演讲，他在结尾时把群众的愤怒情绪调动到了最高潮。而实际上，"把高潮放在结尾"是许多演讲人士自觉或不自觉地运用和遵循的一种重要方法。

(二)总结式结尾

在演讲结尾时,对前面所讲的内容进行提纲挈领的归纳和总结,就叫作总结式。对于初学演讲的人来说,这种结尾方式很容易被掌握,但要注意,总结时要避免对前面演讲的内容和形式做简单的重复。

(三)余韵式结尾

运用余韵式结尾,就是在演讲中以含蓄或者留有余地的语言来表达主题,让听众能在演讲结束后的思索中体会其言外之意,而受到启迪,或者总结演讲的精华主旨并深化主题。

四、格言式、号召式和呼吁式的结尾

(一)格言式结尾

所谓格言就是指那些语言简洁、内涵丰富、富有劝诫与教育意义的话。运用格言结尾,可以把演讲的主题思想或最后结论浓缩在一两句话中,言简意赅,从而使听众受到深刻的教育和启迪。

亨利"不自由,毋宁死"的雄壮的战斗呐喊,由此成为美国独立战争时期最有力的战斗宣言。要知道,创造格言并不是文学家、思想家的专利,只要你能在演讲中深刻地把握住演讲主题,并能通过极为精练的句子传达内涵丰富的思想,就能创造完全属于你自己的格言。

(二)号召式结尾

所谓号召式就是在演讲快结束时,运用极富鼓动性的言辞号召人们有所行动的演讲的结尾形式。比如某些竞选性的演讲结尾以"请投我一票"来结尾便是最为典型的号召式。

号召听众采取的行动既可以是某种具体的动作,也可是抽象的、概括的行为,如闻一多先生在《最后一次讲演》中的结尾:"我们随时像李先生一样,前脚跨出大门,后脚就不准备再跨进大门!"(长时间的热烈鼓掌)在这里,闻一多先生以"后脚就不准备再跨进大门"的形象比喻来号召人们时刻做好为革命事业牺牲的准备。

(三)呼吁式结尾

这里所说的呼吁,就是运用辞令号召、引导听众去采取行动。这是许多有经验的演讲者通过亲身实践总结出来的切实可行的结尾方式。它既可使人心悦诚服,同时又能催人奋进。

当然,你与听众之间必须有共同的思想、共同的愿望、共同的利益和共同的语言作为基础，在这个基础上，你可放开思想包袱，运用富有哲理的、感情激昂的、动人心弦的语言去打动听众，呼吁听众做出某种行动。只有胸襟开阔、目光远大、实事求是、毫无矫揉造作和浮夸虚饰的呼吁，才能够打动人心，引起听众的共鸣。

五、引述式、幽默式和赞颂式的结尾

(一)引述式结尾

所谓引述式，就是指在演讲中引用与演讲内容相关的权威性言论来结尾，从而点题或深化主题的结尾方式。

早在两千多年前，亚里士多德就把权威的言论看作使人信服的三大手段之一了。由于这种权威的言论是人们普遍相信的，因此，我们如果能把这种言论运用到演讲的结尾中去，就等于是再次有力地证明了演讲的主题思想的正确性。这种权威性言论包括名人名言，以及经过历史考验、被证明是可以确信不疑的格言、成语、谚语，或者是人们普遍喜欢的文学名著中的警句、诗句等。当然，所引权威言论必须与演讲内容相关或完全吻合，使之有针对性，并能点出演讲的主题。

(二)幽默式和赞颂式结尾

戴尔·卡耐基说："最好在听众的笑声中说再见。"他认为，达到了这一目的就表明一个人的演讲技巧已十分成熟了。取得这种效果的方法有两种：一是幽默的话语，二是幽默的动作。无论采取哪一种方式，都需要运用智慧。幽默之所以引人发笑与深思，主要是因为，面对同一个内容，不聪明的人按部就班，有智慧的人却能用别出心裁的方式将其表达出来。

幽默可使会场的气氛达到一个新的高潮，从而使你和听众的关系变得更为融洽、和谐，同时，演讲过程中的一些讲话欠妥的地方，也可在因赞颂而引起的友好气氛中烟消云散，从而形成良好的氛围，使演讲取得较好的效果。

不过，你要注意的是赞颂要恰如其分，不真诚或过分的赞颂，会给人虚假的感觉，令听众不自在。

六、运用祝福语结尾

演讲，尤其是生活中的社交礼仪演讲，主要目的是催人奋进，使人愉悦，激人奋起。无论是欢迎会、告别会、追悼会、联欢会，还是茶话会、酒会等，演讲者表达的总是一种对生活的赞美，对人性的讴歌，对痛苦的反思，对未来的向往。这些演讲要感情真挚，如果能在后面用几句祝福语，就像是点燃一盆炭火，使听众温暖如春。

运用祝福语结尾要注意。

(1) 发自内心，亲切动人。

(2) 注重场合，适度适情。

(3) 通俗易懂，简短明白。

示例：

各位老师、各位来宾：

今天我们济济一堂，隆重庆祝××先生百岁华诞。在此，我首先代表学校并以我个人的名义向××先生表示热烈的祝贺，衷心祝愿××先生身体健康！同时，也向今天到会的各位老师表示诚挚的谢意，感谢大家多年来为××系的发展，特别是××学科建设所做出的积极贡献！

××先生是××学科的开拓者和学术带头人之一，也是我国××研究领域的一位重要奠基人。××先生德高望重、学识渊博，在长达 60 年的教学和研究生涯中，他淡泊名利、不畏艰难、孜孜不倦，不仅为××系而且为当代中国的××学科建设以及人才培养做出了卓越的贡献。

××先生不仅著书立说，为学术界贡献了许多足以嘉惠后学的优秀学术论著，而且教书育人，言传身教，培养了许多优秀的人才。

几十年来，××先生以自己的学识和行动，深刻影响和感染了他周围的同事和学生，为后辈学人树立了道德文章的楷模。在××先生百岁寿辰之际举行这样一个庆祝会，重温他的道德文章，是非常有意义的，必将激励大家以××先生为榜样，进一步推进全校的师德建设和学科建设。

最后，再次衷心祝愿××先生身体健康！祝××系更加兴旺发达！请大家干杯！

谢谢大家！

思考与练习

1. 演讲的开场一般有几种形式？设计一段精彩的开场白在班内进行交流。
2. 怎样设计演讲的悬念？谈谈这方面的体会。
3. 如何体现演讲的风格？以男、女为例进行分析。
4. 常用的演讲的结尾方法有哪些？联系实际分析其优缺点。

第八章　演讲现场的技巧

第一节　情感沟通的技巧

一、训练有素，不留痕迹

戴尔·卡耐基在他的著作《口才训练术》一书中记载着这样一件事：一年夏天，我到阿尔卑斯山脉的避暑胜地——莫林小住，我住的宾馆是伦敦一家公司经营的，他们每周要从英国派来两位演说者(也称演讲者)，为住店的旅客办讲座。其中有一位著名的女作家，她演说(也称演讲)的主题是"小说的未来"。由于她根本没有充分发挥自己的水平，因而没能很好地表情达意，她虽然站在听众面前，却对听众的目光视而不见，不把听众放在眼里，也不与听众交流感情，而是时而望前方，时而看地板，又看手中的纸条。她的声音和视线，使你感觉不到她在面对着一群人讲话，而是对着虚拟的空间演说。

这种心不在焉的态度当然不能获得满意的效果。其实你该像和朋友促膝交谈一样自然、真诚地演说，和听众产生感情交流，让他们与你产生共鸣，同喜同乐、同苦同悲。否则，若像这位作家一样进行演说，那么面对听众还不如面对没有生命的大沙漠。

和听众交流感情的前提是你必须坦率真诚。过去有许多关于演讲的书都没有重视这一点，这些书往往只注重演讲的规则及形式，认为懂得了这些就能出色地演讲，就能当演说家，因此有的人甚至去背诵雄辩家的演说词。其实，这是低效率的方法，毫无实际效果，更无技巧可言。

较新式的说话训练与以前曾流行一时的夸张式演说不同。因为现代听众能接受并欣赏的演说者，是那些面对许多听众发表演说就像和普通人交谈一样坦率、自然而且充满生机与活力的人。所以这种说话训练受到了人们的喜爱。

有一次，马克·吐温在内华达州瓷区发表演说之后，有一位年老的瓷器工程师问他：

"你每次都能这样自然地施展雄辩术吗？"这句话道出了听众对演讲者的要求，对自然的雄辩加以引申，就能说出听众想说的话，与他们产生共鸣。

练习是使自然的雄辩加以引申的唯一途径。在练习过程中，如果你发现自己正在以夸张的语气说话，就应该立即停止练习，并严格地审视并反省："怎么能这样呢？你应当清醒，要说得坦率且自然。"然后，假装在听众中找出最不专心听讲的，只对他演说，暂时把其他人忘掉，设想他在向你问话，你也正在回答他的话，并且想只有我才能回答他的话。经过这样多次训练后，听众中即使真的有人站起来提出问题，你也能立即自然地做出回答。你还可以利用自问自答来训练演讲的技巧。比如："也许各位听众会质疑，你所说的话有什么证据呢？我们为什么要相信你所说的话？""有的，的确只有证据才能让你们相信，这就是……"经过这样多次训练就会使你的演讲变得自然，而不会让人觉得你是在背台词，并且能使单调、乏味的演讲趋于生动、具体、和谐。

例如，一位英国演说者演说的题目为《原子与世界》。他对原子的研究已达半个多世纪，他很想把自己的感想和知识，清晰地传达给听众，他忘记了自己是在演说，而只是想通过自己热情的话语，让听众正确地了解原子，让听众感觉到他自己所感觉到的事。最后，这位演说者获得了极大的成功。他的演说充满了无穷的魅力和强大的说服力，博得了听众阵阵的喝彩，可以说他是一位具有异常天赋的演说者。然而他并没有炫耀自己是一位演说家，听众也不这样认为，他们之间已自然地水乳交融了。

如果听过你演说的人认为你是一个经过训练的演说者，这并不是最高境界。所以，千万不要让听众感到你训练留下的雕琢痕迹，而要让听众觉得你是一个平易近人的朋友。擦得光亮洁净的玻璃窗，根本不会引起任何人的注意，它的作用是让光线通过。一位优秀的演说者也是这样，如果他的态度自然，听众就不会注意演说的技巧，而只会留意演说的内容。当然并不是演说的技巧不重要，只是不要让技巧掩盖了内容，给人留下"玩弄花招"的印象，那实在不是进行技巧训练的初衷。

二、全力以赴，争取好感

(一)全力以赴

诚实、热心和认真的态度，能帮助你达到目的。一个人的强烈情感，能使他展示真正的自我，这是因为强烈的情感能清除一切障碍。这样的演讲者，其行动和演说犹如在无意识中进行。这种自由发挥的状态就是演讲的最佳境界。

在英国，有一位名叫乔治·麦克唐纳的传教士，他在布道时发表了题目叫"致希伯来人书"的演说，给人留下了深刻的记忆。

各位都是信仰虔诚的人，对于信仰的含义，相信已有了一定的了解，用不着我多说，何况还有许多比我更优秀的神学教授在这儿,我之所以站在这里,只是为了帮助你们加强信仰。

这时,他把全部注意力都集中到演说中去了。为了使听众产生真正的信仰,并且虔诚地表达出来,他全力以赴地演说着,他那充满热情的话语将眼睛所无法看到的永恒真理和自己坚定的信仰,生动具体地表达了出来。他说话态度诚恳、感情真挚,这一切反映了他淳朴敦厚的内在气质,而这种演讲态度正是他成功的关键。

柏克·艾德曾写过出色的演说词,被美国各大学当作雄辩的成功典范来研究,可他本人的演说却很失败,因为他对珠玉一样的演说词,缺乏热烈而生动的表达能力,每当他站起来发表演说时,听众便开始坐立不安,有的咳嗽,有的东张西望,有的走动,有的打瞌睡,有的干脆走出会场,这种情形在会场里实在令人尴尬。因而他得到一个"晚餐报时钟"的绰号。

一枚足以穿透钢板的子弹,如果用手投掷的话,就连衣服的一角都损伤不了,因为它没获得足够的速度,所以没有强大的动能。同样,一篇十分精彩的演说稿,如果没有高水平的演讲技巧来加以再现的话,那么其效果就会和发射豆腐一样软弱无力。它虽有速度,但是本身的质地却太软了。

(二)让听众产生强烈的好感

演讲追求的是一种自然的表达。这种表达是指把自己心中所想的事、所积聚的情感,诚恳地用言语和表情表达出来。掌握了演讲技巧的演讲者,在演讲时就会注意使用比较丰富的词汇来描述,从而扩大自己的内涵所能表现的范畴。如果你认为缺乏改变自己的能力,那么这种表现就难以进行;如果你对改变自己的方法很重视,那么你会寻找到适合你个性的表达方式。比较积极有效的方法有:经常检查自己演讲时音量的高低、速度的快慢、节奏的强弱等。检查方法:利用录音机录下自己的演讲,然后边听边做自我分析,或是请朋友听了你的演讲后来评判。当然如果能请到专家予以指导,那么演讲技巧会达到更高的境界。

同时,你要记住,不要把太多注意力放在表达方式上,那样会使演讲流于形式。因此,你面对听众发表演讲的时候,一定要满怀热情、全力以赴地去争取听众产生强烈的好感,只有这样,才能够自由地表达你的思想、意念、情感,才能使你的演讲具有极强的说服力。

三、把握听众心理

由于对演讲效果的评判在很大程度上是根据听众对演讲的接受程度而定的,因此应把握演讲过程中听众的心理。十分有名的"钻石的土地"是由康威尔·罗李演讲的,而且他曾经演讲过 6000 次以上，也许有人会以为他的演讲只不过像录音机一样，多次播放相同的内容，甚至连每一句话的抑扬顿挫都没有改变。然而事实并非如此，因为罗李明白每一次的听众都不尽相同，他必须对演讲做适当调整，以满足不同层次、不同品位的听众。他到某地发表演讲前，总是先去拜访当地的各个阶层的人物，如局长、经理、工程师、理发师等，或是随便和某人闲聊，并从闲聊中根据他们的言谈举止分析他们会有怎样的期望。然后，才因地制宜、因人而异确定内容、题材，再发表演讲。无疑，罗李深知思想传达得成功与否很大程度上取决于听众的理解和接受程度的高低。"钻石的土地"并没有留下演讲稿，但他以同一主题讲了 6000 次以上，并取得了成功，这完全得益于他对人情世故的敏锐洞察和演讲的机敏应变。这给我们揭示了一个深刻的道理：演说必须融合听众的心理，符合听众的知识结构。

(一)听众关心的事应纳入演讲

罗李博士认为演讲成功的要素之一是缩短演讲者与听众的心理距离。事实证明，如果是涉及听众所熟知并相关的事物，听众便能较快地接受演讲者的观点，演讲就容易获得成功。

艾立克·约翰斯敦曾担任过美国工商会长、电影协会会长，他的演讲，很善于利用演讲地的风俗民情和实际情况。在俄克拉荷马州立大学的演讲中，他成功地运用了就地取材这种方法。

俄克拉荷马这块土地对商人而言，原本与鬼门关一样，被认为是永无发展的荒凉之地，甚至在旅游指南中被删去了名字，这都是不久前发生的事情。但是，你们一定也曾听说过，1940 年前后，曾经飞过这里的乌鸦，向其同伴提出警告，除非已备足粮食，否则到这里就无法生存。

大家都把俄克拉荷马当成无可救药之地，绝不可能有开拓性发展。但到了 1950 年，这里奇迹般逐渐变成了绿洲，甚至将它的美妙变革谱成流行歌曲：大雪过后，微风轻拂，麦田飘散着芳香，摇曳多姿……这不是俄克拉荷马欣欣向荣、勃勃生机的写照吗？

仅仅 10 年的时间，你们的家乡已由一片黄土沙漠，摇身变为长得像大象一样高的玉米田，这就是信念的报偿和敢于冒险犯难的结晶。

由于演讲者善于从听众所熟悉的生活环境、切身体验中选材，然后经过分析、归纳、总结，在纵向比较和横向比较上做文章，因此取得了演讲的成功。他的话不是教条，而是新奇、生动、贴切，紧紧抓住了听众的心，拉近了演讲者与听众的心理距离，所以成功是必然的。

演讲者的成功正是在于他明晰听众的目的，以及听众期望演讲者能给他们提供的解决难题的知识和方法。有了这样的认识，你才会寻找到听众的真正疑惑或需求，确定自己的

第八章 演讲现场的技巧

演讲内容、主题，也才能有的放矢地演讲，才能拥有取得成功的先决条件。如果听众渴望了解当前的局势，那么你可以分析国际国内的政治动态；如果听众希望了解怎样进入股市，那么你可以对他们讲述有关股市、股票的基本知识……英国新闻界的威廉·伦德夫·赫斯特作为美国大报业的经营者在被问到哪种话题能吸引听众时，他毫不犹豫地回答："就是与自身息息相关的话题。"他正是在这种理论指导下，建立了他的新闻王国。

不用举更多的例证，便可知道与听众休戚相关的话题必然会赢得听众的认同，进而被听众接受。如果我们心中没有听众，以自我为中心，听众就会感到事不关己，因而显得心不在焉、东张西望，这无疑是对演讲者的嘲讽。

(二)真诚的褒扬

听众是一个思维活跃的群体，他们会根据自己的立场对演讲进行评价。如果你不尊重他们，他们会不留余地地拒绝你。所以，如果听众有值得称道的表现，就应抓住时机予以肯定。做到这点就等于拿到了自由出入听众心理王国的通行证。当然，应把握赞扬的技巧，否则只会适得其反。

(三)寻找共同点

演讲与对话都是人际交往与沟通的必要手段。如果你是应邀演讲，那么与听众建立起融洽的关系是很重要的。英国前首相麦克米伦，在美国德堡大学毕业典礼上，他的开场白就不失时机地抓住了听众的心理。"感谢各位对我的欢迎，虽然作为英国首相在这里发表演说的机会并不多，但我并不认为我是英国首相才被邀请。"然后，他又回顾了自己的家世，并告诉听众，他的母亲是出生在本州的美国人，而他的外祖父就是印第安纳州德堡大学的首届毕业生。

麦克米伦以其直系亲属的血缘情分和属于开拓者时代的美国学校生活方式为话题所发表的演讲，其反响之热烈，自不待言，获得这一成功的重要因素无疑是巧妙地抓住了听众与演讲者双方的共同点。

(四)让听众充当演说中的角色

曾有一位演讲者，想要向听众说明从踩刹车到车子完全停止之间的行车距离。这位演讲者请了一位坐在最前排的听众站起来，协助他说明车距与车速的关系。被指定的听众，拿着卷尺站在台上，按照演讲者的解释前进或后退。这种情况不但具体表现了演讲者的观点，同时，也起到了与听众沟通的桥梁作用。

有时为了达到让听众扮演一个角色的效果，可以向听众提问，或者让听众重复一遍演讲者的话，然后举手回答。《富有幽默感的作家与说话》的作者巴西·H.怀汀一再强调要让听众直接参与表决，或让听众帮忙解决问题，并且认为要有正确的思维方向。如果用演讲稿的方式去演说,那么听众的反应肯定不会很强烈,应把听众当作你共同事业的合作伙伴。演讲者如果做到听众参与,就能使他要表达的论点更加深入人心。

(五)使听众感到平等

演讲者以怎样的态度与听众沟通,是十分敏感的问题。假如以一种有良好教养、拥有较高的社会地位或社会权力的态度和腔调向听众演讲,就会受到排斥和反感,因为谁都不愿低人一等、听人训话。因此演讲者首先应采取低姿态使听众感到平等,才能与听众建立良好的沟通关系。诺曼·V.比尔曾忠告一位演讲缺少吸引力的传教士:"诚恳是首要的条件。"

第二节　吸引听众的技巧

一、表达的技巧

仅有自信和对听众的了解是不够的,还要注意演讲中的表达技巧。这里所说的表达技巧是指表达方式和措辞方面的基本技巧。

(一)表达要含蓄

表达方式不同,则效果迥异。如说"我很讨厌他"或"我不喜欢他",就不如说"我对他的印象不怎么样"。对一个看来超过 40 岁的人,与其说"你还不太老",倒不如说"你现在可正值壮年"。这样,别人就会认为你是一个很会说话的人。

为什么会出现这种效果上的差异呢?其实原因很简单,说话人的态度是否谦恭,其问话是否合乎听者的心理,都会直接影响到说话的效果。因为任何人都希望得到别人的尊重和体谅。问话如果不尊重和体谅对方,自己就会自讨没趣。

(二)措辞要精妙

在交谈中,措辞的精妙和恰当也是非常重要的一环。如果词不达意,或者粗俗不堪,或者故弄玄虚,那么不管内容有多好,也不会取得良好的效果。要做到措辞简洁精妙,我们在谈话中应注意以下几个方面。

1. 尽量简洁明了

说话一般是越简洁越好。有些人在叙述一件事情时,本来只需一两句话就可说明,但他拉拉杂杂说了很多,却仍没有把意思表达出来。听者云里雾里,费了很多的心思,也不知道他要说什么。矫正的最好办法是在说话之前,先打好腹稿,尽量用最简洁、最少的字把要讲的话表达出来。

2. 不要滥用重叠

在汉语里，有时的确要通过重复来强调你所要表达的内容。但是，如果滥用叠词叠句，就会显得累赘。如许多人在疑惑不解的时候常常会说："为什么？为什么？"其实，一个"为什么"就足以表达你的疑惑之意。还有的人在答应别人一件事情的时候，常常说："好好好。"其实，说上一个"好"字就足够了。如果你有这个毛病，也得改一下。

3. 同样的言辞不可用得太频繁

一般来说，听者总希望说者的语言丰富多彩。我们虽不必像名人那样，字字珠玑，妙语连篇，句句都是深刻精辟的道理，闪耀着哲理的光辉，但也应该在许可的范围内尽量使表述语言多样化，不要把一个词用得太频繁。即使是一个非常新奇的词，如果你在几分钟之内就把它复述了好几次或十几次，那么人们对它的新奇感就会丧失，并对它产生一种厌恶感，进而拒绝接受你的演讲。

4. 要避免口头禅

有些人在交谈中常常不由自主地使用口头禅，诸如"我觉得""我以为""俨然""绝对""没问题"等，这类口头禅说多了，不仅影响内容的表达，而且还给人一种傲慢、以自我为中心、逻辑不严密的印象。因此，这类口头禅应尽自己最大的努力去消除。

5. 要避免使用粗俗的词

常言道："言语是个人素质、修养的衣冠。"一个相貌堂堂的人，如果出口成"脏"，那么别人对他的好感就会消失殆尽。其实，这些人中的相当一部分并非学问、本质不好，只是在追求语言的新奇和俏皮的过程中染上了这种难以更改的坏习惯。试想一想，在一个初次交往的人面前，你若说了句粗俗的话，他就会认为你是一个粗俗不堪、没有修养、不可交往的人。

6. 不要滥用术语

诸如满口"一元论""二元论""沙文主义"等术语，不熟悉的人会感到厌倦，而熟悉的人则会认为你卖弄学识、非常浅薄。

二、旁征博引的技巧

所谓"援例"就是通常所说的"用例"或"举例"，以事实证明自己的观点。

有经验的演说者在演说时经常举例。这是因为举例既可有效地说明问题，又能使演说内容充实，形式活泼，即常说的"事实胜于雄辩"。演讲中的用例一般应注意以下技巧。

(一)贴切

演讲中举例，是为了达到"证明问题、阐述观点"的目的。因此，举例一定要贴切。举例说明不贴切是在实际演讲中最容易犯的毛病。不贴切的情况一般有三种。

第一种是"风马牛不相及"，即例子与要说明的问题毫不相干。例如，想说明女人不应该过分讲究衣着打扮，而举的例却是"天然游泳场中，女人不用穿衣服。古罗马竞技场上的女人也是一样赤裸着身体参加比赛"。她们在游泳中裸体与在竞技场中裸体，只是她们特有的习俗，一种独特的风尚，与妇女不必讲究衣着打扮没有必然的联系，她们中的一些人也许是过分讲究衣着打扮。这样的援例如何能为你的观点服务呢？

不贴切的第二种表现形式是"以己之矛攻己之盾"，即所举的例子与想要说明的问题自相矛盾。例如，要说明苏联的社会主义比"波兰的修正主义好"，例证却是波兰在修正主义统治下，民不聊生，猪肉和食糖实行配给制，"市民每人每周只准买两磅食糖和两公斤猪肉"。而当时，苏联已实行了定量供应，一个月供应一斤半猪肉和半斤食糖！这个例子，似乎并不是在说波兰修正主义不好，而是对苏联社会主义的嘲讽。

不贴切的第三种表现形式是"若即若离，似是而非"，即所举例子缺乏针对性。例如，要说明做学问应当讲究恰当的方法，以苦干加巧干达到事半功倍的效果，然而举出的却都是"出大力流大汗"的例子，体现不出"巧"在哪里。想说明"贵在坚持"，可举的却是"在困难的时候要有清醒的头脑"的例子，体现不出坚持的重要性。这表明演讲人逻辑不够严密，演讲也就失去了其魅力，达不到理想的效果。

(二)新颖

有些事例，本来很好，但你用过来，我用过去，听众听了也就乏味了，觉得你的演讲也不过如此。有人一讲"潜心钻研"就举居里夫人在实验室的事，讲顽强拼搏就举海伦·凯勒，讲贵在坚持就举马克思把大英图书馆的地板磨出一道沟，似乎大千世界就这么几个特例。这种"炒剩饭"式的举例，恰好暴露出了演讲者的弱点：知识贫乏，思维迟钝。其实，只要真正留心，现实中和历史中生动感人的事例何止千万。

(三)典型

典型事例与一般事例不同。一般也能说明问题，但毕竟"一般"不可能最有说服力，更不会引起强烈反响，留下深刻的印象，而典型事例则是最生动、最有说服力的。事例一出口，道理就昭然若揭。这种事例，源于生活，能深刻反映生活本质和深层的生活哲理。但这种事例往往被一些貌似平凡的表面现象所掩盖，需潜心发掘。

(四)有趣

演讲，是为了影响人。首先必须吸引人，才能影响人。教师教学讲究"寓教于乐"，正所谓"兴趣是最好的老师。"这样既营造了一个轻松愉快的氛围，又是听众感兴趣的事，容易让人接受演讲者的观点。剧作理论上有这样一个法则：一折戏"从头到尾都要有趣"。演讲要达到最佳效果，也可根据上述道理，借鉴戏剧的经验，做到"有趣"，如果没有趣味，听众就会感到乏味，演讲的方法再好，也无法对听众产生影响。让演讲有趣，举有趣的事例是必不可少的。所以，举例时，应尽量选择有趣的典型事例。只有这样，才能在实际演讲操作中，吸引听众并对他们产生影响，让他们从心底里接受演讲者的观点。

总之，以上几个方面的内容构成了演讲基本技巧的要素，对于初次进行口才训练的演讲者来说，掌握它的基本技巧是相当重要的，因为在这个过程中需要克服的障碍很多，如果不能抓住关键，势必会影响演讲的效果。

第三节 演讲中的语言技巧

对语言的追求是一个方面，是一种基础，那是如何让语言发挥其最大作用的一种途径。而对语言力度的掌握却远远超过了这种追求，任何需要语言的地方，语言都很难以它最美的形式出现。

——高尔基

与用语言进行交流的任何方式一样，演讲同样需要遵循语言的一般规律，如合乎语法、讲究修辞等。演讲者是在公众场合与众多听众进行面对面的直接交流，因此演讲更讲究视听结合的效果、情感参与的作用和临场应变的能力。

一、形象化、个性化、口语化

(一)形象化

要能使听众的视觉愉悦，那么你的观点就更容易让听众接受。为了使演讲效果更好，演讲者除了应注意自己的外在形象和手势语言外，更应注意的是，演讲者要善于将抽象的哲理物化为活动的景象，将空洞的说教转化为鲜明的画面。

演讲要做到形象化，运用比喻和打比方是最有效的手段，如蔡顺华的题为"小狗也要大声叫"的演讲。

各位朋友，到这个讲坛演讲的，应该是曲啸、李燕杰、邵守义那样的大人物。我这个嘴上无毛的青年人站在这里，很不般配哟。(停顿，提高声调)

不过，我很欣赏契诃夫的一句名言："世界上有大狗也有小狗，小狗不应因为大狗的存在而慌乱不安，所有的狗都要叫！"小狗也要大声叫——就按上帝给的嗓门叫好了！今天，我这个自信的"小狗"，就来大胆地叫几声。

这新颖滑稽的开场白引起观众注意后，蔡顺华简单阐释了契诃夫比喻的本意，又很快从"小狗叫"引入了正题。

试想，一个单位、一个部门、一个地区乃至一个国家，倘若只充斥着极少数名家、权威和当权者的声音，虽不算"万马齐喑"，但群众，尤其是最富有创造力的年轻人的智慧和声音被压抑了，哪里会有真正的"九州生气"？

蔡顺华的演讲结尾更是围绕着"小狗叫"做了如下结论。

那些腹有经纶但阴柔有余、阳刚不足的奶油小生是不敢"叫"的；那些虽"嘴上无毛"但已深谙"出头椽子先烂"等世俗哲学的平庸之辈也是不敢"叫"的；响亮而优美的"叫声"，往往发自那些有胆识的开拓者与弄潮儿。如果我国的每一位"小狗"都发出了自己的"叫声"，那么地球也会颤抖的！

蔡顺华的演讲，通篇利用了"小狗叫"这生动、新奇又幽默的比喻，贯穿始终，使听众在轻松的气氛中接受了一个普通而又严肃的话题，使演讲通俗形象，道理深入浅出。

某些演讲需要运用数据说明问题，但仅仅把一连串枯燥的数据抛向听众，就会影响现场的活跃气氛。

要想不理会充满形象的演讲，就好像要求歌迷对自己心中的偶像在舞台上精彩的表演不能喝彩。法国哲学家艾兰曾说："抽象的风格总是差的，在你的句子里应该充满石头、金属、椅子、桌子、动物、男人和女人。"这就道明了应选用形象化的语言。

(二)个性化

世界上没有个性完全相同的两个人，就如世界上没有完全相同的两片树叶一样。演讲者曾力求演讲出自己的风格，创造出独特的"讲"。每个演说家都有自己的风格。例如，鲁迅先生是分析透彻、外冷内热、富于哲理的演讲风格，郭沫若先生是热情洋溢、奔放跌宕、文辞富丽的演讲风格。这就是继形象化后的又一演讲技巧——个性化。

演讲的个性与演讲者自己的个性密切相关。每个人的个性形成与人的性别、年龄、生活环境、生活经历、文化修养、气质、职业等因素有关。例如，一位女药剂师在第一次品尝啤酒时，脱口而出："哎哟，就像喝颠茄合剂一样！"女药剂师的职业敏感使她把啤酒和颠茄合剂联系在了一起。

当演讲者的个性与演讲的风格不一致时，演讲者的演讲是很难动情的，也很难感染人。演讲者文化层次很低，大谈一些极其深奥的哲理，只能是囫囵吞枣地背诵，而即使背诵出来也会显得极其牵强；平时很严肃的演讲者，生硬地念充满幽默情趣的演讲稿，总会显得不伦不类。与其这样，不如用符合自己气质、个性的语言进行演讲。

演讲风格的个性化还体现为演讲中所涉及人物的个性。对于演讲中涉及的人物个性不应是一种平白的交代，而要通过生动刻画、语言模拟等手法充分展现。

某些演讲，即使对其立意和材料挑不出毛病，而且从某种意义上来说，还是绝妙好词，但就是不能给观众留下深刻的印象。原因何在呢？其根本就在于演讲者没有把握住演讲稿的风格，或者演讲者的个性与演讲稿的风格迥异。演讲并不是任何人拿着演讲稿上台照念一遍就行了，还要注意其鲜明的个性，并适当采用语言模拟、神态模仿等手段。

(三)口语化

在演讲中，不仅要注意语言的形象化、个性化，还要注意演讲语言应通俗易懂。若要使每一句话都深入人心，这就必须讲究语言的口语化。听众是否清晰地接受了演讲者的话是演讲是否成功的先决条件。

演讲语言不同于书面语言，听众在现场中不可能有余暇去理解某些生僻的词语和隐晦的意思，更不可能像阅读文章那样多次反复地领会。口头语言的接受特点就决定了演讲语言的特点，既要清楚明白、生动形象，同时又具有较强的感染力。

文化层次较高的演讲初学者，往往容易写成很书面化的演讲词，如下面的两段演讲词摘录。

1. 阳光是一种语言

早晨，阳光以一种最透彻、最明亮的语言与树木攀谈。绿色的叶子立即兴奋得颤抖，通体透亮，像是一页页黄金锻打的箔片，炫耀在枝头。阳光与草地上的鲜花对语，鲜花便立刻昂起头来，那些蜷缩在一起的忧郁的花瓣，也迅速伸展开来，像一个个恭听教诲的学子。

我们的学校便是阳光的象征，它是一座充满生机与活力的"阳光大厦"，而我们则是等待着阳光笑容与照耀的鲜花，一群朝气蓬勃的阳光学子。

然而有时明朗的日子，我们不会留意阳光；普照的阳光，有时像是对大众演讲的演说家，我们不理解，这正如学校安排的每一次计划，我们不能全部理解，学校对双休日时间做出的合理调整，有些同学不理解。面对阳光的语言，我们仿佛充满了疑惑与不解。

但这次是我们错了。殊不知，阳光、动听的声音，却是响在暗夜之后的日出、严寒后的春天及黑夜到来前的黄昏。这些时候阳光都会以动情的语言向你诉说重逢的喜悦、友情的温暖和那因多少失败的磨炼后收获的成功。阳光一直在无微不至地关怀着每一朵鲜花、每一棵小草，争取以自己最明亮、灿烂的笑容面对这可爱的生灵。

2. 母爱无边

春天已经悄悄地来到我们身边，春风轻轻地吹红了花，春雨也静静地润绿了叶，朝气蓬勃的我们正像那红花绿叶一样鲜活有生命力，而又有谁曾想到过是谁做了那春风春雨默默地滋润着我们呢？

阅读了这两段演讲词后，可以感觉到演讲者确实煞费苦心。"阳光是一种语言"侧重于宣泄内心的情感体验；"母爱无边"则努力追求感情。但是，这两段演讲词的演讲效果都不好：听众都会因迷失在众多的长句和深刻的思辨之中而无暇接受演讲者的观点。抛开其他方面的缺陷不说，这两段演讲词书卷味很浓，更适合"看"而不适合听。

对于初学演讲者来说，一定要掌握书面语和口语的分寸。如果不是为了特别的修辞需要，写演讲词时，须遵循以下两条建议。

(1) 尽量使用短句，少用长句，以保持语意之间足够的停顿。

(2) 尽量使用清晰明快、言简意赅的语词，少用生僻、晦涩的古词或专业性强的术语。毛泽东的《矛盾论》就是简明的例子。

为什么鸡蛋能够转化为鸡子，而石头不能转化为鸡子呢？为什么战争与和平有同一性而战争与石头没有同一性呢？为什么人能生人，不能生出其他的东西呢？没有别的，就是因为矛盾的同一性要在一定的必要条件之下。缺乏一定的必要条件，就没有任何的同一性。

毛泽东选用了最通俗易懂的词语，使深奥的哲学问题变得简单明了。

"体面"与"堂皇"，"驼背"与"佝偻"，"寒冷"与"凛冽"等几组近义词或同义词，每组的后一个词语更书面化，能体现使用者的文化素养，但在一般情形的演讲中，使用后一个则不如前一个。若你面对的是文化素质极高的听众，那么使用后一个的效果可能会更好些。因此演讲语言的使用原则必须根据具体情况来定。

要使演讲语言达到一个完整的统一体，就必须同时具备形象化、个性化、口语化三个条件，因为它们彼此之间存在着必然的联系，而不是静止孤立的。任何一个演讲者如果考虑到了这三个因素的重要性，并运用到演讲中，他就具备了成为一个成功的演讲家的先决条件。因此，对于初学者来讲，切不可想当然而为之，要把理论的学习和实践结合起来才能到达演讲成功的彼岸。

二、幽默法、迂回法、悬念法

(一)幽默法

在《演讲入门》中约翰·哈斯灵写道："幽默是演讲者与听众建立友好关系的最有效的手段之一。当你讲到听众眉开眼笑的时候，他们也就主动地参与了思想交流的过程。"哈斯灵总结了幽默在演讲中的作用是建立友好关系和促进思想交流。幽默的运用很讲究技巧与方法，下面简单介绍几种构成幽默的方法。

1. 故意夸张法

丰富的想象可表现为夸张，夸张就是扩大或缩小事物的形象、特征、作用，以强化语言的表现力，可构成幽默。

第八章 演讲现场的技巧

美国总统里根在竞选演讲中曾这样抨击物价上涨。

夫人们，你们都知道，最近，当你们站在超级市场卖芦笋的柜台前，你们就会感到，吃钞票比吃芦笋还便宜一些。

你们还记得当初你们曾经认为没有什么东西可以代替美元吗？而今天美元却真的几乎代替不了什么东西了！

里根通过对美元贬值的夸张，激起选民们对物价上涨的强烈不满，对当政者的不满，从而达到让选民们支持他的目的。

2．"丢包袱"法

中国相声常用"设包袱""抖包袱"来构成幽默。演讲可以借鉴相声"丢包袱"这一表演手段，通过风趣的解答构成幽默。

3．移花接木

当甲乙环境互换和甲乙词语互换时，都有令人捧腹的幽默效果。在"论男子汉"的演讲中，演讲者就大量运用了"大词小用"(移花接木)幽默法。

我选择了这样一个演讲题目"论男子汉"(掌声)。掌声证明了，这是一个真正时髦的问题(掌声、笑声)。广大的女同胞和男同胞，都在积极地做这一时髦的促进派，呼声渐高，浪头一天比一天大，标准一天比一天高，要求一天比一天严，大有让所有的男性同胞脱胎换骨、重新做人之势。著名演员刘晓庆说："做女人难，做一个名女人尤其难。"我说，做男人难，做一个男子汉尤其难也(笑声、掌声)……而要成为一个男子汉，最能立竿见影的，大概就是所谓的物理方法了：穿一双中跟鞋，增加些"海拔高度"(笑声)；留一撮小胡子，显出些粗犷；着一条牛仔裤，添几分潇洒……

"脱胎换骨、重新做人""所谓的物理方法""海拔高度"等词语，大大增强了演讲的幽默效果，为演讲掀起了一个又一个的高潮。

4．如实陈述

对生活中的可笑之事，照原样讲述，就能达到幽默效果。

有一位著名演讲家在一次演讲中，就运用了如实陈述的幽默法。

一个机关请我去讲一讲机关的常用文，即怎样写总结、简报、调查报告等。上课时，我就当众读了一些文章中的病句……其中有个表扬老师傅的："某某从苦水中长大，对党一直十分热爱，长期的耿耿于怀。"再一个"某某同志逝世了，我们全厂同志化悲痛为力量，真叫作穿着孝衣拜天地，悲喜交加"……

这样的如实陈述，使听众席上的气氛极为活跃，于是演讲也就不难成功了。在幽默技巧的运用中，要注意，材料和语言不能庸俗、低级；幽默要紧扣主题，分量适当，切忌喧宾夺主。

当然在演讲中通过幽默与听众建立友好关系和促进思想交流的方法远不止以上四个方面，一个成功的演讲家往往能即兴通过幽默调动听众的思想感情，而且做得恰到好处。读者必须明确真正的幽默是来源于广博的知识和敏锐的洞察力，而并非哗众取宠。

(二)迂回法

有时演讲者并不直接阐明演讲主题，而是以说反话，先贬后褒等手法，迂回达到演讲主题，这就是所谓的迂回法。这种手法往往能达到"山重水复疑无路，柳暗花明又一村"的演讲效果。

(三)悬念法

所谓悬念法就是指在演讲过程中提出一个听众极为关心的问题后，并不解答，听众又急于想知道问题的答案，从而调动听众的兴趣，让听众参与到演讲中去。设置悬念是一种有效的演讲方法。某大学举办写作知识讲座，老师在讲到细节描写时，首先设置了一个悬念："请问同学们，男生和女生回到宿舍时，摸钥匙开门的动作有什么不一样呢？"听讲的学生立即活跃起来，有的小声议论，有的抢着回答，有的干脆模拟自己回宿舍找钥匙的动作。主讲教师接着说："据我观察，大多数的女生在上楼梯时，手就在书包里摸摸索索，走到宿舍门口，凭感觉捏住一大串钥匙中的那一片钥匙，往锁孔里一塞，门就打开了。而大多数的男生呢？他们匆匆忙忙地跑到宿舍门口，'砰'的一脚或一掌，门不开，于是想起找钥匙，把钥匙片往锁孔里一塞，打不开，原来钥匙片又摸错了。"

这一番描述，引起了学生们会意的笑声。教师于是又总结道："把男女生回宿舍摸钥匙开门的动作描述出来就是一处细节描写，而细节描写的生动又来源于对生活的细致观察。"这位教师先巧设悬念，让学生积极参与到这个讲课的过程中，然后再利用解答悬念抛出知识点，取得了很好的教学效果。

1918年11月，在第一次世界大战结束后，李大钊先生在北京学生的集会上，发表了著名的演讲"庶民的胜利"。

我们这几天庆祝胜利，实在是热闹得很，可是胜利的究竟是哪一个？我们庆祝，究竟是为哪个庆祝？我老老实实讲一句话，这回取胜的，不是联合国的武力，是世界人类的新精神，不是哪一国的军阀或资本家的政府，而是全世界的庶民。我们庆祝，不是为哪一国或哪一国的部分人庆祝，是为全世界的庶民庆祝；不是为打败德国人庆祝，而是为打败世界的军阀主义庆祝。

李大钊先生先利用悬念引起听众的深思，然后深刻地揭示这场战争胜利的伟大意义。这比枯燥的说教更能震撼观众。

三、称谓、节奏、简练

(一)称谓

"你、你们、我、我们"是最常用的称谓，在演讲中，这些称谓运用得是否得体与演讲是否成功有着较为密切的联系。若将"你"与"你们"使用得当，就能集中听众的注意力，因为它时刻提醒着听众去维持一种"我是参与者"的心理状态，因此有利于拉近演讲者与听众的距离，进而使演讲获得成功的概率更高，如一篇题为"硫酸与我们的日常生活密切相关"的演讲。

如果没有了硫酸，汽车将无法行驶，你必须像古代人那样骑马或驾驶马车，因为在提炼汽油时，必须使用硫酸。在你还没有和你的毛巾打交道之前，毛巾就已经和硫酸打过交道了。你的刮胡子刀片也必须浸在硫酸中处理……

如果"你、你们"使用得不恰当，又可能造成彼此之间的心理鸿沟。例如，在一次学术讨论会上，一位语言学家做了这样的开场白："刚才几位同志的报告都很好，如果把你们的讲稿没收，你们还能不能讲得这样好呢？""你们"一词拉开了这个语言学家与其他人的心理距离，有一种居高临下的语气，于是，激怒了其他的语言学家，他们私下议论："把我们的讲稿没收，我们都讲不好？怎么，把你的讲稿没收，你就能讲好了？你也太狂了吧！"

其实只要将开场白中的"你们"换成"我们"就行了。

据心理学家统计，精神病患者是使用"我"字频率最高的人。演讲者如果频繁使用"我"，听众会感觉你是个以自我为中心的人，那么你的演讲就不会受欢迎。此外，在演讲中，特别是学术讨论中，如果需要谦虚地表述个人的新观点时，就可以使用"我们"，听众会因你的谦虚而乐意接受你的观点。

(二)节奏

演讲抑扬顿挫是节奏的主要体现。如果没有节奏变化，听众就会昏昏欲睡。著名演讲理论家费登和汤姆森曾经说过这样的话："关于演讲速度，所应遵守的主要原则，就是随时注意变化。"

演讲中需要慢的地方有：重要的事情、数据、人名、地名，极为严肃的事情，悲伤的感情，等等。演讲中需要快的地方有：人人皆知的事情，精彩的故事进入高潮时，表达欢快的情感等。

停顿(沉默)是控制节奏、吸引听众注意力、调节现场气氛的一种重要方法。俗语道："沉默是金"，便是强调了沉默在某些场合的重要性。以下是几个沉默的实例。

美国前总统林肯是一个很善于运用沉默技巧的著名演讲家。当林肯说到某项要点时，会倾身向前，有时直接注视听众达一分钟之久。这种沉默比大声疾呼更有力量。采用这一手段，听众的注意力就被高度集中起来了。

爱因斯坦应邀到日本某大学访问，不善言辞的校长竟然在欢迎仪式上紧张得忘了欢迎词。他沉默了很久，才讲出一句话："爱因斯坦博士万岁！"全体集会者在焦急的等待之中，校长那异乎寻常而又发自肺腑的呼喊把大家感动得热烈鼓掌。爱因斯坦更是热泪盈眶，与校长紧紧拥抱在一起。

教师对沉默的作用体会最深。一次上语法课，学生在下面讲，老师在上面讲。老师一再提醒学生不要讲话，但没有作用，最后老师笑着说："我尽量与同学们配合默契。同学们说话的时候，我就不说了；同学们不说了，我再接着说。"学生在哄堂大笑中也意识到了自己的不礼貌。此后，课堂上讲话的人明显减少。

(三) 简练

马克·吐温针对"演讲是长篇大论好呢？还是短小精练好？"这个问题讲了一个故事。

有一个礼拜天，我到礼拜堂去，适逢一位传教士在那里用哀怜的语言讲述非洲传教士的苦难生活。当他说了 5 分钟后，我马上决定对此事捐助 50 元；当他接着讲了 10 分钟后，我就决定把捐助的数目减至 25 元；当他继续滔滔不绝讲了半小时后，我又在心里减到了 5 元；当他再讲了一个小时，拿起钵子向听众哀求捐助并从我面前走过的时候，我却从钵子里偷走了 2 元钱。

他形象地回答了演讲需要简练。演讲语言提倡口语化和通俗化，但并不是纵容语言的冗长和啰唆。冗长和啰唆既影响表达效果，又会使听众生厌。演讲语言的冗长、啰唆主要是由以下原因造成的。

(1) 重复论证。如 1933 年，美国参议员爱兰德尔，为了反对通过"私刑拷打黑人的案件归联邦州立法院审判"的法案，在参议院发表了长达 5 天的马拉松演讲。有记者统计：爱兰德尔在讲台前踱步75 公里、做手势 1 万个、吃夹肉面包 300 个、喝饮料 46 升。但他这次演讲并未达到他预期的效果，原因在于他用了琐碎的事例重复论证。

(2) 废话过多。有些演讲者在演讲时东拉一句，西扯一句，抓不住要点，思维混乱，逻辑不严密。其演讲只不过是废话的大集合，还有什么魅力可言呢？

(3) 打官腔。有些身居要职的官员，喜欢说套话。在演讲中，貌似流畅、得体，实则空洞无物，令人生厌。有人曾入木三分地总结了这类官场语言：同志们，对于我们的工作，我们应该肯定该肯定的东西和否定该否定的东西。我们不能够只知道肯定应该肯定的，却不知去否定应该否定的；也不能只知道去否定应该否定的，却忘了去肯定应该肯定的；更不能去肯定应该否定的，而否定应该肯定的。

(4) 反复客套。反复地说客套话，如"我水平有限，肯定有讲错的地方，请大家多多指教""对这类问题我缺乏研究"等，使听众觉得你这种"老生常谈"大煞风景，令人厌恶。

总之，在演讲语言的技巧方面，我们应该牢记"人类的思考越少，废话就越多"这句名言。

第四节　表情达意的技巧

表情达意在演讲中的作用无非是将演讲内容和精神传递给听众，好比一座桥连接两座山或两个码头一样。

——马克·吐温

人们在生活中与外界接触、发生联系，方式是各种各样的。总体来说，有四种方式：一是通过我们所做的事，二是通过他人对自己的看法，三是通过我们自己说的话，四是通过我们讲话时的表情与态度。每个人都是借着这四种方式与外界沟通，进而得到一种综合评价的。

戴尔·卡耐基在这方面既是实践者，又是理论家。他说："在刚开始办说话讲习班的时候，我花了许多时间来训练学员说话的声调。训练这种以声音表达思想的技术，需要花费三四年的时间。后来我才发现，让学员用天生的音色进行练习，即能很快解除他们自身的压抑与紧张，远远比花费许多的时间和精力去学习横隔膜呼吸法要有效得多。所以我们便采用了这种神速且具有持久性效果的训练方法。"戴尔的意思是说，人在说话、演讲的时候为了传情达意，运用了很多器官。

第五节　消除紧张的技巧

演讲的最大障碍就是紧张。紧张是一种生理现象，分为肉体的紧张和精神的紧张。演讲中的紧张属于精神紧张，也是每位演说者必须克服的心理障碍。因此，初学演讲的人必须消除紧张，它可以通过演讲训练的方法来实现。演讲训练可以使演讲者在听众面前自然、平静。你一旦突破自我的束缚，像面对朋友一样自然大方地走上讲台与听众倾心交谈，就会发现这个世界正张开双臂欢迎你，你与世界融为一体了。

一、消除紧张，留住自然

(一)消除紧张情绪

在演讲训练过程中，必须处处留意自己，使自己"像一个无忧无虑的小孩那样无拘无束地表现自己"。做到说话自然，热情而不矫揉造作，平和易懂而又不呆板。为了使训练效果更佳，你应该想象自己是身临其境，面对观众、听众。只有坚持做这样的练习，才能消除演讲时的紧张情绪，演讲时，便可做到"被人偷袭也能立刻还击"，而且自然得近乎"反射性"地说话。

此外，练习演戏也能有效地消除演讲时的紧张情绪。在练习中，常常要求自己把小说、戏剧中的对白部分作为演讲的材料，并尽量使自己进入角色。如果在许多观众面前能摘去自己的"面具"，那么在任何场合你都能毫无顾虑地表现自己，从而体味到一种表达的自由，好像蔚蓝的天空中一只自由自在飞翔的小鸟一样。

(二)秉持本色

世界上从来没有两个完全相同的人。每个人都有其各自独特的个性，这种个性使你与其他人不同，也是你赖以生存的条件。

说话也是这样。当你面对听众时，应该尽量表现自己独特的个性。一个富有健康个性的演讲者，才会受到听众的欢迎。两位演说者演说的内容完全一样，但由于表现形式不同，其效果就会相差甚远。造成不同的原因，除了语言、音调之外，还包含演说时的表情态度。用何种方式去说，其实在某种程度上比你说什么还要重要得多。英国有一句古老的格言："你说话内容的有无并不重要，重要的在于你的表达方式。"

也就是说，个性会增强你的演讲效果。虽然每个人都和你一样，只有两只眼睛、一个鼻子、一张嘴，但没有人和你长得一模一样，也没有人和你的性格、处世方法、气质等完全相同，更没有人能和你一样自然地表达自己的思想与感情。这表明你是个有独特魅力的演说者。个性是你最宝贵的财产。所以你要保持本色，不要去模仿别人，更不要使自己受固定模式的束缚。简而言之，不但不能抛弃自己独特的个性，而且应该充分展现它的魅力。只有这样，你的演讲才会让人觉得真实，才会对听众产生持久的影响力，你也才真正是你自己。

二、建立自信

恐惧是许多人不能较好地进行演讲的主要心理障碍，那么如何搬掉这一"绊脚石"，充满自信地走上讲台，使我们的演讲才能充分显示出来呢？这就是建立自信的技巧问题，不妨试用以下方法。

(一)自我鼓励法

演讲者首先要对自己的演讲充满信心，在精神上鼓励自己成功。演讲者可用如下语言反复鼓励自己，比如，"我的演讲题材很有吸引力，听众一定会喜欢""我的口才很好，我一定会成功""我准备得很充分了"等。

演讲者在演讲前不应过多考虑演讲失败的后果，如"我演讲差了怎么办？""听众乱起哄怎么办？"这种负面的自我暗示往往会影响演讲效果。应努力做到"放下包袱，轻装上阵"。

现代心理学实验表明，若由自我鼓励、暗示产生了学习及工作的动机，那么即使这个动机是强装的，也是学习、工作取得良好成绩的有效措施。

(二)要点记忆法

初学演讲者往往把能够背诵演讲稿认为是充分的准备。熟读记忆，对于初学演讲者来说可能是一种必要的准备手段，如果只是机械记忆，那么不仅会耗费演讲者的大量时间，而且容易形成演讲者的心理疏忽。实际演讲时，如果因怯场、听众情绪波动、设备故障等突发事故打断演讲者的思路，机械记忆的链条就会被截断。于是演讲者便会处于记忆的空白状态，或者思维短路，导致演讲无法继续下去。此外，单纯的背诵还极易形成机械的"背书"节奏，并且不能灵活运用恰当的手势语，不能根据观众情绪适时调整自己的节奏、情绪，使演讲呆板、乏味，从而丧失了演讲应该具有的战斗性和趣味性。

丘吉尔是英国著名的政治家、演讲家，年轻时也曾依靠背诵演讲稿发表演说。在一次国会会议的演讲中，丘吉尔突然忘记了下面的内容，他不断地重复仍然无济于事，最后只得挫败地回到座位上。从此，丘吉尔放弃了背诵演讲稿的准备手段。

在演讲中，以采用提纲要点记忆法为宜。首先，把有关演讲的主题、论点、事例和数据整理成方便翻阅的卡片，然后针对演讲稿进行比较和适当的补充，整理出一份简略的提纲，并在提纲里注明各段的小标题，最后在各段的小标题下按序补充重要的概念、定义、人名、地名、数据和关键性词语。

至此，一份演讲提纲即算基本完成。在整理和编排的过程中，演讲者应反复思考和熟悉自己的演讲内容，而演讲时仅仅需要将该演讲提纲作为提示记忆的依据即可。

(三)试讲练习法

试讲练习可纠正语音，矫正口型，锻炼遣词造句能力，又可训练形体语言。演讲者可以自选一个演讲题，或模仿名家的演讲，在静僻处独自练习。著名演讲家，美国第十六任总统林肯，青年时代经常独自一人对着森林或空旷的原野模仿律师、传教士演讲，并反复练习。

在参加正式的演讲或比赛以及在规格较高的会议上发表讲话之前，也有必要进行试讲。试讲时最好请一些朋友和同事充当听众，一是可以增强现场气氛，二是可以听取并接受一些好的意见和建议。

试讲练习可以帮助演讲者拥有充分的自信心，避免因准备不充分或不适应演讲环境而惊慌失措。

(四) 情绪调节法

适度的深呼吸有助于调节紧张、烦闷、焦躁等情绪。当演讲者在临场出现怯场反应时，可以运用深呼吸法进行调节，即：使全身放松，双眼望着远方，做绵长的腹式深呼吸，同时，随呼吸节奏心中默数 1、2、3⋯

(五) 目光回避法

初学演讲的人往往害怕与听众进行眼神交流。因为一看到听众的眼神于自己不利，就会心慌意乱，而无法继续演讲下去。于是出现了侧身、仰望、低头等影响演讲效果的不正确姿势。因为，演讲要求演讲者正视听众，这既是出于一种礼貌，又是演讲者与听众全方位交流的需要。拉近演讲者与听众的距离，是演讲成功的必备条件。初学演讲的人不妨采用虚视方式处理自己的目光，将视线移至演讲场后排上方，以回避听众的目光，让目光在会场上方缓缓流动。这种方式既能避免演讲者与听众的目光对视所产生的局促和窘迫，又能给听众留下演讲者稳重大方的印象，使演讲获得成功。

三、应用：兰博士的抗怯场练习

(一) 追蝴蝶练习

在登台前最后一刻做，效果最好。

(1) 双脚开立，与肩相齐，膝微屈，挺背，双臂放松垂于身体两侧。

(2) 不必刻意呼吸，边叫"呜"边做蹦跳，一共 10 次，尽量用力，"呜"声要短、急、用力。每次做完"呜"，双拳向下猛砸。

(3) 放松下来并闭嘴，缓慢地深呼吸。

(4) 咝咝吸气，微张嘴，弯腰至膝，蹲于地。

重复 3 遍，做缓慢深呼吸。

(二) 摇来摆去练习

(1) 双腿分开站立(与肩相齐)，同时摆动身躯、脖子和头，先向右，再向左。

(2) 让双臂自由摆动，随身体转来转去，最后双臂放松地围住双肩。

(3) 你在摆动时，尽可能大声叫："我不在乎！"

(4) 如此反复，也可叫："不，我不在乎！"或"你奈我若何！"重复几十次。

① 身体摆动时，保证头随身子转。

② 尽可能轻松自在地去做。

(三)空手劈柴练习

(1) 双足分开约 40 厘米，屈膝。握拳，手放两边。嘴唇紧闭。深呼吸 3 次后抬臂高举过头。

(2) "哗啦"一声，双手用力劈下，并尽可能放声大喊："哈哈哈哈哈哈哈哈！"(屈膝)

(3) 尽可能用力地重复 5 次。

(四)劈柴动作练习

(1) 两腿分开 40～45 厘米，脚尖向前，两膝轻松放直，攥紧双手。

(2) 吸气，摆动紧握着的手，高抬过头。

(3) 把举起的手摆下来，猛向前屈，吐气。手下来时，大叫一声"哈"。(屈膝)

(4) 吸气，再举手。

(5) 重复上述动作，做 10 次或 20 次。

注意，吸气时要闭着嘴，直到你的手下摆时叫"哈！"这样就可吸进更多氧气，练习就更有效。

(五)蒸汽机式练习

(1) 双脚与肩齐，站立，屈膝，将头抬起，闭嘴，右臂后拉，左臂前伸，尽量用力。同时深呼吸。

(2) 左右臂换个方向，重复上述动作。节奏要平稳。

(3) 开始要慢，随后要越来越快，持续做 3～5 分钟。记住：闭着嘴！

(六)心怀世界练习

(1) 吸气，感觉你像是在扩张，张开双臂，拥抱整个世界。伸展四肢，感觉你的心脏是世界的扩充与展开。你不再是一个单纯的生命体。

(2) 至少坚持 1 分钟以上，让世界置于你的怀抱中，手放胸前，双手轻抵。

(3) 如此做 4 次，把消极的意念都去除掉。

(七)减压练习

(1) 站在门槛上，手掌挤着两边门框，鼓气用力。面部、头部、脖子会有热血上涌。尽量多坚持一会儿。

(2) 突然完全放松。

(3) 深呼吸。

(4) 重复 3 遍。

思考与练习

1. 演讲时情感沟通有哪些技巧？举例说明。
2. 演讲时控制场面的技巧有哪些？试举例分析。
3. 演讲时消除紧张的技巧有哪些？进行消除紧张的方法练习。

第九章 口才知识与基础训练

第一节 口才的含义及口才素质的养成

一、口才的含义

口才,简言之,是指口语交际中说话(即口语表达)的才能。"口"是指口语表达能力,"才"是可供"口"表达的知识、才学。具体地说,口才是在交谈、演讲和论辩等口语交际活动中,表达者根据交际目的和任务,结合特定的言语交际环境,准确、得体、生动地运用连贯、标准的有声语言,并辅之以适当的体态,表情达意以取得圆满交际效果的口头表达能力。它是一个人的道德修养、文化积累、知识结构、思维方式、价值判断、心理素质、语言艺术和体态仪表等综合素质的集中反映。

一般来说,口语交际有以下三种要素。

第一,口语交际必须有语言活动的主体,包括说者和听者。无论是表达还是接受,都必须有明确的说或听的目的,没有目的的交谈是没有意义的。

第二,口语交际必须有具体的语言环境。口语交际具有明确的目的性,进入具体的交际环境,就要思考选择什么样的表达内容和表达方式才能使对方愉悦地接受,并进而使对方采取相应的反馈行动。

第三,口语交际的工具主要是口语,辅之以体态语。也就是口语交际要考虑如何恰当地使用有声语言和体态语言。

演讲与口才有什么样的关系呢?

演讲与口才都属于语言的艺术范畴,都是运用有声语言,辅以体态语言,将说话主体的思想、观点、主张、情感等信息传递给对方。演讲的成功和口才的优秀,关键在于知识的积累、提炼与升华。

演讲是演讲主体对多人同时进行的语言表达活动,而口才是表达主体在学习、工作、生活中所形成的一种语言表达上的综合素质。演讲是一种正在进行的语言活动,而口才是在交流过程中对语言表达、表达效果等所形成的综合素质的一种评价。

口才的外延涉及社会生活中的各行各业,如主持口才、销售口才、领导口才、演讲口才、公关口才、论辩口才等。演讲则是口才展示的形式之一,虽然有广泛的使用空间和较高的使用频度,但它往往是在特定的环境中进行。口才不受时间、空间的限制,随时随地都能展现。没有干练的口才,便没有成功的演讲。要想演讲得精彩、成功,必须有意识地锻炼自己的口才。

二、口才素质的养成

(一)知识积累

知识的积累是一个漫长而又复杂的过程,它需要一个人必须有坚持不懈的努力甚至坚忍不拔的毅力。长期积累,偶然得之,有了宽厚的知识基础,表达时才能游刃有余,取得理想效果。

(二)思维训练

思维能力主要包括逻辑思维能力、形象思维能力和灵感思维能力三种。思维能力的高低对口语表达的优劣、成败往往起着决定性作用。要主动进行思维能力的训练,思维的选择性和创造性制约着语言活动,思维的内容决定了语言表述的意义,思维的质量决定着语言表达的效果。

(三)语言素养

口语表达所需要的语言素养,主要从以下三种途径获得。

(1) 系统地学习语法、修辞和逻辑方面的知识、法则,以提高口语表达的正确性、生动性和严谨性。

(2) 系统地学习和掌握副语言特征和体态语言等方面的知识,以便更好地展现表达者自己的精神风貌、情绪感受和个性特征。副语言特征主要包括音质、音强、音色、语气、语调、语速、节奏等,体态语言主要包括表情、神态、动作、身姿、手势等。

(3) 坚持积累和吸收优秀的语言养料,譬如学习和借鉴经典名家的演讲、大量阅读中外名著、与时俱进学习现实生活中那些有生命力的活语言等,都是行之有效的办法。实践证明,不断地在生活中补充新鲜的语言信息,是提高语言素养的有效途径。

第二节　口才素质的特质

从人们的语言交际实践看，口才主要表现为以下几种特质：说明性、说服性、感染性、应变性。

一、说明性

说明性，即能把话说得准确明白的特性。把自己心里的想法说出来是口才最基本的要求。要求说话者用词准确，语意明白，语句简洁，合乎语法规范，把客观概念表述得清晰、准确、连贯、得体。实际上能把意思讲准确、说明白并不容易。有些人说话语义不清，思想含混，不仅自己不能表情达意，而且容易给听者造成误解。例如：

一个人在家里宴请客人，请了很多朋友做客，但过了很久，还有很多客人没来，主人心里很着急，为什么还没来？主人说："为什么该来的还不来，真是的！"一些客人听到了，心想：该来的客人没来，那我不就是不该来的喽？于是悄悄地走了。主人看到又走了好几位客人，越来越着急，连说："怎么不该走的都走了呢？"剩下的客人一听，又想：如果走了的是不该走的，那我就是该走的喽！于是都又走了。最后剩下了一个客人。妻子说："你说话前应该先考虑一下，否则说错了，就不容易收回来了。"主人说："不是呀，我说的真不是他们！"最后一个客人听了，便想：那我就是该走了。于是头也不回地离开了。

这个故事告诉我们，说话要准确明白，否则别人听了不舒服，也得罪了别人。

二、说服性

说服性，即通过言语的表达，使人心悦诚服的能力。口才好的人，并不一定讲得很多，关键在于他了解别人的想法，对症下药，三言两语就能使人折服。说服能力要求言语行为具有明确的目的性。没有目的、漫无边际地讲话是没有任何实际意义的。例如：

一个驼背的小伙子非常固执地爱上了一位商人的漂亮女儿，但商人的女儿从来没有拿正眼看过他，这主要是因为他是个古怪可笑的驼子。

一天，小伙子找到商人的女儿，鼓足勇气问："你相信姻缘天注定吗？"商人的女儿眼睛看着天空答道："相信。"然后反问小伙子："你相信吗？"小伙子回答："我听说，每个男孩出生之前，上帝便会告诉他将来要娶的是哪一个女孩。我出生的时候，未来的新娘便已经配给我了。上帝还告诉我，我的新娘是个驼子。我当即向上帝恳求：上帝啊，一个驼背的女人将是个悲剧，求你把驼背赐给我，再将美貌留给我的新娘。"这番话说完，商人的女儿用一种非常奇怪的眼神看着小伙子，内心深处被某些记忆搅乱了。她把手伸向他，之后成了他最挚爱的妻子。

三、感染性

感染性，即用语言感染别人的能力。讲话者要以自己的真情实感感染听者，获得以情感人的效果。如果讲话者的感情平淡，语言贫乏，就不能感动听众。例如：

在一次全省优秀教师的表彰大会上，一位女教师在回答记者的为什么愿意从重点学校调到农民工学校任教的问题时，给大家讲了这样一段经历：她曾经给班里的同学出了一道数学题"假如你家有 5 口人，买来 10 个苹果，每个人能分到几个苹果？"但由于打字员的疏忽，将"10"打成了"1"，这样一来，这道题就根本不可能有正确答案了。但班里一个农民工的孩子，却写出了让她震撼的答案。

答案的内容是：每个人能分到一个苹果。后面接着写了原因：假如爷爷买来一个苹果，他一定不会吃，因为他知道有病的奶奶一定很想吃，就会留给奶奶；但奶奶也不会吃，她通常会把苹果送给她最疼爱的小孙女——我；但我也一定不会吃这个苹果，我会把它送给每天在街上卖报纸的妈妈，因为妈妈每天在太阳下晒着，口渴的她一定需要这个苹果；但妈妈也不会吃，她一定会送给爸爸，因为爸爸进城这一年来每天都在工地上干很累的活，却从没吃过苹果。所以，我们家每个人都会得到一个苹果。

四、应变性

应变性，即面对意外事项，能迅速地做出反应，并寻求合适的方法，使事情得以妥善解决的能力，通俗地说就是应对变化的能力。应变能力突出表现为：能在变化中积极产生应对的创意和策略，并能审时度势，辨明方向，随机应变，将被动化为主动。例如：

清代的纪晓岚学识宏富，能言善辩，机智敏捷。一次乾隆皇帝开玩笑地问他："何为忠孝？"纪晓岚说："君叫臣死，臣不得不死，为忠；父叫子亡，子不得不亡，为孝。合起来，就叫忠孝。"纪晓岚刚答完，乾隆皇帝说："好！朕赐你一死。"纪晓岚当时就愣了：这从哪说起？怎么突然赐我一死？但是皇帝金口玉言，说啥算啥，纪晓岚只好谢主隆恩，三拜九叩，然后走了。纪晓岚出去以后，乾隆皇帝想：都说纪晓岚有能耐，能言善辩，我看你今天怎么办？

大概有半炷香的工夫，纪晓岚气喘吁吁地跑了进来，扑通一声给乾隆皇帝跪下了。乾隆道："大胆，纪晓岚！朕不是赐你一死吗？你为什么又回来了？"纪晓岚说："皇上，臣去死了，我准备跳河自杀。我正要跳河，屈原突然从河里出来了，他怒气冲冲地说，你小子不是浑蛋吗？想当年我投汨罗江自杀的时候，是因为楚怀王昏庸无道；想当今皇帝皇恩浩荡，贤明豁达，你怎么能死呢！我一听，我就回来了。"这样的回答，让乾隆有口难言：让他死吧，就是昏庸无道；要是让他活着呢，又赐他一死了。最后，乾隆不得不自我解嘲地说："好一个纪晓岚，你真是能言善辩啊！"

纪晓岚面对突如其来的变故，冷静思索，随机应变，不仅改变了自己前面语言的意向，也改变了乾隆皇帝的反应，化险为夷，表现了纪晓岚的敏锐机智和高超的口才。

第三节　口才训练的基本方法

在口才训练的过程中，科学的方法可以事半功倍。当然，因为每个人的学识、环境、年龄等的不同，练口才的方法也会有所差异，但只要选择适合自己的方法，加上持之以恒的刻苦训练，就能够快速提高个人的口才素质。

一、速读

"读"指的是朗读，"速读"就是快速地朗读。这种训练方法的目的在于让人语音准确、吐字清晰。速读法的优点是不受时间、地点的约束，只要手头有一篇文章就可以练习，而且不需要别人的配合，可以独立完成。当然也可以找一位同学听听，让他帮助你挑速读中出现的毛病，从而有目的地进行纠正、学习。还可以用录音机把速读录下来，然后自己听一听，从中找出不足，加以改正。

二、背诵

背诵，要求在准确把握文章内容的基础上进行声情并茂的表达。背诵的文章一定要准确，不能有遗漏或错误的地方，而且在吐字、发音上也一定要准确无误。记忆是口才训练中必不可少的一种素质。没有好的记忆力，就不能培养出好口才。只有大脑中有充分的信息积累，才能张口即出、滔滔不绝。记忆并非天赋的才能，后天的锻炼至关重要，"背"功正是对这种能力的培养。

三、练声

练声，就是练声音、练嗓子。生活中，我们都喜欢听悦耳动听的声音，不愿听沙哑干涩的声音。尽快掌握科学练气发声的原理及方法，做到讲话时气息通畅、声音悦耳、吐字清晰。

四、复述

复述，就是把别人的话重复地叙述一遍。这种方法在课堂上使用较多。如：老师让学生看一段幻灯片，然后请学生复述幻灯片的情节或人物的对话。这种训练方法的目的在于锻炼人的记忆力、反应力和语言的连贯性。

五、描述

描述，类似于看图说话，简单地说，描述就是把看到的景、事、物、人用描述性的语言表达出来。描述较以上几种训练难度更大。这里没有现成的演讲稿、散文、诗歌等作为练习材料，而要求自己去组织语言进行描述。所以描述训练的主要目的在于训练同学们的语言组织能力和语言的条理性。无论是演讲、说话、论辩都需要有较强的组织语言的能力，它是口语表达能力的一项基本功。

第四节　发声能力训练

著名的寓言大师伊索年轻时曾经给一个贵族当奴仆。有一天，这位贵族想设宴，宴请城中的达官贵人。于是传下话去，让伊索准备最好的酒席，伊索听后就四处收集各种动物的舌头，办了一个舌头宴。用餐时，贵族大吃一惊，忙问伊索是怎么一回事。伊索笑着说："我尊敬的主人，你吩咐我为这些高贵的客人办最好的菜，而舌头是引导各种学问的关键，对于这些名士、贵族们来说，舌头宴不是最好的菜吗？"客人们听后，一个个都发出由衷的赞叹和笑声。贵族也为伊索的机智表示赞许，又吩咐他次日准备一次最差的酒宴。伊索应声赶紧下去准备，谁知次日开席上菜时仍是舌头。这次贵族勃然大怒，伊索却不慌不忙地说："难道一切坏事不是从人口中出来的吗？舌头既是最好的，也是最坏的东西啊！"贵族听后无话可说。

虽然这只是古希腊流传下来的故事，却说明了一个很重要的道理，说话之于人们有着无可估量的作用。

有一位非常成功的女性，她的声音清脆圆润，不管她到任何地方，只要她一开口说话，所有的人都洗耳恭听，因为他们无法抗拒这如此富有魅力的声音。那种真诚、爽朗、充满生命活力的声音就像从干裂的地面喷出的一股清泉，就像从静寂的山谷涌出的一道急流，在每个人的心头涓涓而流，恰似生命中最美的音乐。事实上，这位女士的相貌相当普通，然而她的声音却是那样的圣洁甜美；它所带来的魅力是不可阻挡的，并且也从某个层面象征着她高雅的素养和迷人的个性。

一、不同的语调带有不同的意义

作为一个人，我们说出的每一句话都是带有一定的语气的，或是高兴的，或是伤心的，或是忧郁的，或是兴奋的，语调反映一个人说话时的内心世界，它能够表露出人的情感和态度。

中国的语言博大精深，同样的一个字、一句话，因为说话的语调不同，就具有不同意义，这也是中国语言的魅力。一个演讲中，听众可以从演讲者的语调中，感受到演讲者的内心状况和他的感情。

同样，听众会从演讲者的语气中来评价演讲者的性格，他们会下意识地对演讲者做评判，判断他是一个令人信服的人、幽默的人、可亲可近的人，还是一个呆板保守、具有挑衅性、好阿谀奉承或阴险狡猾的人。

所以，当演讲者向听众阐述一个问题时，应保持说话的语调并与讨论的话题相适应，并能恰当地表明你对这一话题的态度。严肃的问题要用正式的语气，幽默的问题要用玩笑的语气，切不能用错，一旦用错，就会导致观众对于演讲者提供的信息不信任。

二、如何在演讲中运用突兀语言

有些演讲者善于在演讲开头时出语惊人，突兀而起，配以起伏变化的语调使演讲体现出一种神秘的色彩，一下子就能把听众震住。这样既能吸引听众的注意力，又能确定演讲的情感基调。有位演讲者在介绍刘玲英为了保卫国家金库而与行凶抢劫者奋力拼搏的事迹时，是这样开始演讲的。

刀，一把明晃晃的三角刮刀已经逼近了刘玲英的眼睛，穷凶极恶的歹徒丧心病狂地嚎叫："你交不交钥匙？不交就要你变成瞎子！"面对威吓，刘玲英毫不畏惧，回答的是三个字："不知道！"凶手手中的刮刀刺进了刘玲英的眼睛，可刘玲英回答的仍然是三个字："不知道！"歹徒用三角刮刀在刘玲英身上、脸上捅了二十多刀，鲜血染红了地面，刘玲英还是那三个字"不——知——道！"朋友们，这就是我们的英雄，面对猖狂，面对凶暴，面不改色心不跳，用生命和鲜血捍卫着人民的财产。在这里我要用我全部的热情来赞一赞这位女豪杰，女英雄！

这里，摆在听众面前的是一幅凶残血腥的画面，令听众为之惊心，为之动魄。加之演讲者夸张地运用轻重、快慢、升降、停顿等语调技巧，强烈地感染着听众。

我们再看看1941年7月3日斯大林《广播演讲》的开头。

希特勒德国从6月22日向我们祖国发动的背信弃义的军事进攻，正在继续着。虽然红军进行了英勇的抵抗，虽然敌人的精锐师团和他们的精锐空军部队已被击溃，被埋葬在战场上，但是敌人又往前线调来了主力军，继续向前闯进……

这样的开头，由惊人的事情说起，听众为之惊叹。

运用突兀而起的方法要注意与后面的内容配合得当，否则给人一种头重脚轻、"吊胃口"的感觉。前后越不协调，听众反感越大。过渡要自然，联系要完整，表达不要过分神秘。

三、怎样用顿歇技法推进情感

顿歇，绝不是思想表达的终止，而是力量的积蓄。停顿是为了更好地连接和贯通。

为了突出某一事物，强调特殊含义，可以运用语法停顿、逻辑停顿、感情停顿等方法变化停顿时间。一般在被突出的事物、感情前后进行。我们看看富兰克林的演讲稿"制造国旗的人们"的最后两句："她振奋明亮、果敢光辉，信仰坚定，因为那是你们用心做成的。你们是国旗的制造者，所以你们应当为制造国旗而感到无上光荣。"

这里在"因为"和"所以"后做较长的停顿，然后把声音明亮畅快地送出去。

运用停顿可以产生一种骤然紧张的气氛，停顿以后，听众绷紧的心弦也会突然放开，能让听众得到一种快感，并彻悟到演讲的内容和感情。这里的"顿"是短暂的歇息，是整体之中的一个过程。这个过程是对听众的引领，是使听众进入演讲情绪场的诱导，听众会拿上你交给他们的这把钥匙去开启演讲情感的大门，从而去领略演讲的风采。

俄国政治家、社会活动家普列汉诺夫在日内瓦作题为"无产阶级与农民"的演讲时，台下一些无政府主义者企图破坏，不时吹出口哨声，其他听众也受到影响。面对这些破坏者，普列汉诺夫运用顿歇技巧："如果我们也想用这种武器，同你们斗争的话，我们来时就会……我们来时就会带着冷若冰霜的美女。"

把强烈愤怒的感情蓄积在停顿处，然后再爆发出来，怒指那一小撮人，收到了奇妙的控场效果。

强调的是，停顿的时间要适可而止。如果停顿时间太短，紧张的气氛难以形成，高潮难以产生。如果停顿时间太长，听众会琢磨你顿歇的原因，却不能理解你停顿后高潮的意义，削弱顿歇的效果。

下列一些场合可运用顿歇手法。

(1) 上台站定演讲之前与演讲完了下台之前。此时可做较长时间的停顿，且停顿时要配合态势进行。

(2) 赞叹、悲伤、惊讶、愤怒之时，如"你太不像话了"之前停顿。

(3) 反问、设问之后。

(4) 举例、述说另一整体内容之前。

(5) 段落之间。

(6) 当你的演讲受到干扰或得到赞美时，尤其是由于你精彩的演讲，听众对你报以热烈的掌声，你一定要停下来，微笑着面向听众。如果听众的掌声是建立在你严肃的幽默之上，你也可以"严肃"地看着听众。

四、演讲有声表达如何科学运气

科学的发音取决于科学的运气，有些演讲者时间稍长点就底气不足，出现口干舌燥、声音嘶哑的现象，此时，只得把力量集中到喉头，使声带受压，变成喉音。

"气乃音之师"。气息是声音的原动力，科学地运用运气发音方法可使声音更加甜美、清亮、持久、有力。要达到这个地步，平时要加强训练，掌握腹胸联合呼吸法。其要领是：双目平视，全身放松，喉松鼻通，无论是站姿还是坐式，胸部稍向前倾，小腹自然内收。

吸气方法是：扩展两肋，向上向外提起，感到腰带渐紧，后腰有撑开感。横膈膜下压腹部扩大胸腔体积，小腹内收，气贯"丹田"。用鼻吸气，做到快、静、深。

呼气方法是：控制两肋，使腹部有一种压力，将气均匀地往外吐，呼气时用嘴，做到匀、缓、稳。

这样的呼吸方法可以进气快，到位深，运气长，好控制。可用下列方法练习。

(1) 闻花香。好像眼前有一朵花，深深吸进香味，两肋张开，控制一会儿，缓缓送出。

(2) 模拟吹掉桌面上的灰尘。

(3) 咬紧牙关，从牙缝中发出"咝"声，平稳均匀。

(4) 数数："1、2、3、4、5、6、7、8、9、10"，循环往复，一口气能数多少就数多少，吐字要清。

(5) 数"一个葫芦，两个葫芦"或"一张球拍，两张球拍"，看一口气能坚持多久。

(6) 喊人。如"王刚""小胡"。

(7) 一口气反复念："吃葡萄不吐葡萄皮儿，不吃葡萄倒吐葡萄皮儿。"

(8) 一口气诵读一首五言绝句或七言绝句，力求清晰、响亮，有感情。

五、学会使用语气来表达不同的意义

语气是声和气的结合，不同的语意是某一种声和气在人们长期的使用过程中逐步形成的。它是具有社会性的，是约定俗成的，具有稳定性，包括思想感情、声音形式两个方面，不会以个人的意志为转移，我们只能遵循这一特点，而不能根据个人的好恶去随意地违背它或改变它。

人们对于不同的语气的反应在长期的生活中，是本能的认知：恶声恶气不会是抒发柔情蜜意；大声吼叫不会是称赞别人；粗声粗气不会是向别人道歉，更不能用来表现我们激动的心情。所有使用有声语言的场合，都离不开语气。若想成为一个说话富有感染力的人，就一定要熟练掌握驾驭语气的能力，要善于运用合适的语气来表达复杂的内容和不同的思想感情。

只有用正确的语气才能表示正确的意义，否则我们将不能正确地表达我们的本意，甚至还会招致麻烦和痛苦。当一个团体的成员固定使用一种新的语气，那么也会给既定的语气赋予新的含义。

相同的词语因为不同的语气而产生不同的意义的例子在我们身边有很多。

语气能够影响人们的情绪，这是在我们的实际生活中经常会遇到的现象。意大利一位演员曾经用悲怆的语气来朗读阿拉伯数字，虽然朗读阿拉伯数字本身并没有任何意义，但是因为语气的悲哀，使得听众产生了共鸣，不少听众潸然泪下。有时，在表情达意方面，语气甚至超过语言本身。

就像我们很熟悉的一个词"讨厌"，来举个例子。

我们用粗声粗气来说，就表示出一种指责、反感；用恶声恶气来说，就表现出一种愤怒、斥责；用柔声细气来说，则有一种害羞的感觉；用嗲声嗲气来说，则有一种打情骂俏、撒娇的感觉。使用好声和气的一条重要原则就是要尽力避免可能会出现的歧义现象。

那么，作为一个演讲者在演讲中可以常用哪些语气呢？

(1) 当演讲者需要激励听众的士气时，可以使用慷慨激昂的语气。慷慨激昂的语气有一种气势磅礴的感觉，可以给予人们激励的感觉，具有强烈的鼓动性和感染力。

(2) 当演讲者需要引起听众的兴趣时，可以使用抑扬顿挫的语气。所谓抑扬顿挫，就是指句子里的语气有高低升降、轻重缓急的变化。抑扬顿挫，使得一句话说出的时间和强度有了变化，这样它所表达的意思就有可能不同，甚至会截然相反。所以，抑扬顿挫的语气可以加强句子的语气，有助于演讲者抓住听众的情绪，吸引听众的注意力。

(3) 当演讲者需要平复听众的情绪时，可以使用平和舒缓的语气。有时，一味地慷慨激昂，高声演讲，并不能够吸引听众。当演讲者置身于某些特定的场合中，例如分别的时候、吊唁的时候，演讲者说话时的声音不能高声喧哗、慷慨激昂，这时就需要演讲者用平和缓慢的语气，这样的语气不但能符合听众的心理，还能够安抚、慰藉听众的心灵。

(4) 当演讲者需要说服听众时，可以使用气势沉稳的语气。这样的语气是在演讲者想要将一种观念或理念传达给听众时常用的，教师就常用这种语气来给学生们讲解新的内容。这样的语气最大的特点就是自信，因为，一个人想要别人相信自己，首先要自己相信自己，要想说服别人，就先要说服自己，然后再以自己的沉稳自信去征服别人。

总之，用语气表达不同的感情时要注意语言、语意、演讲的场景和主题，注意语气与措辞的一致以及语气之间的协调，这样，我们的演讲才能取得比较好的效果。

六、有活力的声音才能吸引听众

演讲者在演讲中想要得到听众的认同，自己的声音就不能有气无力，有生命力的声音能给听众带来认同和活力。响亮的声音，有一种生机勃勃而富有朝气的感觉。当一个演讲者，希望向听众传递信息、劝说他们赞同时，有活力的充满朝气的语言可以加强给予他们的暗示，得到他们的认同。同样的话，用充满活力的语气来表现，还可以带动听众的情绪。

一个再好的演讲稿，如果演讲者用呆板、平淡无奇的语气将演讲稿读出来，一样无法吸引听众的注意力。有活力的声音，甚至可以蛊惑听众。在赵本山和宋丹丹的小品中，赵本山就说过：“听这小声，至少有五个加号。”这就是说明有活力的声音，可以使人产生极美好的幻觉，它能够使一个年过七十的老人给人一种年轻、有活力的感觉。同样地，如果一个年轻人说话有气无力，则会使人产生一种苍老的感觉。

而要使自己的声音充满活力，其重点就是要注意重音，即根据演讲内容的需要，把重要的音、句或语意用强调的方式说出。这样演讲者的思想感情就能清楚明晰地传达给听众，并加深他们的印象。

声音不可千篇一律，这就是我们前面说的抑扬顿挫的语气的重要性。

具体来说，哪些内容需要演讲者重音强调呢？

首先，感情上的重音，在演讲中，它的作用在于帮助演讲者突出某种情绪，增强说话的感染力。

其次，声音的轻重要考虑到全篇的内容，通篇高亢的声音也会使人感到厌烦，所以重音的运用要考虑整个演讲的内容和主题。所以轻重得当，才能使整个演讲充满活力与激情。

七、发音是建立良好沟通的第一步

我们所说的话都是由每一个字组成的，然后给每一个字加上适当的重音和语调，再将所有内容正确而恰当地发音，就形成了演讲。这能够帮助我们准确地表达自己的思想，使听众明白演讲者的意思和所强调的重点。

练习发音的第一步是，练气。

咽喉炎似乎是所有教师的通病，这种现象一方面是因为教师每天的说话量过大；另一方面是因为没有掌握正确的发声方法。众所周知，播音员和歌唱家每天的一个必备功课就是练习发声，练习用气来发声，也就是人们常说的练声先练气。

气息是人体发声的动力，是发声的基础。演讲的效果与发声有着直接的关系，我们之前说了，有活力的声音可以使听众兴奋，反之，就会给人一种说话绵软无力的感觉。而影响发声的最直接原因就是气息，气息充足，声音就会响亮而有朝气；气息不足，声音就会恹恹无力；用力过猛就是我们常说的大嗓门，给人一种不礼貌的感觉。

我们在练声时，最重要的就是吸气与呼气训练。我们可以参考瑜伽中的腹式呼吸法来练习吸气和呼气。

所谓腹式呼吸法就是，吸气时让腹部凸起，吐气时压缩腹部使之凹入的呼吸法。正确的腹式呼吸法为：开始吸气时全身用力，此时肺部及腹部会充满空气而鼓起，但还不能停止，仍然要使尽力气来持续吸气，不管有没有吸进空气，只管吸气再吸气。然后屏住气息4秒，此时身体会感到紧张，接着利用8秒的时间缓缓地将气吐出。吐气时宜慢且长，不要中断。做完几次前述方式后，不但不会觉得难受，反而会有一种舒畅的快感。

它不但能练气，同时还能锻炼腹部肌肉，有助于减肥。

练习发音的第二步，练声。

第一，练习音高和音低。可以通过朗读古代诗词、散文等来练习。先从低音说起，再一句句地升高，说到最后再一句句地降下来。然后再一句高、一句低，高低交替地朗读，也可以每个字的音调由低向高，再由高向低。

第二，练习音强与音弱。可以采用和之前同样的材料，按音量从小到大来练习，从小音量练习开始，要注意的是音量虽小，但吐字一定要清晰。之后把音量加大到正常来练习，同样要求吐字清晰，抑扬顿挫。之后再加大音量，用大音量练习，这时要求气息强大，音色高亢洪亮。当我们能熟练清晰地用三种音量发音时，就可以进行三种音量的混合练习，这样的练习还可以加强我们的语感和语气。

第三，练习实音与虚音。所谓实音，就是音色响亮、扎实、清晰度高的声音，这就要求我们在发音时，要清晰明白，咬字要准确。虚音多用于表达感叹、回味、夸张等情感的语句中，说话的气息强而逸出较多，音量则有所控制，但是同样要注意字音的清晰。

第四，要注意的是，早晨刚睡醒时不要直接就到室外去练习，特别是室外与室内温差较大时，冷空气会刺激声带，那样会损害我们的声带。

八、不要让声音尖锐刺耳

每个人的声音和音域有所不同，有的人声音天生甜美，也有的人声音天生沙哑，有的人声音高亢，有的人声音低沉，有的人声音浑厚，这是每个人的先天条件，是不能改变的，但是我们可以控制自己的音高。偶尔的高声尖叫意味着紧张惊恐或者兴奋激动，在演讲中，偶尔来一次，可以起到加强气氛的作用，可以吸引听众的注意力。如果整篇演讲都用一种尖锐的歇斯底里的声音来讲，会使得听众神经紧张，使他们感到厌烦和痛苦，会破坏会场的氛围。

九、节奏适中有助于听众理解

聆听语言出色的人演讲是一种艺术的享受。这是因为他们在演讲时，抑扬顿挫，就像一个优秀的指挥家，将语言的节奏当作一首优美的交响乐随意指挥，随心所欲地演奏出扣人心弦的乐曲。

如果想要成为优秀的演讲者，就要了解语言的节奏有哪几种，同时按照这些节奏来不断地进行练习，每个人都能成为优秀的演讲家。

第一，高亢的节奏能营造出威武雄壮的效果，这种节奏的演讲者发出偏高的声音，同时语气的起伏较大，高亢的节奏能产生强烈的感染力和鼓动性，使听众热血沸腾，这样的节奏适合于叙述一件重大的事件，宣传重要决定及使人激动的事。

第二，低沉的节奏和高亢的节奏正好相反，它是为了营造一种低沉、庄严的气氛，通常使用较低的声音，低缓、沉闷，语速偏慢，语气压抑。它大都在一些庄重的环境中应用，如悲剧色彩的事件叙述，或慰问、怀念、吊唁等。

第三，凝重的节奏介于高亢和低沉之间，声音适中，语速适当，重点词语清晰沉稳，比较中庸。这种节奏每个字都要用重音来读，为了体现出一字千钧的感觉，在对于一些问题发表议论或者在做一些大的演讲时比较常用。

第四，轻快的节奏，这种节奏是大部分演讲中常用的，这样的演讲节奏比较适合大众，容易使人们产生融入感，日常性的对话、一般性的辩论，都可以使用这类型的节奏。

第五，紧张的节奏，通常运用比较快的语速来表达，往往带有一种迫切、紧急的情绪。每句话之间没有长时间的停顿。其目的是引起听众的紧张感和注意力，用于重要情况的汇报，或者是必须立即加以澄清的事实申辩等。

第六，舒缓的节奏和紧张的节奏正好相反，这是一种稳重、缓慢、舒展的表达方式。声音不高也不低，语流从容，给人一种安心悠闲的感觉。一般的说明性、解释性的叙述，学术探讨等类型的演讲都可以运用这种节奏。

最后值得我们注意的是，不同的节奏有时可以改变一个演讲的性质，作为一名演讲者，根据自身演讲的内容和性质选择合适的节奏，才能达到演讲的效果和目的。

十、准确地把感情色彩表现出来

人的声音不是一成不变的，而是有不同的语气，同时，人的感情在声音中都能够表达出来，声音是感情色彩的外部体现。演讲者正是通过演讲的语言将自己的感情传达给听众。

当人们心情愉快时，人的声音充满了活力，声音是明朗的。当人们忧伤时，声音就比较低沉，声音是黯淡的。演讲者在演讲中根据不同的演讲性质和演讲内容把自身的感情融入其中，才能够真正地感动听众。值得我们注意的是，在我们在声音中注入感情时，不能单纯地见喜用喜声，见怒用怒声，只是单纯地运用一种感情使得听众感觉虚假。同时在喜庆的场合有时也需要用庄重、悲伤的感情。举例来说，在婚礼上，大部分的语言所带有的感情都是喜悦、幸福的，但是在提到父母对新郎新娘的养育之恩时，可以用庄重的语气，而在提起去世的老人时则会用一种哀伤的感情。

十一、不要用鼻音说话

在日常生活中，我们经常听到有些人在说话时，经常会发出"哼""嗯"这样的发音，这就是鼻音。

有些人认为，"哼""嗯"这样的发音是一种时髦的说话方式，或者把这当成一种追星的表现。但是我们要知道，用鼻音来说话，不但会使得对方听不清你说的话，同时会使语言的作用大打折扣。

当我们用手指捏住鼻子，说话时就使用鼻腔来发音，这就是一种鼻音。运用鼻音是一种影响极坏的缺点。

我们在看电影时，经常会看到那种喜欢抱怨、脾气不好的反面角色，他们往往说话尖锐，怪声怪气，使人觉得不舒服，他们使用的就是鼻音。因此，一旦演讲者用鼻音来说话，不但不会达到演讲效果，反而会使得听众产生反感、排斥的心理。作为一名演讲者要练习运用胸腔发音，这也是我们之前练声的目的之一。

如果你没有用鼻音说话的坏习惯，那么要保持现状，并避免在将来说话时出现这种情况。如果你现在有用鼻音说话的坏习惯也不用着急，要保持心态的平稳，减少心理紧张，在说话时放松下腭、舌头，张开喉咙，打开声音，使声音从喉咙而不是从鼻孔中发出。

同时，我们可以用录音设备将自己的声音录下来，反复地聆听，从中寻找自己声音的缺点，发现有鼻音的地方，想想当时的语境并从中找到发音缺陷的原因。也可以通过和别人交谈来纠正自己语言的缺点。

第五节　普通话能力训练

普通话的定义是"以北京语音为标准音，以北方话为基础方言，以典范的现代白话文著作为语法规范的现代汉民族共同语"，这是在 1955 年的全国文字改革会议和现代汉语规范问题学术会议上确定的。这个定义实质上从语音、词汇、语法三个方面提出了普通话的标准。运用普通话来进行演讲既符合社会的需求，又能够使演讲的内容被尽可能多的人理解。

一、吐字要清晰准确

准确的发音，是演讲者传达自己意图的最基本的要素，只有清晰准确的发音才能使听者明确地领会演讲者所要表达的思想，加深听众的印象。

不准确的发音不但会损坏演讲者的形象，还会影响演讲者的思路和才能的发挥，影响听众的理解效果。

有这样一则笑话。

有一户潘姓人家长辈过世，家祭时请一位乡音很重的老先生来当司仪。

讣闻的落款是这样写的："孝男：潘根科；孝媳：池氏；孝孙女：潘良懿；孝孙：潘道时。"这位老先生老眼昏花并且发音不标准。当他照着讣闻唱名时，凡是字面上有三点水或左边部首的都漏掉没看到。于是他就给念成："孝男，翻……跟……斗……"

孝男一听，觉得很奇怪，但又不敢问，于是就翻了一个跟斗。

老先生接着又说："孝媳，也……是……"

孝媳一听："我也要翻啊？"于是孝媳也翻了一个跟斗。

老先生继续说："孝孙女，翻两次。"

孝孙女一听，想想爸妈都翻了，我也翻吧！于是就翻了两个跟斗。

此时孝孙心想："老爸、老妈都各翻一次，姐姐也翻两次，那么我要翻几次？"心里想着想着就开始紧张了："怎么办？"只见老先生扯开喉咙，大声念出："孝孙……翻……到……死！"

这仅仅是一个博人一笑的笑话，但是仔细想想，如果这样的事情发生在我们的实际生活中，那么我们是怎么也笑不出来的。

那么怎样才能准确地发音呢？应该做到以下两点。

(一)要念准字音

念准字音是有效交流的第一要素，要念准字音就要尽可能使用普通话，避免方言发音带来的误读误听。

(二)一定要避免读音错误

很多人都知道一句笑话：我骑着自行[háng]车到银行[xíng]去问行[xíng]长行[háng]不行[háng]。

汉语是世界上最复杂的语言之一，尤其是多音字、声调不同以及字形相近且平时不常用的字，如果不细心的话，经常会出现口误，闹出笑话。

1. 口部训练

口部的开合练习。张嘴像打哈欠(打牙槽)，闭嘴如啃苹果(松下巴)。开口的动作要柔和，两嘴角向斜上方抬起，上下唇稍放松，舌自然平放。经常做这个练习，可以克服口腔开度小的问题。

咀嚼练习。张口咀嚼与闭口咀嚼结合进行，舌自然平放，反复练习即可。

双唇练习。一个方法是双唇闭拢向前、向后、向左、向右、向上、向下及左右转圈，另一个方法是双唇打响。

舌部练习。舌部练习方法较多，分列如下：舌尖顶下齿，舌面逐渐上翘；舌尖在口内左右顶口腔壁，在门牙上下转圈；舌尖伸出口外向前伸、向左右伸、向上下伸；舌尖弹硬腭，弹上唇，练习其弹性；舌尖与下齿龈接触打响。

2．呼吸发声练习

慢吸慢呼。立定站稳或一只脚稍向前，双目平视前方，头正，双肩放松，用鼻子吸上一口新鲜空气。保持几秒钟，然后再轻缓地呼出。

快吸慢呼。想象一下，当你看到一封意想不到的来信时，你会迅速而短促地吸一口气，并保持气息，喊一声"啊"，然后保持着吸气状态。你可以经常假想这种状态，反复练习，可以延长呼气时间，对吐字清晰、掌握运气有帮助。

上述方法，只要坚持练习，就可以使你的发音准确，使你的音色圆润。

二、语调要准确

语调是语言表达中的第二大要素，同样的拼音因为平仄不同可以生出不同的语义。例如"tang"，因为语调不同可以有"汤""糖""躺""烫"这四种不同的意思。

语调能够润色语言，促进思想沟通，使语言表达更加清晰明确，从而增强语言的表现力。

四声是古汉语声调的四种分类，以表示音节的高低变化，包括平声、上声、去声和入声。平声、上声、去声又称舒声，入声则为促声。舒声韵尾以元音或者鼻音结尾，促声韵尾以塞音结尾。入声除了是一个声调，还是一系列以塞音收尾的韵母的统称。现代普通话已经失去了入声。唐宋以来，汉语在四声的基础上区分声母清浊对应的阴调和阳调形成八声，也就是四声八调。

三、语言能力的练习

中国语言博大精深，口语是人们交流的必需，我们要别人理解我们的思想，一般是依靠前后连贯、相对完整的语言来实现的。常见的表达能力不强而又缺乏训练的人，经常会出现的问题是语言吞吞吐吐、词不达意、前后脱节等问题。所以，对于这些问题，语言的训练能够培养他们完整、准确的口语表达能力。

首先，增大词汇的储存量。

词汇是语言的基础，一个人不能说出他不知道的事情，同样地，也不能说出自己不知道的词汇。所以词汇贫乏就会造成语流阻断、语言无味、语无伦次。

为了解决这种现象以增加词汇的储存量，你需要储备各方面富有表现力的词汇、短语，使语流更准确、更顺畅。

增加词汇量的方法有很多，可以通过和其他人交流来学习自己没有掌握的词汇，也可以通过阅读字典、词典来增加自身的词汇储备，或者也可以通过专门的普通话训练一方面来增加词汇量，另一方面也能够纠正读音。

其次，炼句的训练。

在生活中，人们都讨厌说话啰唆重复的演讲者，就像一些单位，人们一听到领导讲话就头大，这主要是大多数领导讲话给人一种冗长但没有实际意义的感觉，这是因为，在每句话中信息量过少，但每句话又都很长。

一个人在说话前如果没有想好要说些什么、怎么说，就会不可避免地产生无法凝聚思维语言的现象，这就导致了词不达意。

炼句的训练就是为了避免这种现象，使演讲者的语言简洁利索。

在炼句的训练中，我们可以倾听别人的演讲，寻找其中的语言缺陷和用句的精妙之处；也可以和朋友互相练习，让对方故意讲一句或一段不精练的话，然后对这个句子进行改写；还可以将原本没有问题的句子进行缩写，例如，一句话新闻。

最后，练习使用各种句式。

不同的句式能够表达不同的感情，在演讲中，要避免通篇运用陈述句使得听众觉得无聊。

句式训练的目的是培养运用多种句式推动语流畅通，增强表达效果的能力。重点训练长短句的交错和多重复句、插入、倒装等句式的运用，以及陈述、疑问、祈使、感叹句式的组合使用。

四、有声语言怎样正确练声

声带发出来的音是单调乏力的，只有经过头腔、口腔、喉腔、胸腔等共鸣腔的控制才能产生洪亮悦耳的声音。要么激昂高亢、一泻千里，要么清澈流转、娓娓道来，要么平缓深沉、宽厚低吟。

人的共鸣腔以咽腔为主，分为中、低、高三区。低音共鸣区是指胸腔共鸣区。中音共鸣区就是咽腔共鸣区，指硬、软腭以下，胸腔以上的各共鸣腔。高音共鸣区指鼻腔共鸣腔、头腔共鸣腔。应用、控制各个共鸣腔并求得整体配合可美化音色，加大音量，使声音变化无穷。

下面介绍几种练习方法。

(1) "哼鸣"练习：放松喉头，把"哼"的感觉置于叹气的呼吸状态上。练时不能太紧。检验方法：哼唱时看嘴巴能否灵活动作，可以则为正确。

(2) 半打哈欠：即闭口打一个哈欠，喉咙呈打开状，软腭提。

(3) 气泡音练习：嘴闭，用轻匀的气流冲击声带，使之发出细小的抖动声。

(4) 模拟汽笛长鸣(di——)，可平行发音，也可按由小到大或由大到小的变化进行。

(5) 模拟声乐节奏发音。

(6) 呼唤练习：假设一个对象分别处在 50 米、100 米或更远点，大声拖喊："小程——等——等！"

(7) 音阶层递练习：由低到高、由高到低或高低变化层递训练。

天啊！走开！

天啊！！走开！天啊！

走开！请安静！

我们开始上课了！

(8) 夸张四声练习。

山——明——水——秀；

风——调——雨——顺；

阴——阳——上——去；

逆——水——行——舟；

刻——骨——铭——心；

胸——怀——广——阔；

鲲——鹏——展——翅。

五、有声语言怎样清晰咬字

有些演讲者演讲时，听众会听不清、听不明、听不准。主要原因是演讲者吐字不清，归音不到位。吐字归音是说唱艺术中传统的咬字方法，即把音节的发音过程分为出字、立字、归音三个阶段。出字要准确，有叼住弹出感；立字要圆满，充实；归音要鲜明，干净。整个过程类似枣核形。可以用下列方法进行训练。

(1) 弹唇：双唇紧闭阻住气流，然后突然打开，爆发 b 或 p 音。

(2) 转唇：双唇紧闭，用力噘起，顺时针转 360°，再逆时针转 360°。

(3) 弹舌：舌轻触上齿背，用气冲击使舌跳动。

(4) 卷舌：用 "er" 练习。

(5) 练习下列绕口令。

① 荞麦摘巴苞谷摘巴。

② 妈妈骑马，马慢妈妈骂马。妞妞轰牛，牛拗妞妞拧牛。

③ 打南边来了个喇嘛，手里提拉着五斤鳎目。打北边来了个哑巴，腰里别着个喇

叭。南边提拉着鳡目的喇嘛要拿鳡目换北边别着喇叭的哑巴的喇叭，哑巴不乐意拿喇叭换喇嘛的鳡目，喇嘛非要拿鳡目换别喇叭的哑巴的喇叭，喇嘛抡起鳡目抽了别喇叭的哑巴一鳡目，哑巴摘下喇叭打了提拉鳡目的喇嘛一喇叭。也不知是提拉鳡目的喇嘛抽了别喇叭的哑巴一鳡目，还是别喇叭的哑巴打了提拉鳡目的喇嘛一喇叭。喇嘛拿眼瞪鳡目，哑巴嘀嘀嗒嗒吹喇叭。

六、普通话训练

(一)声母训练

普通话声母：按汉语语音传统的分析法，一个音节可以分为声母、韵母、声调几部分。声母指音节开头的辅音，如 fei yue "飞跃" 两个音节中的 f 和 y，gong jiao che(公交车)三个音节中的 g、j、c。

普通话由辅音充当的声母有 21 个，还有一个零声母。

b p m f d t n l g k h j q x zh ch sh r z c s

(二)平、翘舌音训练

1．训练要领

z c s 发这三个声母时，舌头平伸，舌尖与上齿背接触形成阻碍。

zh ch sh 发音时，舌尖上翘，与硬腭前部接触形成阻碍。

2．对比训练

1) 字对比

损—顺　长—仓　参—掺　春—村
早—找　从—虫　苏—书　缩—说
森—深　沙—洒　三—山　脏—张
谆—尊　怎—真　扎—杂　资—知

2) 词对比

粗布—初步　擦车—叉车　乱草—乱吵
史记—死记　师长—司长　商业—桑叶
私人—诗人　自立—智力　栽花—摘花

3) 组词对比

作者　滋长　种族　转载　残春　操场
揣测　飒爽　私事　疏松　世俗　财产

4) 听辨训练

推辞—推迟　三角—山脚　资源—支援

主力—阻力　征兵—增兵　照旧—造就

棉纸—棉籽　事实—四十　诗人—私人

商业—桑叶　鱼翅—鱼刺　一成——层

竹子—卒子　最粗—最初　摘桃—栽桃

5) 绕口令训练

这是蚕,那是蝉。蚕常在叶里藏,蝉藏在树里唱。

四是四,十是十,十四是十四,四十是四十,十不能说成四,四也不能说成十。若是说错了,就要误大事。

战士史有志,喜欢看报纸。一看中央指示,二看国际时事,三看国内新闻,四看小说新诗。认不得的字就查字典,重要的内容就抄笔记。久而久之,学问挺深,大家就拜他为师。要问他有什么诀窍,回答很妙:学无止境,持之以恒,时间抓得紧,不愁不长进。

(三)鼻音与边音训练

1. 训练要领

发鼻音 n 时,软腭、小舌下降紧贴舌根,这时口腔通路关闭,鼻腔通路打开,气流振动声带,在鼻腔产生共鸣,从鼻腔流出。

发边音 l 时,软腭、小舌上升,堵住鼻腔的通路,气流振动声带,从舌的两边流出。

2. 对比训练

1) 字的对比

老—脑　刘—牛　路—怒

类—内　赖—耐　年—连

诺—落　龙—浓　闹—捞

拉—拿　冷—能　连—年

列—涅　吕—女　零—宁

2) 词的对比

新粮—新娘　旅客—女客

脑子—老子　呢子—梨子

新连—新年　水牛—水流

3) 组词对比

冷暖　老年　能量　奴隶　凝练

暖流　嫩绿　历年　尼龙　老农

落难　鸟类　年轮　奶酪　农林

4) 听辨训练

老路—恼怒　浓重—隆重　女伴—旅伴

允诺—陨落　留念—留恋　难住—拦住

大年—大连　无奈—无赖　脑子—老子

5) 绕口令训练

有座面铺面朝南，门口挂个蓝布棉门帘。摘了蓝布棉门帘，看了看，面铺面朝南；挂上蓝布棉门帘，看了看，面铺还是面朝南。

门口有四辆四轮大马车，你爱拉哪两辆就拉哪两辆。小罗要拉前两辆，小梁不要后两辆。小梁偏要抢小罗的前两辆，小罗只好拉小梁的后两辆。

牛郎年年恋刘娘，刘娘连连念牛郎；牛郎恋刘娘，刘娘念牛郎；郎恋娘来娘念郎。

老龙恼怒闹老农，老农怒恼闹老龙，农怒龙恼农更怒，龙恼农怒龙怕农。

第六节　朗读能力训练

我国电影界流传着这样一段趣事：在一次朋友聚会的时候，著名电影艺术家赵丹用方言为大家绘声绘色地吟诵了一段文字，结果使满堂宾客为之动容，有的女宾竟泪流满面。当他告诉大家自己朗诵的只不过是宴会的菜谱时，大家都拍案叫绝。这个故事告诉我们，无论是什么作品，出色的朗读，会使你情不自禁地被吸引，会在不知不觉中进入一种美好的意境之中，获得高尚的艺术享受，甚至触动心灵，丰富情感，陶冶情操。这，就是朗读的感人魅力。通过朗读练好自己的声音，做到发声美，这是口才好的重要方面，也是口语训练的重要内容。

一、朗读的特点

所谓朗读，就是把书面的文字作品转化为发音规范的有声语言的再创作活动。朗读具有以下特点。

1. 声音性

朗读运用的是有声语言，所以声音性是它同书面语的根本区别。朗读是自觉地运用语音技巧，对书面语言进行再加工，把静止的视觉形象的文字，转变为生动活泼的、听觉可以接受的有声语言。人们就是从朗读的语流声中"听"到作者对社会生活的认识、感受、志趣、情怀的。

2. 规范性

朗读必须体现有声语言的规范性，主要体现在三个方面。

(1) 规范的语言——以北京语音为标准音；

(2) 规范的语汇——以北方方言为基础方言；

(3) 规范的语法——以典范的现代白话文著作为语法规范。

3. 创造性

国外文学家曾说过"语言不等于言语"，"言语要比语言的材料(词汇、语法)丰富得多"。这里所说的言语，指口头语言。所谓言语比语言丰富，就在于它可使人们直接感受到语音所给予的动感。朗读者把书面语言无法表达的内容，如语气、语调、语势、语感和情感的变化等生动地再现出来，并以此感染听众。这本身就是一种创造，所以说朗读具有创造性。

二、朗读的作用

朗读具有以下作用。

1. 能培养敏锐的语感

所谓语感，有两方面的含义：既是指对语言信息接收和储存的能力，又是指对于语言信息的发出、驾驭的能力。汉语语法复杂多变，通过对典范作品的诵读，可以在潜移默化中接受严格的、规范性的书面语言的指导和熏陶，使人感受到汉语的丰富和优美，从而培养其敏锐的语感，使口语语流更加畅通。

2. 能促使普通话水平的提高

朗读要求普通话语音必须准确规范。在朗读练习中，将已学过的语音知识应用于实践，可以完成普通话从音素—音节—字词以至句子整个综合训练过程，帮助我们纠正发音。

朗读在推动语言规范化方面的作用不可低估，我们常发现这样一种现象：有人平日说话，满口方言，可一拿起文章朗读，却基本符合普通话语音要求，这不正说明朗读的规范化作用吗？由此我们可以得出这样的结论，学习和掌握普通话，达到语言规范化要求，完全可以通过朗读来实现，我们绝不可放过这条捷径。同时，朗读可以使声带、语调等得到全面锻炼，使说出的话更加优美动听，从而可提高普通话的表达水平。

3. 能提高我们的鉴赏力和语言表现力

俗话说："书读百遍，其义自现。"一方面，反复的诵读，不仅能使我们准确地把握文章的构思立意、布局谋篇，而且能进一步熟悉作品的思想内容、感情基调，加深对作品深层次的理解，从而提高对各种作品的鉴赏能力。

另一方面，在朗读的过程中，我们能仔细分析和深深体味作品反映现实、阐明事理、抒发感情的艺术技巧。当我们通过自己的有声语言加以表达时，绝不仅仅是"念字出声"的无思维活动，而是动员了自己全部能力的再创作，作品的精华会被吸收、储存，积累到一定程度时，其效果就会显现出来。慢慢地我们感到，自己的语汇丰富了，思维敏捷了，下笔有神了，出口成章了，表达生动了。总之，我们的语言表现力明显提高了。

4. 能陶冶我们的素养情操

文字作品是作者对现实生活亲身体验和思索的结晶。常用来作为朗读材料的作品，多出自古今中外的名家高手，是脍炙人口的佳作。其中所体现的那种文章结构美，艺术形象美，风格情调美，理想境界美，等等，不仅可使我们获得生活知识，丰富阅历，拓宽视野，提高文化素养，而且还可获得艺术美的享受，使我们的灵魂得到净化、情操得以陶冶、道德人格更加完善、人生的价值目标更加明确，激发我们奋发向上、拼搏进取。

三、朗读的要求

朗读的要求如下。

1. 准确

准确包含以下内容。

(1) 用普通话朗读，声、韵、调准确。普通话是汉民族的共同语，优美动听，表现力强，用普通话朗读，能给人以美感。如果普通话不标准，或者满口方言，就会影响听众对原文的理解，更谈不上美感。

(2) 忠于原作、不丢字、不添字、不改字、不错字、不吃字(即字音含糊不清带过)。应该熟悉作品，对把握不准的字音要通过字典查清楚。

2. 流利

朗读时，一定要做到不破句、不破词、不重复、不打顿、有层次、有节奏、流利通畅，让人听清楚、听明白。把词拆开读，或者句子读不连贯，就会大大影响朗读效果。

3. 响亮清楚

朗读时发音要响亮，口齿要清楚，吐字要清晰，要把每个字都清清楚楚地传到听众耳中。响亮清楚是朗读的基本要求，也是朗读者必须掌握的基本功。要做到这一点，必须掌握科学的发声方法，加强吐字归音的练习，使声音圆润优美，响亮清晰，提高发音质量，努力增强朗读效果。

4. 把握好感情基调

文字作品的感情基调是朗读的依据，要把握好。朗读要带感情，要结合内容，运用自己的有声语言，以情带声，以声传情，声情并茂。感情的表达必须受主题和基调的制约，语调的装腔作势，缺乏理性的"感情泛滥"，对表演效果的过度追求，都违背朗读的基本要求，是不可取的。

5. 正确运用朗读技巧

停顿、重音、升降、快慢等是语调的四大要素，都属于朗读技巧。朗读时要求做到重音准确鲜明，停顿适当，句调自然，快慢相宜，从而给听众以抑扬多变、错落有致、和谐悦耳的美感。运用好朗读技巧，是提高朗读效果的有力保证。

【课堂训练一】

根据要求，朗读下面两篇作品，注意人物语言和情节描写。

狼 和 小 羊

狼来到小溪边，看见小羊正在那儿喝水。

狼非常想吃小羊，就故意找茬儿，说："你把我的水弄脏了！你安的什么心？"

小羊吃了一惊，温和地说："我怎么会把您喝的水弄脏呢？您站在上游，水是从您那儿流到我这儿来的，不是从我这儿流到您那儿去的。"

狼气冲冲地说："就算这样吧，你总是个坏家伙！我听说，去年你在背地里说我的坏话！"

可怜的小羊喊道："啊，亲爱的狼先生，那是不会有的事，去年我还没有生下来呢！"

狼不想再争辩了，龇着牙，逼近小羊，大声嚷道："你这个小坏蛋！说我坏话的不是你就是你爸爸，反正都一样。"说着就往小羊身上扑去。

落 花 生

许地山

我们家的后园里有半亩空地，母亲说："让它荒着怪可惜的，你们那么爱吃花生，就开辟出来种花生吧。"我们姐弟几个都很高兴，买种、翻地、浇水，没过几个月，居然收获了。

母亲说："傍晚我们过一个收获节，请你们父亲也来尝尝我们的新花生，好不好？"我们都说好。母亲把花生做成了好几样食品，还吩咐就在后园的茅亭里过这个节。

晚上天色不太好，可是父亲也来了，实在很难得。

父亲说："你们爱吃花生么？"

我们争着答应："爱！"

"谁能把花生的好处说出来？"

姐姐说："花生的味儿美。"

哥哥说："花生可以榨油。"

我说："花生价钱便宜，谁都可以买来吃。这就是它的好处。"

父亲说："花生的好处很多，有一样最可爱：它的果实埋在地里，不像桃子、石榴、苹果那样，把鲜红嫩绿的果实高高地挂在枝头，使人一见就生爱慕之心。你们看它矮矮地长在地上，等到成熟了，也不能立刻分辨出来它有没有果实，必须挖出来才知道。"

我们都说是，母亲也点点头。

父亲接下去说："所以你们要像花生，它虽然不好看，可是很有用，不是外表好看而没有实用的东西。"

我说："那么，人要做有用的人，不要做只讲体面，而对别人没有好处的人了。"

父亲说："对。这是我对你们的希望。"

我们谈到夜深才散。花生做的食品都吃完了，父亲的话却深深地印在我的心上。

四、朗读的准备

朗读前，要做好以下准备工作。

(一)念准字音

朗读是通过有声语言形式将文字作品的丰富内涵再现出来。声音是看不见，摸不着的，而且稍纵即逝。如果字音念不准，听众会莫名其妙、不知所云，甚至会产生误解，闹出笑话。因此，必须不放过一切生字、生词，对多音多义字、异读字、特殊读音字，要认真查阅工具书，把每个字弄清楚、弄明白。

【课堂训练二】

朗读下文，注意念准字音。

可爱的小鸟

王文杰

没有一片绿叶，没有一缕炊烟，没有一粒泥土，没有一丝花香，只有水的世界，云的海洋。

一阵台风袭过，一只孤单的小鸟无家可归，落到被卷到海里的木板上，乘[1]流而上，姗姗[2]而来，近了，近了！……

忽然，小鸟张开翅膀[3]，在人们头顶上盘旋了几圈，"噗啦"[4]一声落到船上。许是累了？还是发现了"新大陆"？水手撵[5]它不走，抓它，它乖乖地[6]落在掌心。可爱的小鸟和善良的水手结成了朋友[7]。瞧，它多美丽，娇巧的小嘴，啄[8]理着绿色的羽毛，鸭子样的扁脚，呈现出春草的鹅黄。水手们把它带到舱里，给它"搭铺"，让它在船上安家落户，每天，把分到的一塑料桶淡水匀给它喝，把从祖国带来的鲜美的鱼肉分给它吃，天长日久，小鸟和水手的感情日趋笃厚[9]。清晨，当第一束[10]阳光射进舷窗[11]时，它便敞开美丽的歌喉，唱啊[12]唱，嘤嘤[13]有韵，宛如春水淙淙[14]。人类给它以生命，它毫不悭吝[15]地把自己的艺术青春奉献给了哺育[16]它的人。可能都是这样？艺术家们的青春只会献给尊敬他们的人。

小鸟给远航生活蒙上了一层浪漫色调[17]，返航时，人们爱不释手，恋恋不舍地想把它带到异乡。可小鸟憔悴[18]了，给水，不喝！喂肉，不吃！油亮的羽毛失去了光泽。是啊[19]，我们有自己的祖国，小鸟也有它的归宿，人和动物都是一样啊[20]，哪儿[21]也不如故乡好！

慈爱的水手们决定放开[22]它，让它回到大海的摇篮去，回到蓝色的故乡。离别前，这个大自然的朋友与水手们留影纪念。它站在许多人的头上，肩上，掌上，胳膊[23]上，与喂养过它的人们，一起融进那蓝色的画面……

【语音提示】

[1]乘 chéng　　[2]姗姗 shānshān　　[3]翅膀 chìbǎng　　[4]噗啦 pūlā　　[5]撵 niǎn

[6]乖乖　guāiguāi　[7]朋友 péngyou　　[8]啄 zhuó　　[9]笃厚 dǔhòu　　[10]束 shù

[11]舷窗 xuánchuāng　　[12]啊 a　　[13]嘤嘤 yīngyīng　　[14]淙淙 cóngcóng

[15]悭吝 qiānlìn　　[16]哺育 bǔyù　　[17]色调 sèdiào　　[18]憔悴 qiáocuì

[19]啊 a　　[20]啊 a　　[21]哪儿 nǎr　　[22]放开 fàngkāi　　[23]胳膊 gēbo

(二)深刻理解作品

朗读虽属口语表达艺术，朗读得好离不开朗读技巧，但对作品理解不深，也会影响朗读效果。理解作品，可以从以下几点做起。

1. 了解作品

朗读前，要弄清作者与这篇作品的具体历史时期、社会条件、特定环境、思想状况、何种心境、创作动机等问题，便于从根本上理解作品。只有这样，对朗读时感情的把握、语调的运用才能适中，才能读出感情的韵味。

【课堂训练三】

朗读朱自清《荷塘月色》和《绿》，分析写作背景和作者的思想感情，读出真情实感。

2. 明确主题

主题，是作品内容的集中和升华。在掌握文章基本内容的基础上，应明确全文的主题。不仅要了解写了什么人、什么事，而且要明确作者为什么要写这些人、这些事，作者的态度是歌颂的还是暴露的。朗读者弄清这一点，才能具有鲜明的态度、真实的感情，这是朗读的灵魂。

【课堂训练四】

朗读下文，分析主旨，注意感情表达。

人，又少了一个

三年前，也是冬天。一个骨瘦如柴的女人来到我家门前。

她头发蓬乱，脸色苍黄，穿着一件空荡荡的破旧花棉袄，一条褪色的灰布裤子，手中提着一个白布口袋。她轻轻推开我家虚掩的大门，缩缩瑟瑟地探进头来。我正站在窗口。

"太太，我不是叫花子。我只是要点米。我的孩子饿得直哭！"她没等我回答，就自我介绍下去："我也是大学毕业的。哪，你看。"她抖着手由内衣口袋中掏出身份证来。"这上面都写着的。这是我以前的照片！"

出于好奇，我接过她的身份证。那是一个富态的中年女子的照片：光亮细碎的发鬓，整整齐齐地贴在头上。淡淡的双眉，弯在那一双满足的眼睛之上。衣襟上还盘着一个蝴蝶花扣。

我端详着照片的时候，她就一个人絮絮叨叨地讲了下去："我先生坐了牢。我就一个人带着四个孩子，饱一天，饿一天。我替人洗衣服，付了房钱，喝稀饭都不够！孩子们饿得抱着我哭。我只有厚着脸皮出来讨点米。我只要米，不要钱。我不是叫花子，我是凭一双手吃饭的人！太太！唉！我真不好意思，我开不了口，我走了好几家，都说不出口，又退了出来了！我怎么到了这一天！"她撩起衣角来拭眼泪。

我将她的口袋装满一袋米。她抖动着两片龟裂的嘴唇说道："这怎么好意思？您给我这么多！这怎么好意思！谢谢。太太，我不晓得怎么说才好。我——我直想哭！"她淌着泪背着一袋米走了。

三年后的今天，我又看见了那个女人。她正站在巷口一家人家门前。我打那儿经过。她皱缩得更干小了！佝偻着背，靠在门框上。脸上已经没有三年前那种羞怯的神情了。咧着一嘴黄牙，阴森森地笑着。用一种熟练的讨乞声调高声叫道："太太，做做好事，赏一点吧！太太，做做好事，赏一点吧！"

只听见门口当啷一响,是金属落地的声音。接着是一声吆喊:"一角钱拿去!走,走,谁叫你进来的?你这个女人,原来还自己洗衣服赚钱,现在连衣服也不洗了,还是讨来的方便!"

那女人笑嘻嘻的:"再赏一点吧,太太,一角钱买个烧饼都不够!"

"咦,哪有讨饭的还讨价还价的?走,走,在这里哼哼唧唧的,成什么样子?"

那女人的嘴笑得更开了:"再给我一点就走,免得我把您地方站脏了,再多给一点!"

砰的一声,大门被踢上了。那女人回过头来,冷笑了一声,然后漠然地望了我一眼。她已经不认得我了。

3. 理清脉络层次

文章作者从写作角度出发形成了自然段落,朗读时应研究段落之间的内在联系,分析篇章结构,理清脉络、层次,使作品中的人物、事件的来龙去脉在头脑中清晰起来,这样朗读时就可以根据脉络层次适当地变换语调、安排停顿。

4. 找出关键性的字、词、句

文章的"文眼"有时就体现在关键性的几个字、词或句子上,找到了它们,对理解内容、分析结构都大有帮助,也可以更好地为朗读做准备。这些关键性的字、词、句朗读时要重读,这样会增强表达效果。

【课堂训练五】

朗读"桂林山水",划分结构层次,找出关键词句。

桂 林 山 水

人们都说:"桂林山水甲天下。"我们乘着木船,荡舟漓江,来观赏桂林的山水。

我看见过波澜壮阔的大海,欣赏过水平如镜的西湖,却从没看见过漓江这样的水。漓江的水真静啊,静得让你感觉不到它在流动;漓江的水真清啊,清得可以看见江底的沙石;漓江的水真绿啊,绿得仿佛那是一块无瑕的翡玉。船桨激起的微波,扩散出一道道水纹,才让你感觉到船在前进,岸在后移。

我攀登过峰峦雄伟的泰山,游览过红叶似火的香山,却从没看见过桂林这一带的山。桂林的山真奇啊,一座座拔地而起,各不相连,像老人,像巨象,像骆驼,奇峰罗列,形态万千;桂林的山真险啊,危峰兀立,怪石嶙峋,好像一不小心就会栽倒下来。

这样的山围绕着这样的水,这样的水倒映着这样的山,再加上空中云雾迷蒙,山间绿树红花,江上竹筏小舟,让你感到像是走进了连绵不断的画卷,真是"舟行碧波上,人在画中游"。

(三)感受情思

1. 形象感受

朗读中的形象感受，是指由于作品中的词句概念对朗读者内心的刺激而引起的对客观事物的感知、体会和思考。它包括眼、耳、鼻、舌、身方面的感觉和时间、空间、运动方面的知觉，是"感之于外，受之于内"而形成的，这是朗读好文章的重要因素。形象感受主要实词的作用十分重要，要妥善处理好。

范例一

《卖火柴的小女孩》开头三句："天冷极了，下着雪，快黑了。"这些词句刺激读者的视觉感官，透过白纸黑字，朗读者仿佛看到了天色、雪花，从而感到"冷"。

范例二

杨朔"荔枝蜜"中的片段："……热心肠的同志送给我两瓶。一开瓶子塞儿，就是那么一股甜香；调上半杯一喝，甜香里带着股清气，很有点鲜荔枝的味儿。喝着这样的好蜜，你会觉得生活都是甜的呢。"

这是嗅觉想象引起的嗅觉感受。当我们读到此时，也情不自禁地会抽一下鼻子，吸一口气，似乎一股香甜味扑面而来，其实我们并没有闻到什么，只是几个字词给我们的刺激而已。

【课堂训练六】

分析理解长篇小说《红岩》中下面一段文字的形象感受。

一阵狂风卷过，寒风阵阵袭来，站立在签子门边的余新江浑身发冷，禁不住颤抖了一下。屋瓦上响起了哗哗的声音，击打在人心上。是暴雨？这声音比暴雨更响，更加嘈杂，更加猛烈。"冰雹！"余新江听见有人悄声喊着，他也侧耳听着屋瓦上的响声，在沉静的寒气里，在劈打屋顶的冰雹急响中，忽然听出一种隆隆的轰鸣。这声音夹杂在冰雹之中，时大时小。余新江渐渐想起，刚才在冰雹之前的狂风呼啸中，似乎也听到过这种响声，只是不如现在这样清晰，这样接近，因为他专注地观察敌人，所以未曾引起注意。这隆隆的轰鸣，是风雪中的雷声么？余新江暗自猜想着：在这隆冬季节，不该出现雷声啊！难道是敌人在爆破工厂，毁灭山城了么？忽然，余新江脸上露出狂喜，他的手心激动得冒出了汗水，他忽然一转身，面对着一室的人，眼里不可抑制地涌出滚烫的泪水。

"听！解放军的炮声！"

2. 逻辑感受

人们通常把作品中全篇各层次、段落、语句之间的内在联系，称为逻辑关系。这内在联系，如同文气，顺畅地贯彻全篇；犹如经络，紧密地布满全身。无论组合的先后顺序，还是情节矛盾的连绵起伏，都在朗读者的头脑中形成强烈的感受，这种感受，通常叫作逻辑感受。

逻辑感受通常从虚词中获得。"不但""而且""因为""所以"这些虚词似乎看不见、摸不着，没有什么实在意义，但它对议论文体发展脉络，贯通文气，连接层次、语句等起着重要作用，有人曾形象地把其比喻为文章的"鹊桥"。如果朗读议论性文体时，能抓住这些虚词，并理清它们之间的关系，会收到事半功倍之效。

逻辑感受体现在两个方面：一是语言要准确，不能含糊其词；二是语言脉络要清晰，不能模棱两可。

【课堂训练七】

任选《拿来主义》中某一片段，找出"虚词"，弄清逻辑关系，体味感受，朗读。

(四)再现情景

再现情景是借助于联想和想象，把文字符号所反映的客观事物展现在眼前，使朗读者处于如见其人、如闻其声、身临其境的虚幻境界之中的内心活动。

朗读再现情景，不仅要求展现活动的画面、立体的形象，而且要求朗读者因景动情，这是再现情景的核心。因为朗读必须以情感人，"而要感动别人，自己要先受感动。要点燃听众的心头之火，自己就必须是一团火"。就是说，要把作者倾注在作品中的感情，变成自己的感情，把作者的恨变成自己的恨，把作者的爱变为自己的爱。

如贺敬之《放声歌唱》中有一段：

> 是什么样的神明
> 施展了
> 这样的魔力，
> 生活啊，
> 怎么会来得
> 这样神奇？——
> 长安街的
> 夜景啊，
> 怎么竟这样迷人？
> 大兴安岭的
> 林场啊，
> 怎么竟如此美丽？

一片汪洋的

淮河两岸，

怎么会

万顷麦浪？

百里无人的

不毛之地，

怎么会

烟囱林立？

为什么

沙漠

大敞胸怀，

喷出

黑色的琼浆？

为什么

荒山

高举手臂，

捧献出

万颗宝石？

啊，我的曾是贫穷而孤独的

乡村，

今夜

为什么

笑语喧哗？

我的曾是满含忧愁的

城镇，

为什么

灯火辉煌

彻夜不息？

这节诗通过对景物的描绘，歌颂了在党的领导下，共和国翻天覆地的变化，抒发了诗人的爱国激情。朗读时，要凭借想象的翅膀，让眼前呈现长安街的夜景，大兴安岭的林场，淮河两岸的万顷麦浪，不毛之地的林立烟囱，直至笑语喧哗的乡村，灯火辉煌的城镇。

当我们依次对作品中的形象进行想象时，作品的内容就得到了充实，作品的时空得到了无限扩展。我们的眼前呈现出了祖国万里江山繁花似锦的醉人景象。我们会深深地热爱脚下这片国土，诗人的爱国激情会变为我们自己的爱国激情，这样，自己的感情会渐渐丰富起来，燃烧起来，在朗读时就容易感染听众。人们常说：诗人应不失赤子之心。而朗读者如果没有赤子之心，也是朗读不好的。

(五)标写朗读符号

在正确理解文章并引发自己情感的基础上，我们确定了文章的感情基调。根据语音技巧，我们还可以找到文章中词句的轻重音、停顿的位置，掌握停顿时间的长短，朗读时就能正确把握，更快地提高朗读水平。

常见的朗读符号如下：

停顿：/(稍停) //(一般停顿) ///(较长停顿)

重音：.

韵脚：•

句调：→(平直调) ↗(高升调) ↘(低降调) ↗↘(曲折调)

(六)试读

反复试读也是准备工作的一个重要步骤。试读可以纠正不正确的读音，及时发现一切影响朗读效果的现象。在试读练习中，随着文章内容的发展，感情的变化，适当调整语调的高低快慢、轻重缓急。试读还可以进一步加深对文章内容的理解，在理解的基础上又可以进一步修改朗读的不当之处。

【课堂训练八】

根据要求，对下文进行朗读前的准备。

春

朱自清

盼望着，盼望着，东风来了，春天的脚步近了。

一切都像刚睡醒的样子，欣欣然张开了眼。山朗润起来了，水涨起来了，太阳的脸红起来了。

小草偷偷地从土里钻出来，嫩嫩的，绿绿的。园子里，瞧去，一大片一大片满是的。坐着，躺着，打两个滚，踢几脚球，赛几趟跑，捉几回迷藏。风轻悄悄的，草软绵绵的。

……

"吹面不寒杨柳风"，不错的，像母亲的手抚摸着你。风里带来些新翻的泥土的气息，混着青草味儿，还有各种花的香，都在微微湿润的空气里酝酿。鸟儿将巢安在繁花绿叶当中，高兴起来了，呼朋引伴地卖弄清脆的喉咙，唱出宛转的曲子，跟轻风流水应和着。牛背上牧童的短笛，这时候也成天嘹亮地响着。

雨是最寻常的，一下就是三两天。可别恼。看，像牛毛，像花针，像细丝，密密地斜织着，人家屋顶上全笼着一层薄烟。树叶儿却绿得发亮，小草儿也青得逼你的眼。傍晚时候，上灯了，一点点黄晕的光，烘托出一片安静而和平的夜。在乡下，小路上，石桥边，有撑起伞慢慢走着的人，地里还有工作的农民，披着蓑戴着笠。他们的房屋，稀稀疏疏的，在雨里静默着。

天上风筝渐渐多了，地上的孩子也多了。城里乡下，家家户户，老老小小，也赶趟似的，一个个都出来了。舒活舒活筋骨，抖擞抖擞精神，各做各的一份儿事去。"一年之计在于春"，刚起头儿，有的是工夫，有的是希望。

春天像刚落地的娃娃，从头到脚都是新的，它生长着。

春天像小姑娘，花枝招展的，笑着，走着。

春天像健壮的青年，有铁一般的胳膊和腰脚，领着我们上前去。

五、朗读技巧训练

所谓朗读技巧，是指朗读时因表情达意的需要而运用的朗读方法。如停连、轻重音、节奏、语气、语速都属朗读技巧的内容，我们在此谈谈它们的训练方法。

(一)停连

朗读并不是毫无间歇地将作品连续读下去，而是连中有停、停中有连、停连结合的。停，就是停顿，指朗读语流中的声音中断；连，是连接，指朗读语流中的声音延续。

停连既是生理上的需要，也是语意、语法表达的需要。合理地使用停连，会使语意和思想感情的表达更加清晰、准确。停连中停的位置不同，表达的语意也有很大的差别。

例如：

下雨天/留客天/留我不留？

下雨/天留客/天留/我不留。

下雨天/留客天/留我不？/留。

英国人/文学家。

英国/人文学家。

停连一般分语法停连和逻辑停连两大类。在此，我们主要谈谈停顿问题，顺便地谈一下连接问题。

1. 语法停顿

语法停顿是反映一句话里语法关系的停顿，主要分两种。

1) 句逗停顿

一般来说，凡是有标点符号的地方，就要有适当的停顿。其停顿的长短同标点符号基本一致。大体是：句号、问号、叹号大于分号，冒号大于逗号，逗号大于顿号。句中的破折号、省略号也表示一定的停顿，章节、段落之间的停顿相对最长。如：

这时候叶子与花也有一丝的颤动，/像闪电般，/霎时传过荷塘的那边去了。//叶子本是肩并肩密密地挨着，/这便宛然有了一道凝碧的波痕。//叶子底下是脉脉的流水，/遮住了，/不能见一些颜色；/而叶子却更见风致了。////(注：用"/""//""///"表停顿时间的长短，下同)

(朱自清《荷塘月色》)

一般来说，根据标点符号采取不同的停顿，就能够使说话顿挫有度，语意层次分明。当然，标点符号之间的停顿，也不能绝对化。举例如下。

老刘不耐烦地说："走吧，走吧，/我们不欢迎你来！"//

两个"走吧"之间虽有标点，但由于说话人的感情所致，这个地方不应该停顿，而应一直连接下去。

2) 语组停顿

语组停顿是指没有标点的地方，按照词语间的语法关系所做的停顿。语组停顿比句逗停顿的时间略短些。一般情况下，主谓之间、动宾之间、修饰成分与中心语之间，都可以有停顿。例如：

梅雨潭/闪闪的/绿色/招引着/我们，我们/开始/捕捉她/离合的/神光了。

夕阳/把水面/映得/通红，把天空/也染成/万道彩霞。

2. 逻辑停顿

为了突出某一事物，强调某一观点或语意，或表达某种感情，在没有标点符号的地方做适当的停顿；或在有标点的地方却一口气接着读，改变了语法停顿的位置，这就是逻辑停顿。这种停顿是由说话人的意图和感情决定的，所以没有确定的规律和固定的位置。试看下面的停顿：

遵义会议//纠正了/第五次反"围剿"斗争中所犯的/"左"倾机会主义性质/的严重的/原则错误，//团结了/党和红军，//使得/党中央和红军主力/胜利地完成了长征，/转到了/抗日的前沿阵地，//执行了/抗日民族统一战线的新政策。///

(毛泽东《中国共产党在民族战争中的地位》)

"遵义会议"之后没有标点，但为了突出这次会议的地位，强调它在我党历史上的伟大意义，要有一个逻辑停顿，而且时间要长一些。"纠正了""团结了""所犯的""性质的""严重的""使得""转到了""执行了"等词之后都没有标点，但都要停顿，因为在读这些词之后稍有停顿，可以把"遵义会议"几方面的历史意义更有层次地表达出来。

逻辑停顿又可以分为强调停顿和感情停顿。

1) 强调停顿

强调停顿是为了强调某一内容而采取的停顿。它能引起听众的特别注意，并给人以回味的余地，如《荷塘月色》中的一句话，可做如下停顿。

这时候/最热闹的//要数/树上的蝉声/与水里的蛙声；//但/热闹/是它们的，//我//什么也没有。

其中"但"和"我"后面的停顿是强调停顿，起到了加重哀愁气氛的作用，突出了作者在文中流露出来的既有难得偷闲片刻逍遥的淡淡的喜悦，又带着淡淡的哀愁。如果不采用强调停顿来朗读此句，便没有这种表达效果。

2) 感情停顿

强调停顿带有一定的理智因素，是朗读者为强调某一内容而有意识地决定的，感情停顿完全是朗读者的感情所导致的停顿。例如：

但忽然得到一个可靠的消息，说柔石和其他二十三人，已于二月七日夜或八日晨，在龙华警备司令部//被枪毙了，他的身上中了十弹。

原来如此！……

(鲁迅《为了忘却的记念》)

这一段，在"被枪毙了"的前面没有标点，和前面一个介词结构"在龙华警备司令部"连起来也不长，不停顿，不会影响表达内容，但是，凡是带着真挚感情朗读这段文章的人，会情不自禁地停顿更长一段时间，这就突出了作者当时的悲愤之情。

感情停顿是由朗读者的感情决定的，常通过急吸急呼或屏气等呼吸方法来表达。这种停顿并不是感情的休止，更不是中断，而是感情的延续和延伸。恰当的感情停顿，可以收到"此时无声胜有声"的艺术效果。

【课堂训练九】

朗读下面文章，处理好各种停连。

松树的风格(节选)

陶　铸

我对松树怀有敬佩之心不自今日始。自古以来，多少人就歌颂过它，赞美过它，把它作为崇高的品质的象征。

你看它不管是在悬崖的隙间也好，不管是在贫瘠的土地上也好，只要有一粒种子——这粒种子也不管是你有意种植的，还是飞鸟衔来、大风吹来的，只要它一落地，就随处茁壮地生长起来。它既不需要谁来施肥，也不需要谁来灌溉。狂风吹不倒它，洪水淹不没它，严寒冻不死它，干旱旱不坏它。它只是一味地无忧无虑地生长。松树的生命力可谓强矣！松树要求于人的可谓少矣！这是我每看到松树油然而生敬意的原因之一。

我对松树怀有敬意的更重要的原因却是它那种自我牺牲的精神。你看，松树的干是用途极广的木材，并且是很好的造纸原料；松树的叶子可以提炼发油；松树的脂液可以制松香、松节油，是很重要的工业原料；松树的根和枝又是很好的燃料。更不用说在夏天，它用自己的枝叶挡住炎炎烈日，叫人们在如盖的绿荫下休憩；在黑夜，它可以劈成碎片做成火把，照亮人们前进的路。总之一句话，为了人类，它的确是做到了"粉身碎骨"的地步了。

要求于人的甚少，给予人的甚多，这就是松树的风格。

人到中年(片段)

谌 容

傅家杰就这样无言地守了一个下午。黄昏时，陆文婷好像又好了一些，她把头转向傅家杰，双唇动了动，努力要说什么的样子。

"文婷，你想说什么呀？你说吧！"傅家杰攥住她的手哀求道。

她终于说话了：

"给园园……，买一双白球鞋……"

"我明天就去买。"他答道，泪水不由自主地滴了下来，他忙用手背擦去。

她望着他，还想说什么的样子。半天，才又说出几个字来：

"给佳佳扎、扎小辫儿……"

"我，给她扎！"傅家杰吞泣着。他透过泪水模糊的眼望着妻子，希望她把想说的话都说出来。可是，她闭上嘴，她像已经用尽了力气，再也不开口了。

(二)轻重音

我们在说话或朗读时，对语句中的每个词不是平均用力，有的用力较大，念得较重；有的用力较小，念得较轻。念得较重的叫重音，念得较轻的叫轻音，不轻不重的叫中音(或次重音)。

在朗读中，能否把握好轻重音，对作品思想内容和感情的表达影响很大。有的人朗读效果不好，就是因为没有把握好重音。

重音可分为词重音和语句重音两大类。

1. 词重音

词的重音是指多音节词里重读的音节。这类重音，大都有比较固定的轻重格式，且有一定的规律。读错了，就让人感到别扭，甚至造成误解，所以，正确地掌握词重音对学好普通话和朗读都很重要。

词的重音可分为以下几种格式。

1) 重轻式

轻声的双音节词大都属于这种格式，例如：

站着、算了、走过、好嘛、弟弟、妈妈、星星、坐坐、桌子、木头、屋里、山上、这边、拿来、出去、这个、消息、扫帚、钥匙、窗户、应付、招呼、清楚、关系、分量、胳膊、行李、动静、东西。

2) 轻重式

双音节词的人名，带前缀的形容词、副词、动宾式、主谓式和大部分联合式、偏正式合成词，一般是第一个音节读得较轻，第二个音节读得较重。例如：

陈涉、吴广、第一、初三、高高、红红、司令、动员、丢脸、出席、缺德、民主、自动、性急、自愿、眼馋、上下、左右、开关、国旗、牙膏、冰凉、打倒、撤退。

3) 中轻重式

三音节的人名、地名、音译词、尾部叠音的形容词，前正后偏的合成词等，一般第一个音节次重读，第二个音节轻读，第三个音节重读。例如：

李自成、孙中山、杏花村、地中海、法兰西、暖烘烘、走不动、差不多、收拾完。

4) 中轻中重式

四音节的专有名词(固定词组)和叠音的形容词、象声词等，一般第一、三音节次重读，第二音节轻读，第四音节重读。例如：

清华大学、百货公司、罗马尼亚、高高兴兴、干干净净、稳稳当当、稀里哗啦、叮叮当当、嘻嘻哈哈。

5) 重轻中轻式

重轻中轻这一格式，大多数是双音节动词的重叠。例如：

收拾收拾、打听打听、交代交代、指导指导、批评批评、商量商量。

以上五种格式，只是就一般情况而言的，例外是难免的。如"道德、朋友、声音、忘记、黄瓜、绿豆"等词，在口语中一般读重轻式。像"跑起来""爬进去"等词读重轻式。这一些都需要朗读者注意。

此外还应注意，这里的"轻读"与普通话里的"轻声"不同：轻声是指有的音节在一定声音里失去原调，变成了一种既短又轻的调子。而轻读只是音量较小，并不一定失去原调。

2. 语句重音

语句重音是指句子中读得较重的词语，它往往是句子的重心所在。同一句话，由于读得重音不同，表达的意思也随之变化。如：

我知道你的秘密了。(别人可能不知道)

我知道你的秘密了。(不要再骗我了)

我知道你的秘密了。(不是别人的)

我知道你的秘密了。(这不算什么秘密)

由这个例子可以看出,重音不同,句子所蕴含的潜台词也不同,因此,在朗读时就应注意体会作者的原意是什么。

语句重音又可分为语法重音和逻辑重音。

1) 语法重音

语法重音是指用平常说话的音量按句法结构的特点读出来的重音。它不表示什么特殊的思想感情,所以也叫自然重音或句法重音。语法重音有一定的规律,且位置一般比较固定。如一般在语句中,谓语、中心语的修饰部分,疑问代词和指示代词都要重读。例如:

① 风停了,雨住了,太阳出来了。(谓语重读)

② 中国共产党是伟大光荣正确的党。(定语重读)

③ 我们一定要把敌人彻底、干净地消灭掉。(状语重读)

④ 他这个人简直坏透了。(补语重读)

(表示趋向的补语不重读,前边的动词重读。如"请你站起来""滚出去"等)

⑤ 什么事使你这样高兴。(疑问代词重读)

⑥ 他谁也不告诉。(指示代词重读)

另外,表示并列、选择、递进、转折、因果、条件、假设、目的等的词语常重读。在此不一一举例。

2) 逻辑重音

为了突出语意或表达某种思想感情而用强音量读出来的音叫逻辑重音,也叫"感情重音"或"强调重音"。这种重音没有固定的位置,它是根据表达的需要,由说话人的思想、感情、目的及特定的语境所决定的。一般来说,逻辑重音有以下几种作用。

(1) 突出话语重点,表示语音内容。例如:

小王到北京开会去了。(强调谁去了)

小王到北京开会去了。(强调到何处去了)

小王到北京开会去了。(强调干什么)

(2) 句中运用修辞手法的地方一般都重读。例如:

① 比喻重读。

重读的是喻体而不是本体。

a. 鱼像海军陆战队，已登陆好几天，肉像潜水艇士兵，会长期伏在水里。

(钱钟书《围城》)

b. 要论中国人，必须不被搽在表面的自欺欺人的脂粉所诓骗，却看看他的筋骨和脊梁。自信力的有无，状元宰相的文章是不足为据的，要自己去看地底下。

(鲁迅《中国人失掉自信力了吗》)

② 夸张重读。

a. 白发三千丈，缘愁似个长。

(李白《静夜思》)

b. 问君能有几多愁，恰似一江春水向东流。

(李煜《虞美人》)

③ 并列重读。

我们自古以来，就有埋头苦干的人，有拼命硬干的人，有为民请命的人，有舍身求法的人……

(鲁迅《中国人失掉自信力了吗》)

④ 反语重读。

也有解散辫子盘得平的，除下帽来，油光可鉴，宛如小姑娘的发髻一般，还要将脖子扭几扭，实在标致极了。

(鲁迅《藤野先生》)

⑤ 双关重读。

空对着，山中高士晶莹雪；

终不忘，世外仙姝寂寞林。

(曹雪芹《红楼梦》)

这是双关重读，表面上是说冰雪的雪，树林的林，实际上是指薛宝钗和林黛玉，"薛"和"雪"音相似，"林"则音同字同。

⑥ 仿词重读。

那几年？我不就改造成家庭妇男了吗？不信，你们问问文婷，我什么不干？什么不会？

(谌容《人到中年》)

(3) 表达某种强烈的感情。例如：

好个国民政府的"友邦人士"，是些什么东西！

别了，我爱的中国，我全心爱着的中国。

3. 表现重音的方法

表现重音的方法有以下几种。

(1) 加强音量和气势，使字音高亢、响亮、饱满、有力。加强音量，并不是大喊大叫，而应做到"音高要声轻，轻而不浮"。

(2) 适当延长音节的音长，使字音震撼人心，富有感染力。

(3) 重音轻读，控制声带，运用较强的呼吸，使气大于声，把重音轻轻地有力地读出来，使字音亲切、柔和、悦耳动听。

【课堂训练十】

体会下面诗歌中重音的表现方法。

我的"自白书"

陈 然

任脚下响着沉重的铁镣，
任你把皮鞭举得高高，
我不需要什么自白，
哪怕胸口对着带血的刺刀！

人，不能低下高贵的头，
只有怕死鬼才乞求"自由"；
毒刑拷打算得了什么！
死亡也无法叫我开口！

对着死亡我放声大笑，
魔鬼的宫殿在笑声中动摇；
这就是我——一个共产党员的自白，
高唱凯歌埋葬蒋家王朝！

（"·"为加强音量，"——"为拖长音节，"～～"为重音轻读）

【课堂训练十一】

朗读下面的诗，体会其中的逻辑重音。

时 间

沙 金

时间像调皮的精灵来去无踪，
看我们怎样驾驭，操纵？
一松手，它就从身边溜走，

紧握它，就像抓住飞驰骏马的马鬃。
它给我们满头的白发，
也能使我们返老还童。
它让幻想结成丰硕的果实，
也让丰满的硕果腐朽化脓。
时间，从不侍候那些"老爷"，
说空话的人，拖拉的作风。
你要玩弄它，它就把你玩弄。

(三)节奏

所谓节奏，是在朗读过程中所显示出来的轻重缓急、抑扬顿挫等声音形式的回环往复。

1. 节奏的类型

常见的节奏类型有：

(1) 紧张型——急促、紧张、气急、音短；
(2) 轻快型——多扬少抑，多轻少重，多连少停，轻快、欢畅；
(3) 高亢型——语调多扬，语流稍快，语势向高峰推进，语气高昂或爽朗；
(4) 低沉型——语势抑闷、沉重；语音缓慢，偏暗；
(5) 凝重型——多抑少扬，语音沉着、坚实、有力，语流平稳、凝重；
(6) 舒缓型——气长而稳，语音舒展自如。

2. 节奏的转换方法

常见的节奏转换方法主要有三种。

(1) 欲扬先抑，欲抑先扬；
(2) 欲慢先快，欲快先慢；
(3) 欲轻先重，欲重先轻。

需要强调的是，诗歌的节奏感格外强烈，尤其是格律诗，字句的多少，平仄的安排，韵脚的选用，都有严格的规定。所以朗读时必须遵循诗歌的节奏规律，读出与之合拍的节奏速度。

【课堂训练十二】

朗读下列作品，体会其节奏的类型。

囚 歌

叶 挺

为人进出的门紧锁着，
为狗爬出的洞敞开着。
一个声音高叫着——
爬出来吧，给你自由！
我渴望自由，
但我深深地知道——
人的身躯怎能从狗洞子里爬出！
我希望有一天，地下的烈火，
将我连这活棺材一齐烧掉，
我应该在烈火与热血中得到永生！

早春呈水部张十八员外二首(其一)

韩 愈

天街小雨润如酥，
草色遥看近却无。
最是一年春好处，
绝胜烟柳满皇都。

(四)语气

语气是口语表达时的口气。它是思想感情、词句篇章、语言形式三者的结合。在口语表达中，语气直接体现了口语表达者的思想感情、个性特点以及对问题的立场、观点和态度。

语气在句子中主要表现在句调上。这种句调主要是由声音的高低升降变化形成的，它贯穿于整个句子中，只是在句尾表现得特别明显。在朗读中，是否清楚明白，是否鲜活动听，语气是一个很重要的条件。如果一篇文章用一个腔调读下来，毫无变化，那么就显得平淡无味，再好的作品也令人昏昏欲睡了。

句调可分为四种：平直调、高升调、曲折调和低降调。

1. 平直调

平直调：平直舒缓，整个句子没有显著的高低变化，句末音节拖长拉平。这种句子大都是说明意见、叙述事实的陈述句，多用来表示庄重、严肃、思索、冷淡、厌恶等感情。例如：

攀登科学高峰是没有什么捷径可走的。(严肃)

我家的后面有一个很大的花园,相传叫百草园。(叙述)

你说的这些跟我没关系。(冷淡)

2. 高升调

高升调:前低后高,整个句子后半句明显升高,句末音节上昂。这种句子大都是疑问句、短促的命令句,或是表示号召、鼓动、呼唤、惊讶、愤怒、紧张、警告,或是出乎意料等语气情调。说这种句子时,人们的情绪往往是紧张的,所以声音也就随着心理的紧张而升高。例如:

周总理,你在哪里? ↗

(柯岩《周总理,你在哪里》)

门板刚刚抬出病囚房,一阵急雨似的声音,猛然激荡在黑暗的监狱的屋顶,激荡在整个监狱的夜空:

打倒反动的国民党! ↗

中国共产党万岁! ↗

共产主义是不可战胜的! ↗

同志们,为我们报仇啊! ↗

(杨沫《青春之歌》)

3. 曲折调

曲折调:在表示讽刺、讥笑、诙谐、不满、双关、踌躇或心情比较特殊的情况下,语调大都有曲折变化,呈波浪形。根据句子的不同内容有时表现为首尾低、中间高;有时表现为首尾高、中间低;有时表现为由低到高,再由高到低,又由低到高。曲折调的位置,有时在句尾,有时在句首或句中。例如:

但段政府就有令,说他们是"暴徒"! ↗但接着就有流言,说她们是受人利用的。↗

惨象,已使我目不忍视了;流言,尤使我耳不忍闻。我还有什么话可说呢? ↗

(鲁迅《记念刘和珍君》)

说什么"桃↗色事件",说什么共产党↗杀共产党。↗无耻啊!无耻啊!

(闻一多《最后一次的讲演》)

4. 低降调

低降调:先高后低,不是明显急剧下滑,而是逐渐降低,句末音节念得短而低,多用来表示肯定、坚定、自信、赞叹、请求、祝愿或心情沉重等语气。例如:

革命烈士永垂不朽! ↘

真是太漂亮了! ↘

快给我吧! ↘

以上是句子的四种基本调式。在朗读中，要想取得好的表达效果，必须考虑场合、对象、时机等因素，灵活恰当地运用。

附带说明一下标点表语气的情况。朗读时，在读完一句之前就要注意句末标点，以便根据各种不同的标点而做不同的处理。例如：

句号——语音降低。

问号——语音升高。

感叹号——语音降低而沉着有力。

冒号——语音稍降而含有期待的口气。

逗号——语音稍升。

引号——有时可在前面加读"所谓"二字。

括号——括号内文字不读，或读得低而稍快。

破折号——有时在读后面文字之前要做较长停顿。

省略号——有时读为"等"或"等等"，有时拖长语音。

书名号——把书名读得重一点儿、慢一点儿。

着重号——用比较缓慢和特别加重的口气读。

隐讳号(也有人叫虚缺号)——"××"有时读为"某某"，有时读为"若干"。

【课堂训练十三】

朗读下列一段诗歌，注意句调的表达。

为什么有人

不许我们缅怀你伟大的一生？

为什么有人

不许我们赞颂你不朽的业绩？

但此刻，

长街静穆，万民伫立，

一颗心——一片翻腾的大海，

一双眼——一道冲决的大堤。

多少人喊着你，

扑向灵车；

多少人跑向你，

献上花束，表达由衷的敬意；

多少人想牵动你的衣襟，

把你唤醒；

多少人想和你攀谈

知心的话题……

(李瑛《一月的哀思》)

【课堂训练十四】

朗读下面的作品，体会人物语言和把握好朗读的语气。

上将与下士

刘云喜　译

乔治·华盛顿是美利坚合众国的第一任总统。就是他领导美国人民为了自由、为了独立浴血奋战，赶走了统治者。

乔治·华盛顿是个伟人，但并非后来人所想象的，他专做伟大的事，把不伟大的事都留给不伟大的人去做。实际上，他若在你面前，你会觉得他普通得就和你一样，一样的诚实、一样的热情、一样的与人为善。

有一天，他身穿没膝的大衣，独自一人走出营房。他所遇到的士兵，没一个人认出他。在一处，他看到一个下士领着手下的士兵筑街垒。

"加把劲！"那个下士对抬着巨大水泥块的士兵们喊道："一、二，加把劲！"但是，那下士自己的双手连石块都不碰一下。因为石块很重，士兵们一直没能把它放到位置上。下士又喊："一、二，加把劲！"但是士兵们还是不能把石块放到位置上。他们的力气几乎用尽，石块就要滚落下来。

这时，华盛顿已经疾步跑到跟前，用他强劲的臂膀，顶住石块。这一援助很及时，石块终于放到了位置上。士兵们转过身，拥抱华盛顿，表示感谢。

"你为什么光喊加把劲而让自己的手放在衣袋里呢？"华盛顿问那下士。

"你问我？难道你看不出我是这里的下士吗？"

"哦，这倒是真的！"华盛顿说着，解开大衣纽扣，向这位鼻孔朝天，背绞双手的下士露出他的军服。"按衣服看，我是上将。不过，下次再抬重东西时，你就叫上我！"

你可以想象，那位下士看到站在自己面前的华盛顿本人，是多么羞愧，但至此他也才真正懂得：伟大的人之所以伟大，就在于他决不做逼人尊重的人所做出的那种倒人胃口的蠢事。

(《青年文摘》1993年第2期)

(五)语速

所谓语速，指的是朗读时吐字发音的和缓与急迫，也就是说话的快与慢。语速的缓急是表情达意的又一重要手段，一般来说，它与语言的内在节奏是一致的。

语速的快慢是相对的，一般可分为快速、中速、慢速三种。

1. 快速

表现紧张的场面、动作或心理活动及表现机警、活泼、热情、质问、争辩、斥责、叫喊、惊惧、愤怒等的句子，语速一般为快速。例如：

鲁侍萍：我前几天还见着她！

周朴园：什么？她就在这儿？此地？

……

鲁侍萍：老爷，您想见一见她么？

周朴园(连忙)：<u>不，不，不用。</u>

(曹禺《雷雨》)

上例中周朴园的话都应快读。第一句表现了周朴园惊异的心情，因为他认为鲁侍萍早已死了。因此，在朗读这句话时，速度就比较快，三个问句之间连接比较紧密。第二句话表现了周朴园内心的紧张，他连忙拒绝，因此，三个"不"之间没有停顿且语速很快。

2. 中速

一般性的叙述、说明、议论或心情比较平静，感情没有多大变化的句子，语速一般为中速。例如：

在首都北京的中心，有一座城中之城，这就是举世闻名的紫禁城。现在人们叫它故宫。紫禁城是明朝和清朝两代的皇宫，是我国现存的最大最完整的古代宫殿建筑群，有五百多年的历史了。

这是一段说明文，是对我国故宫博物院的介绍，不带有明显的感情色彩，宜用中速。

3. 慢速

表现幽静、肃穆的环境，稳定平静的场面、动作或心理活动，沉重、悲痛、悼念、悲伤、沉郁的心情或闲谈、絮语、暗示、嘲讽等，语速一般为慢速。例如：

周总理啊，周总理，全国人民都在哀悼您，都在呼唤您，都在想念您。八亿双眼睛都想看一看您，八亿颗心哪，都在为您哭泣。人们手捧讣告热泪流，千言万语涌上心头，哀思无处难以诉说。

(《敬爱的周恩来总理永垂不朽》解说词)

这段解说词，是以极其沉痛的心情写出来的，充满了对周总理的悼念之情，表达了全国人民深切的悲痛，读起来要用慢速。慢中有慢，读"全国人民都在哀悼您，都在呼唤您，都在想念您"时，应一个分句比一个分句慢。读"八亿双眼睛都想看一看您，八亿颗心哪，都在为您哭泣"时，也是越读越慢。这样，就给人一种沉痛的压抑感，表达了人民对总理的深切思念。

【课堂训练十五】

朗读下文,根据内容需要恰当处理好语速及其变换。

她的一双小手几乎冻僵了。呵,哪怕一根小小的火柴,对她也是有好处的!她敢从成把的火柴里抽出一根来,在墙上擦了,来暖和暖和她的小手吗?她终于抽出来了一根!火柴燃起来了,冒出火来了!她把小手拢在火焰上。多么温暖多么明亮的火焰啊,简直像一支小小的蜡烛。这是一道奇异的火光!小女孩觉得自己好像坐在一个大火炉前面,大火炉装着闪亮的铜脚和铜把手,火烧得旺旺的,暖融融的,多么舒服啊!咦,怎么回事呢?她刚把脚伸出去,想让脚也暖和一下,火柴灭了,火炉不见了。她坐在那儿,手里只有一根烧过了的火柴梗。

(安徒生《卖火柴的小女孩》)

【课堂训练十六】

朗读高尔基的《海燕》,体会语速的变化。

思考与练习

1. 简述口才的含义。
2. 口才素质是如何养成的?
3. 请用具体事例说明口才素质的基本特质。
4. 请设想,在下列情况下,名人可能会怎么说?

一位旅行家向海涅讲述他所发现的一个小岛,突然说道:"你猜猜看,这个小岛上有什么现象最使我感到惊奇?""什么现象?"旅行家神秘一笑:"小岛上竟没有犹太人和驴子!"作为犹太人的海涅不动声色地回答:"……,就可以弥补这个缺陷了!"

5. 朗读下面两首诗,体会其中的感情、意境,分析用韵情况。

乡 愁

余光中

小时候,
乡愁是一枚小小的邮票,
我在这头,
母亲在那头。

长大后,
乡愁是一张窄窄的船票,

我在这头,
新娘在那头。

后来呵,
乡愁是一方矮矮的坟墓,
我在外头,
母亲在里头。

而现在,
乡愁是一湾浅浅的海峡,
我在这头,
大陆在那头。

再 别 康 桥

徐志摩

轻轻的我走了,
正如我轻轻的来;
我轻轻的招手,
作别西天的云彩。

那河畔的金柳
是夕阳中的新娘;
波光里的艳影,
在我的心头荡漾。

软泥上的青荇,
油油的在水底招摇;
在康河的柔波里,
我甘心做一条水草!

那树荫下的一潭,
不是清泉,是天上虹;
揉碎在浮藻间,

沉淀着彩虹似的梦。

寻梦？撑一支长篙，
向青草更青处漫溯；
满载一船星辉，
在星辉斑斓里放歌。

但我不能放歌，
悄悄是别离的笙箫；
夏虫也为我沉默，
沉默是今晚的康桥！

悄悄的我走了，
正如我悄悄的来；
我挥一挥衣袖，
不带走一片云彩。

6. 运用朗读技巧，选择一篇优美的散文或故事，朗读给同学听。

附录　演讲例文选读

例文一：奥巴马胜选演说

芝加哥，你好！

美国是一个一切皆有可能的地方，如果还有人对这一点心存怀疑，如果还有人怀疑美国奠基者的梦想在我们时代是否还有活力，如果还有人怀疑我们民主制度的力量，那么，你们今晚正是对那些疑问做出了回答。

在学校和教堂周围所出现的前所未有的长队是答案，这个国家从未见过这么多的人前来投票，人们排三四个小时的队来进行有生以来的第一次投票，因为他们相信这一次将会不同，他们发出的声音可能就是那个差别。

这是一个年轻人和年老人、富人和穷人、民主党人和共和党人、黑人、白人、西班牙裔人、亚裔人、印第安人、同性恋和异性恋、残障人士和健全人士所做出的回答。美国人向世界发出一个信息：我们从不只是一些个人的累加或者"红色州"和"蓝色州"的累加。

我们是，我们永远是美利坚合众国。

这是一个引导性的答案，太多的人在很长的时间内向他们说这个答案，以至于他们对此持愤世嫉俗的态度，对我们是否可以再一次把握历史的希望感到担心和怀疑。已经过去了很长时间，但是今晚，由于我们今天在这场选举所采取的行动，在这个决定性的时候，变革来到了美国。

今晚早些时候，我接到来自参议员麦凯恩的一个特别有风度的电话。麦凯恩在这场选战中进行了长期和艰苦的努力，他为这个他所爱的国家战斗了更长的时间，做出了更艰苦的努力。他为美国承受了我们中的大多数人无法想象的牺牲。由于这位勇敢和无私的领导人的服务，我们的生活变得更好。

我向他表示祝贺，我向佩林州长表示祝贺，向他们所取得的成果表示祝贺，我盼望与他们共事以继续这个国家在未来岁月的承诺。

我想感谢我在竞选旅程的伙伴,一位用心竞选的男士,一位为和他一起在斯克兰顿街头一同长大的男人和女子代言、经常坐火车回特拉华州的男士,美国当选副总统拜登。

如果没有我过去 16 年最好的朋友、我们家庭的中坚、我生命中的挚爱,美国下一位第一夫人米歇尔·奥巴马,我今天晚上不可能站在这里。

萨沙和马莉娅,我爱你们,我对你们的爱超出了你们的想象。你们已赢得了新的宠物狗,它将和我们一起前往新的白宫。

尽管她没能和我们在一起,但我知道,我的祖母和养大我的家人在看着我,我今晚很想念他们,我知道我欠他们的东西是无法计量的。我的妹妹马娅、我的姐姐奥玛,我其他的兄弟和姐妹,非常感谢你们对我的支持,我感谢他们。

我的竞选经理大卫·普劳夫,这位竞选活动的无名英雄,他进行了最好的政治竞选活动,我认为这是美国历史上最棒的。我的首席策略师大卫·艾克斯罗德,他一直是追随我的伙伴。你们组建了政治史上最好的竞选团队,是你们成就了今天,我永远感谢你们为此所做出的牺牲。但最重要的是,我永远不会忘记这场胜利真正属于谁,它属于你们,它属于你们。

我从来不是最有可能获得这一职务的候选人。我们刚开始并没有太多资金,也没有得到许多人的支持。我们的竞选活动并非始自华盛顿的大厅里,而是始于得梅因、康科德、查尔斯顿这些地方的普通民众家中。那些辛勤工作的人们从自己微薄的储蓄中捐出 5 美元、10 美元、20 美元。竞选活动因为年轻人的支持而越来越有声势,他们拒绝了他们那一代对政治不感兴趣的神话,他们离开家,从事那些薪水少而且辛苦的工作。竞选活动的声势也来自那些已不再年轻的人们,他们冒着严寒酷暑,敲开陌生人的家门进行竞选宣传;竞选声势也源自数百万的美国民众,他们充当志愿者和组织者,他们证明了在两百多年以后,民有、民治、民享的政府并未从地球上消失。这是你们的胜利。

我知道你们所做的一切并不只是为了赢得选举,我也知道你们做这一切并不是为了我,你们这样做是因为你们明白前面的任务有多么艰巨。即便我们今晚欢呼庆祝,我们也知道明天将面临我们一生之中最艰难的挑战——两场战争、一个面临危险的星球,一个世纪以来最严重的金融危机。

就在我们今晚站在这里的时刻,我们知道勇敢的美国士兵在伊拉克的沙漠里和阿富汗的群山中醒来,他们冒着生命危险来保护着我们的生命;仍有在孩子熟睡后难以入眠的父母,他们担心如何偿还按揭月供、付医药费或是存够钱让孩子上大学。我们需要开发新的能源、创造新的工作岗位,我们需要修建新学校,应对众多威胁、修复与许多国家的盟友关系。

前方的道路将很漫长,我们攀登的脚步会很艰辛。我们可能无法在一年甚至一个任期内实现这些目标，但我从未像今晚这样满怀希望，我们将实现我们的目标。我向你们承诺——我们作为一个整体将会达成目标。

我们会遭遇挫折和不成功的起步。我作为总统所做的每项决定或政策，会有许多人持有异议，我们也知道，政府不能解决所有问题。但我将总是会向你们坦陈我们所面临的挑战。我会听取你们的意见，尤其是存在不同意见的时候。最重要的是，我会请求你们参与重建这个国家，以美国221年来从未改变的唯一方式——一砖一瓦、同心协力。

21个月前在寒冬所开始的一切不应当在今天这个秋夜结束。今天的选举胜利并不是我们所寻求的改变——这只是我们进行改变的机会。如果我们仍然按照过去的方式行事，我们所寻求的改变将不会发生。没有你们，没有服务和牺牲的新精神，就不可能发生改变。

因此，让我们发扬新的爱国和负责精神，所有的人都下定决心参与其中，更加努力地工作，不仅是为自己而是为彼此。让我们记住这一点，如果说这场金融危机教了我们什么东西的话，那就是我们不可能在金融以外的领域处于困境的同时拥有繁荣兴旺的华尔街。

在这个国家，我们患难与共。让我们抵制重走老路的诱惑，避免重新回到令美国政治长期深受毒害的党派纷争、小题大做、不成熟的表现。让我们记住，是伊利诺伊州的一名男子首次将共和党的旗帜扛到了白宫。共和党是建立在自立、个人自由以及国家团结的价值观之上的。这也是我们所有人共同的价值观。虽然民主党今天晚上赢得了巨大的胜利，但我们是以谦卑的态度和弥合阻碍我们进步的分歧的决心赢得这场胜利的。林肯在向远比我们眼下分歧更大的国家发表讲话时说，我们不是敌人，而是朋友……虽然激情可能会褪去，但这不会割断我们感情上的联系。对于那些现在没有投票给我的美国人，我想说，我可能没有赢得你们的选票，但是我听到了你们的声音，我需要你们的帮助，而且我也将是你们的总统。

对于那些彻夜关注美国大选的海外人士，从国会到皇宫，以及在被遗忘的角落里挤在收音机旁的人们，我们的经历虽然各有不同，但是我们的命运是一样的，新的美国领导层已产生了。

那些想要颠覆这个世界的人们，我们将击败你们。那些追求和平和安全的人们，我们支持你们。那些所有怀疑美国的灯塔能否像以前一样明亮的人们，今天晚上我们再次证明，我们国家真正的力量并非来自我们武器的威力或财富的规模，而是来自我们理想的持久力量：民主、自由、机会、不屈服的希望。

这才是美国真正的精华——美国能够改变。我们的联邦会日渐完美。我们现在已取得的成就为我们将来能够取得和必须取得的成就增添了希望。

这次大选创造了多项第一，也诞生了很多将世代流传的故事。但是今天晚上令我难忘的却是在亚特兰大投票的一名妇女——安·尼克松·库波尔。她和其他数百万排队等待投票的选民没有什么差别，除了一点，她已是 106 岁的高龄。

她出生的那个时代奴隶制度刚刚结束，那时路上没有汽车，天上也没有飞机。当时像她这样的人出于两个原因不能投票，首先她是女性，其次她是黑人。

今天晚上，我想到了她在美国过去一百年间所经历的种种：心痛和希望；斗争和进步。在那个时代，我们被告知我们办不到，一些人继续坚信着美国的信念——是的，我们能做到。

妇女当时没有投票权，她们的希望被挫败，但是安·尼克松·库波尔活着看到妇女们站了起来，看到她们站出来发表自己的见解，看到她们参加大选投票。是的，我们能做到。

当 20 世纪 30 年代的沙尘暴和大萧条使人们感到绝望时，她看到一个国家用新政、新的就业机会以及对新目标的共同追求战胜恐慌。是的，我们能做到。

当炸弹袭击了我们的港口、暴政威胁到全世界，她见证了一代美国人的伟大崛起，见证了一个民主国家获得拯救。是的，我们能做到。

她看到蒙哥马利通了公共汽车、伯明翰接上了水管、塞尔马建了桥，一位来自亚特兰大的传教士告诉人们："我们将克服阻力。"是的，我们能做到。

人类登上月球、柏林墙倒下，世界被我们的科学和想象连接在一起。今年，在这场选举中，她用手指触摸屏幕投下自己的选票，因为在美国生活了 106 年之后，经历了最好的时光和最黑暗的时刻之后，她知道美国如何能够发生变革。是的，我们能做到。

美国，我们已经走过了一条漫漫长路。我们已经历了很多。但是我们仍有很多事情要做。因此今夜，请让我们自问——如果我们的孩子能够活到下个世纪，如果我的女儿有幸活得和安一样长，她们将会看到怎样的改变？我们将会取得什么样的进步？

现在是我们回答这个问题的机会。这是我们的时刻。

这是我们的时代——让我们的人民重新就业，为我们的后代敞开机会之门，恢复繁荣，推进和平，重新确立"美国梦"，再次证明这样一个基本的真理：我们是一家人；只要一息尚存，我们就有希望；当我们遇到嘲讽和怀疑，当有人说我们办不到的时候，我们要以这个永恒的信条来回应他们：

是的，我们能做到。感谢你们。上帝保佑你们。愿上帝保佑美利坚合众国。

(来源：《奥巴马在芝加哥公园发表胜选演说》，http://www.baidu.com/)

例文二：恩格斯在马克思墓前的讲话

3 月 14 日下午两点三刻，当代最伟大的思想家停止思想了。让他一个人留在房间里总共不过两分钟，我们再进去的时候，发现他在安乐椅上安详地睡着了——永远地睡着了。

这个人的逝世，对于欧美战斗着的无产阶级，对于历史科学，都是不可估量的损失。

这位巨人逝世后所形成的空白，在不久的将来就会使人感觉到。

正如达尔文发现有机自然界的发展规律一样，马克思发现了人类历史的发展规律，即历来为繁茂芜杂的意识形态所掩盖着的一个简单事实：人们首先必须吃、喝、住、穿，然后才能从事政治、科学、艺术、宗教等活动。所以，生产直接与生活有关的物质用品，会为一个民族或一个时代带来一定程度的经济发展，物质用品的生产和经济发展的程度又构成了该民族的国家制度、法制观念、艺术以至于宗教思想发展的基础。因此，我们必须从这个方向来解释上述各种观念和思想，而不是像以往所做那样，做相反的解释。

不仅如此，马克思还发现了现代资本主义生产方式和由此所产生的资产阶级社会的特殊运动规律。剩余价值的发现，使此前一切资产阶级经济学家和社会主义批评家在黑暗中摸索、探求的问题豁然开朗，得到解决。

一生中已有这样的两项发现，该是很够了。甚至只要能有一项这样的发现，也已经是幸福的了。但是马克思在他所研究的每一个领域，甚至是数学方面，都有独到的发现。他研究的领域很广，对其中任何领域他都不是肤浅地研究的。

这位科学巨匠就是这样，但是这在他身上远不是主要的。在马克思看来，科学是一种在历史上起推动作用的、革命的力量。任何一门理论科学中的每一个新发现，即使它的实际应用甚至还无法预见，都使马克思感到衷心喜悦，但是当有了立即会对工业、对一般历史发展产生革命影响的发现的时候，他的喜悦就完全不同了。例如，他曾经密切地注意电学方面各种发现的发展情况，不久以前，他还注意了马赛尔·德普勒的发现。

因为马克思首先是一个革命家。他毕生的真正使命是以各种方式参加推翻资本主义社会及其国家制度，协助现代无产阶级得到解放。这些现代无产阶级因为他才第一次意识到自身的地位和需求，意识到自身的解放条件。斗争是他的气质。他斗争时所具的热忱、顽强精神和成就是无人能及的。他做过的工作有：在早期的《莱茵报》(1842年)、巴黎《前进报》(1844年)、《德意志-布鲁塞尔报》(1847年)、《新莱茵报》(1848—1849年)、《纽约每日论坛报》(1852—1861年)等报纸上发表的文章，许多富有战斗性的小册子，其后参与巴黎、布鲁塞尔和伦敦各个组织的工作，最后创立了伟大的国际工人协会等。作为这个协会的创始人，即使别的什么也没有做，也足够以此成果为自豪了。

正因为这样，马克思成为当代最遭嫉恨和受到最多诬蔑的人。各国政府，无论是专制政府或共和政府都驱逐他；无论保守或极端民主派的资产者，都纷纷争先恐后地诽谤他，诅咒他。他对这一切毫不在意，把它们当作蛛丝一样轻轻抹去，只是在万分必要时才作答复。现在他逝世了，在整个欧洲和美洲，从西伯利亚矿井到加利福尼亚，千百万革命工人战友无不对他表示尊敬、爱戴和悼念。我敢大胆地说：他可能有许多敌人，但未必有一个私敌。

他的英名和事业将永垂不朽！

(来源：中共中央马克思恩格斯列宁斯大林著作编译局. 马克思恩格斯选集(第三卷)[M]. 北京：人民出版社，1995.)

例文三：布什在耶鲁大学的演讲

我很荣幸能在这个场合发表演讲。

我知道，耶鲁向来不邀请毕业典礼演讲人，但近几年来却有例外。虽然破了例，但条件却更加严格——演讲人必须同时具备两种身份：耶鲁校友、美国总统。我很骄傲在 33 年前领取到第一个耶鲁大学的学位。此次，我又为荣获耶鲁荣誉学位感到光荣。

今天是诸位学友毕业的日子，在这里我首先要恭喜家长们，恭喜你们的子女修完学业顺利毕业，这是你们辛勤栽培后享受收获的日子，也是你们钱包解放的大好日子！最重要的是，我要恭喜耶鲁毕业生们，对于那些表现杰出的同学，我要说，你真棒！对于那些丙等生，我要说，你们将来也可以当美国总统！

耶鲁学位价值不菲。我时常这么提醒切尼(现任美国副总统)，他在早年也短暂就读于此。所以，我想提醒正就读于耶鲁的莘莘学子，如果你们从耶鲁顺利毕业，你们也许可以当上总统；如果你们中途辍学，那么你们只能当副总统了。

这是我毕业以来第二次回到这里。不过，一些人，一些事至今让我念念不忘。举例来说，我记得我的老同学狄克·布洛德翰，如今他是伟大学校的杰出校长，他读书时的聪明与刻苦至今让我记忆犹新。那时，我们经常泡在校图书馆那个有着大皮沙发的阅读室里。我们有个默契：他不大声朗读课文，我睡觉不打呼噜。

后来，随着学术探索领域的不同，我们选修的课程也各不相同，狄克主修英语，我主修历史。有趣的是，我选修过 15 世纪的日本俳句——每首诗只有 17 个音节，我想其意义只有禅学大师才能明了。我记得一位学科顾问对我选修如此专精的课程表示担忧，他说我应该选修英语。现在，我仍然时常听到这类建议。我在其他场合演讲时，在语言表达上曾被人误解过，我的批评者不明白，我不是说错了字，我是在复诵古代俳句的完美格式与声韵呢。

我很感激耶鲁大学给我们提供了这么好的读书环境。

读书期间，我坚持"用功读书，努力玩乐"的思想，虽然不是很出色地完成了学业，但结交了许多让我终身受益的朋友。也许有的同学会认为，大学只是人生受教育的重要部分，殊不知，"大学生活"这四个字的内涵十分深厚，它既包含丰富的学科知识和学术氛围，也蕴含着许多支撑人生成败的观念，还有那丰富多彩的生活以及诸多值得结交的朋友。大家常说，"耶鲁人"，我从不确定那是什么意思。

但是我想，这一定是含着无限肯定与敬仰的褒义词。是的，因为耶鲁，因为有了在耶鲁深造的经历,你、我、他变成了一个个更加优秀的人!你们离开耶鲁后,我希望你们牢记"我的知识源自耶鲁",并以你们自己的方式、自己的时间、自己的奋斗来体现对母校的热爱,听从时代的召唤,用信心与行动予以积极响应。

你们每个人都有独特的天赋,你们拥有的这些天赋就是你们参与竞争、实现人生价值的资本,好好利用它们,与人分享它们,将它们转化为推进时代前进的动力吧!人生是要让我们去生活,而不是用来浪费的,只要肯争上游,人人都可当总统!

这次我不仅回到母校,也是回到我的出生地,我就是在几条街之外出生的。在那时,耶鲁与无知的我仿佛要隔了一个世界之遥,而现在,她是我过去的一部分。对我而言,耶鲁是我知识的源泉,力量的源泉,令我极度骄傲的源泉。我希望,将来你们以另外一种身份回到耶鲁时,能有与我一样的感受并说出相同的话。我希望你们不要等太久,我也坚信耶鲁邀请你回校演讲的日子也不会等太久。

(来源:《布什在耶鲁大学的演讲》,http://www.baidu.com/)

例文四:克林顿在白宫发表的离职演说

同胞们,今晚是我最后一次作为你们的总统,在白宫椭圆形办公室向你们做最后一次演讲。

我从心底深处感谢你们给了我两次机会和荣誉,为你们服务,为你们工作,和你们一起为我们的国家进入 21 世纪做准备。这里,我要感谢戈尔副总统、我的内阁部长们以及所有伴我度过过去 8 年的同事们。现在是一个极具变革的年代,你们为迎接新的挑战已经做好了准备。是你们使我们的社会更加强大,我们的家庭更加健康和安全,我们的人民更加富裕。

同胞们,我们已经进入了全球信息化时代,这是美国复兴的伟大时代。

作为总统,我所做的一切——每一个决定,每一个行政命令、提议和签署的每一项法令,都是在努力为美国人民提供工具和创造条件,来实现美国的梦想,建设美国的未来——一个美好的社会,繁荣的经济,清洁的环境,进而实现一个更自由、更安全、更繁荣的世界。

借助我们永恒的价值,我驾驭了我的航程。机会属于每一个美国公民,(我的)责任来自全体美国人民,所有美国人民组成了一个大家庭。我一直在努力为美国创造一个新型的政府:更小,更现代化,更有效率,面对新时代的挑战充满创意和思想,永远把人民的利益放在第一位,永远面向未来。

我们在一起使美国变得更加美好。我们的经济正在破着一个又一个纪录,向前发展。我们已创造了 2200 万个新的工作岗位,我们的失业率是 30 年来最低的,老百姓的购房率达到一个空前的高度,我们经济繁荣的持续时间是历史上最长的。

我们的家庭、我们的社会变得更加强大。3500万美国人曾经享受联邦休假，800万人重新获得社会保障，犯罪率是25年来最低的，1000多万美国人享受更多的入学贷款，更多的人接受大学教育。我们的学校也在改善。更高的办学水平、更大的责任感和更多的投资使得我们的学生取得更高的考试分数和毕业成绩。

目前，已有300多万美国儿童在享受着医疗保险，700多万美国人已经脱离了贫困线。全国人民的收入在大幅度提高。我们的空气和水资源更加洁净，食品和饮用水更加安全。我们珍贵的土地资源也得到了近百年来前所未有的保护。

美国已经成为地球上每个角落促进和平和繁荣的积极力量。

我非常高兴能于此时将领导权交给新任总统，强大的美国正面临未来的挑战。

今晚，我希望大家能从以下三点来审视我们的未来。

第一，美国必须保持它的良好财政状况。通过过去4个财政年度的努力，我们已经把破纪录的财政赤字变为破纪录的盈余。并且，我们已经偿还了6000亿美元的国债，我们正向10年内彻底偿还国家债务的目标迈进，这将是1835年以来的第一次。

只要这样做，就会带来更低的利率、更大的经济繁荣，从而能够迎接将来更大的挑战。如果我们做出明智的选择，我们就能偿还债务，解决("二战"后出生的)一大批人们的退休问题，对未来进行更多的投资，并减轻税收。

第二，世界各国的联系日益紧密。为了美国的安全与繁荣，我们应继续融入世界。在这个特别的历史时刻，更多的美国人民享有前所未有的自由。我们的盟国更加强大。全世界人民期望美国成为和平与繁荣、自由与安全的力量。全球经济给予美国民众以及全世界人民更多的机会去工作、生活，更体面地养活家庭。

但是，这种世界融合的趋势一方面为我们创造了良好的机会，但同时使得我们在全球范围内更容易遭到破坏性力量、恐怖主义、有组织的犯罪、贩毒活动、致命性武器和疾病传播的威胁。

尽管世界贸易不断扩大，但它没能缩小处于全球经济繁荣中的我们同数十亿处于死亡边缘的人们之间的距离。

要解决世界贫富两极分化需要的不是同情和怜悯，而是实际行动。贫穷有可能被我们的漠不关心激化而成为火药桶。

托马斯·杰斐逊在他的就职演说中告诫我们结盟的危害。但是，在我们这个时代，美国不能，也不可能使自己脱离这个世界。如果我们想把我们共有的价值观赋予这个世界，我们必须共同承担起这个责任。

如果20世纪的历次战争，尤其是新近在科索沃地区和波斯尼亚爆发的战争，能够让我们得到某种教训的话，我们从中得到的启示应是：由于捍卫了我们的价值观并领导了自由和和平的力量，我们才达到了目标。我们必须坚定勇敢地拥抱这个信念和责任，在语言和行动上与我们的同盟者们站在一起，领导他们按这条道路前进，循着在全球经济中以人为本的观念，让不断发展的贸易能够使所有国家的所有人受益，在全世界范围内提高他们的生活水平和实现他们的梦想。

第三，我们必须牢记如果我们不团结一致，美国就不能领先世界。随着我们变得越来越多样化，我们必须更加努力地团结在共同价值观和共同人性的旗帜下。

我们要加倍努力地工作，克服生活中存在的种种分歧。于情于法，我们都要让我们的人民受到公正的待遇，不论他是哪一个民族、信仰何种宗教、什么性别或性倾向，或者何时来到这个国家。我们时时刻刻都要为了实现先辈们建立高度团结的美利坚合众国的梦想而奋斗。

希拉里、切尔西和我同美国人民一起，向即将就任的布什总统、他的家人及美国新政府致以衷心的祝福，希望新政府能够勇敢面对挑战，并高扛自由大旗在新世纪阔步前进。

对我来说，当我离开总统宝座时，我充满更多的理想，比初进白宫时更加充满希望，并且坚信美国的好日子还在后面。

我的总统任期就要结束了，但是我希望我为美国人民服务的日子永远不会结束。在我未来的岁月里，我再也不会担任一个能比美利坚合众国总统更高的职位、签订一个比美利坚合众国总统所能签署的更为神圣的契约了。当然，没有任何一个头衔能让我比作为一个美国公民更为自豪的了。

谢谢你们！愿上帝保佑你们！愿上帝保佑美国！

(来源：《比尔·克林顿的演讲》，http://www.baidu.com/)

例文五：比尔·盖茨哈佛演讲

尊敬的博克校长、鲁登斯坦前校长、即将上任的浮士德校长、哈佛集团的各位成员、监管理事会的各位理事、各位老师、各位家长、各位同学：

有一句话我等了三十年，现在终于可以说了："老爸，我总是跟你说，我会回来拿到我的学位的！"

我要感谢哈佛大学在这个时候给我这个荣誉。明年，我就要换工作了……我终于可以在简历上写我有一个本科学位，这真是不错啊。

我为今天在座的各位同学感到高兴，你们拿到学位可比我简单多了。哈佛的校报称我是"哈佛大学历史上最成功的辍学生"，我想这大概使我有资格代表我这一类学生发言……在所有的失败者里，我做得最好。

但是，我还要提醒大家，我使得斯特夫·鲍尔莫(注：微软总经理)也从哈佛商学院退学了。因此，我是个有着恶劣影响力的人，这就是为什么我被邀请来在你们的毕业典礼上演讲。如果我在你们入学欢迎仪式上演讲，那么能够坚持到今天在这里毕业的人也许会少得多吧。

对我来说，哈佛的求学经历是一段非凡的经历。校园生活很有趣，我常去旁听我没选修的课。哈佛的课外生活也很棒，我在英国的拉德克利夫过着逍遥自在的日子。每天我的寝室里总有很多人一直待到半夜，讨论着各种事情，因为每个人都知道我从不考虑第二天早起。这使得我变成了校园里那些不安分学生的头头，我们互相黏在一起，做出一种拒绝所有正常学生的姿态。

拉德克利夫是个过日子的好地方，那里的女生比男生多，而且大多数男生都是理工科的。这种状况为我创造了最好的机会，如果你们明白我的意思。可惜的是，我正是在这里学到了人生中悲伤的一课：机会大，并不等于你就会成功。

我在哈佛最难忘的回忆之一发生在 1975 年 1 月。那时，我从宿舍楼里给位于阿尔伯克基的一家公司打了一个电话，那家公司已经在着手制造世界上第一台个人电脑，我提出想向他们出售软件。

我很担心，他们会发觉我是一个住在宿舍的学生从而挂断电话，但是他们却说："我们还没准备好，一个月后你再来找我们吧。"这是个好消息，因为那时软件还根本没有写出来呢。就是从那个时候起，我夜以继日地在这个小小的课外项目上工作，这导致了我学生生活的结束以及通往微软公司的不平凡旅程的开始。

不管怎样，我对哈佛的回忆主要都与充沛的精力和智力活动有关。哈佛的生活令人愉快，也令人感到有压力，有时甚至会感到泄气，但永远充满了挑战性。生活在哈佛是一种吸引人的特殊待遇……虽然我离开得比较早，但是我在这里的经历、在这里结识的朋友、在这里发展起来的一些想法永远地改变了我。

但是，如果现在严肃地回忆起来，我确实有一个真正的遗憾。

我离开哈佛的时候，根本没有意识到这个世界是多么的不平等。人类在健康、财富和机遇上的不平等大得可怕，它们使得无数的人们被迫生活在绝望之中。

我在哈佛学到了很多经济学和政治学的新思想，我也了解了很多科学上的新进展。

但是，人类最大的进步并不来自这些发现，而是来自那些有助于减少人类不平等的发现。不管通过何种手段——民主制度、健全的公共教育体系、高质量的医疗保健，或是广泛的经济机会——减少不平等始终是人类最大的成就。

我离开校园的时候，根本不知道在这个国家里有几百万的年轻人无法获得接受教育的机会。我也不知道发展中国家里有无数的人们生活在无法形容的贫穷和疾病之中。

我花了几十年才明白了这些事情。

在座的各位同学，你们是在与我不同的时代来到哈佛的。你们比以前的学生更多地了解世界是怎样的不平等。在你们的哈佛求学过程中，我希望你们已经思考过一个问题，那就是在这个新技术加速发展的时代，我们怎样最终应对这种不平等以及我们怎样来解决这个问题。

  为了讨论的方便，请想象一下，假如你每个星期可以捐献一些时间、每个月可以捐献一些钱，你希望这些时间和金钱可以用到对拯救生命和改善人类生活有最大作用的地方，你会选择什么地方？

  对梅林达和我来说，这也是我们面临的问题：我们如何能将我们拥有的资源发挥出最大的作用。

  在讨论过程中，梅林达和我读到了一篇文章，里面说在那些贫穷的国家，每年有数百万的儿童死于那些在美国早已不成问题的疾病。麻疹、疟疾、肺炎、乙型肝炎、黄热病，还有一种以前我从未听说过的轮状病毒，这些疾病每年导致50万儿童死亡，但是在美国一例死亡病例也没有。

  我们被震惊了，我们想，如果几百万儿童正在死亡线上挣扎，而且他们是可以被挽救的，那么世界理应将用药物拯救他们作为头等大事。但是事实并非如此，那些价格还不到一美元的救命药剂并没有送到他们的手中。

  如果你相信每个生命都是平等的，那么当你发现某些生命被挽救了，而另一些生命被放弃了，你会感到无法接受。我们对自己说："事情不可能如此，如果这是真的，那么它理应是我们努力的头等大事。"

  所以，我们用任何人都会想到的方式开始工作，我们问："这个世界怎么可以眼睁睁看着这些孩子死去？"

  答案很简单，也很令人难堪。在市场经济中，拯救儿童是一项没有利润的工作，政府也不会提供补助。这些儿童之所以会死亡，是因为他们的父母在经济上没有实力，在政治上没有能力发出声音。

  但是，你们和我在经济上有实力，在政治上能够发出声音。

  我们可以让市场更好地为穷人服务，如果我们能够设计出一种更有创新性的资本主义制度——如果我们可以改变市场，让更多的人可以获得利润，或者至少可以维持生活——那么，这就可以帮到那些正在极端不平等的状况中受苦的人们。我们还可以向全世界的政府施压，要求他们将纳税人的钱花到更符合纳税人价值观的地方。

  如果我们能够找到这样一种方法，既可以帮到穷人，又可以为商人带来利润，为政治家带来选票，那么我们就找到了一种减少世界性不平等的可持续的发展道路。这个任务是无限的，它不可能被完全完成，但是任何自觉地解决这个问题的尝试都将会改变这个世界。

  在这个问题上，我是乐观的。但是，我也遇到过那些感到绝望的怀疑主义者，他们说："不平等从人类诞生的第一天就存在，到人类灭亡的最后一天也将存在——因为人类对这个问题根本不在乎。"我完全不能同意这种观点。

我相信，问题不是我们不在乎，而是我们不知道怎么做。

此刻在这个院子里的所有人，生命中总有这样或那样的时刻，目睹人类的悲剧，感到万分伤心。但是我们什么也没做，并非我们无动于衷，而是因为我们不知道做什么和怎么做。如果我们知道如何做是有效的，那么我们就会采取行动。

改变世界的阻碍并非人类的冷漠，而是世界实在太复杂。

为了将关心转变为行动，我们需要找到问题、发现解决问题的方法、评估后果，但是世界的复杂性使得所有这些步骤都难以做到。

即使有了互联网和 24 小时直播的新闻台，让人们真正发现问题所在，仍然十分困难。当一架飞机坠毁了，官员们会立刻召开新闻发布会，他们承诺进行调查、找到原因、防止将来发生类似事故。

但是如果那些官员敢说真话，他们就会说："在今天这一天，全世界所有可以避免的死亡之中，只有 0.5%的死者来自这次空难。我们决心尽一切努力，调查这个 0.5%的死亡原因。"

显然，更重要的问题不是这次空难，而是其他几百万可以预防的死亡事件。

我们并没有很多机会去了解那些死亡事件，媒体总是报告新闻，几百万人将要死去并非新闻。如果没有人报道，那么这些事件就很容易被忽视；另一方面，即使我们确实目睹了事件本身或者看到了相关报道，我们也很难持续关注这些事件。看着他人受苦是令人痛苦的，何况问题又如此复杂，我们根本不知道如何去帮助他人，所以我们会将脸转过去。

就算我们真正发现了问题所在，也不过是迈出了第一步，接着还有第二步，那就是从复杂的事件中找到解决办法。

如果我们要让关心落到实处，我们就必须找到解决办法。如果我们有一个清晰可靠的答案，那么当任何组织和个人发出疑问"我如何能提供帮助"的时候，我们就能采取行动，我们就能够保证不浪费一丁点儿全世界人类对他人的关心。但是，世界的复杂性使得很难找到对全世界每一个有爱心的人都有效的行动方法，因此人类对他人的关心往往很难产生实际效果。

从这个复杂的世界中找到解决办法，可以分为四个步骤：确定目标，找到最高效的方法，发现适用于这个方法的新技术，同时最聪明地利用现有的技术，不管它是复杂的药物，还是最简单的蚊帐。

艾滋病就是一个例子。总的目标，毫无疑问是消灭这种疾病；最高效的方法是预防；最理想的技术是发明一种疫苗，只要注射一次，就可以终生免疫。所以，政府、制药公司、基金会应该资助疫苗研究。但是，这项研究工作很可能十年之内都无法完成。因此，与此同时，我们必须使用现有的技术，目前最有效的预防方法就是设法让人们避免那些危险的行为。

要实现这个新的目标，又可以采用新的四步循环。这是一种模式，关键的东西是永远不要停止思考和行动。我们千万不能再犯 20 世纪在疟疾和肺结核上犯过的错误，那时我们因为它们太复杂而放弃了采取行动。

在发现问题和找到解决方法之后，就是最后一步——评估工作结果，将你的成功经验或者失败经验传播出去，这样，其他人就可以从你的努力中有所收获。

当然，你必须有一些统计数字，你必须让他人知道，你的项目为几百万儿童新接种了疫苗。你也必须让他人知道，儿童死亡人数下降了多少。这些都是很关键的，不仅有利于改善项目效果，也有利于从商界和政府得到更多的帮助。

但是，这些还不够。如果你想激励其他人参加你的项目，你就必须拿出更多的统计数字。你必须展示你的项目的人性因素，这样，其他人就会感到拯救一个生命对那些处在困境中的家庭到底意味着什么。

几年前，我去瑞士达沃斯旁听一个全球健康问题论坛，会议的内容有关于如何拯救几百万条生命。天哪，是几百万！想一想吧，拯救一个人的生命已经让人何等激动，现在你要把这种激动再乘上几百万倍……但是，不幸的是，这是我参加过的最最乏味的论坛，乏味到我无法强迫自己听下去。

那次经历之所以让我难忘，是因为之前我们刚刚发布了一个软件的第 13 个版本，我们让观众激动得跳了起来，喊出了声。我喜欢人们因为软件而感到激动，那么我们为什么不能够让人们因为能够拯救生命而感到更加激动呢？

除非你能够让人们看到或者感受到行动的影响力，否则你无法让人们激动。如何做到这一点，并不是一件简单的事。

同前面一样，在这个问题上，我依然是乐观的。不错，人类的不平等有史以来一直存在，但是那些能够化繁为简的新工具却是最近才出现的。这些新工具可以帮助我们将人类的同情心发挥出最大的作用，这就是为什么将来同过去是不一样的。

这个时代无时无刻不在涌现出新的革新——生物技术、计算机、互联网——它们给了我们一个前所未有的机会去终结那些极端的贫穷和非恶性疾病的死亡。

60 年前，乔治·马歇尔也是在这个地方的毕业典礼上宣布了一个计划，帮助那些欧洲国家的战后建设，他说："我认为，困难的一点是这个问题太复杂，报纸和电台向公众源源不断地提供各种事实，使得大街上的普通人极端难以清晰地判断形势。事实上，经过层层传播，想要真正地把握形势是根本不可能的。"

马歇尔发表这个演讲之后的 30 年，我那一届学生毕业，当然我不在其中。那时，新技术刚刚开始萌芽，它们将使得这个世界变得更小、更开放、更容易看到、距离更近。

低成本的个人电脑的出现，使得一个强大的互联网有机会诞生，它为学习和交流提供了巨大的机会。

网络的神奇之处不仅仅是缩短了物理距离，使得天涯若比邻，它还极大地增加了怀有共同想法的人们聚集在一起的机会，我们可以为了解决同一个问题共同工作。这就大大加快了革新的进程，发展速度简直快得让人震惊。

与此同时，世界上有条件上网的人只是全部人口的 1/6。这意味着还有许多具有创造性的人们没有加入到我们的讨论中来。那些有着实际操作经验和相关经历的聪明人却没有技术来帮助他们，将他们的天赋或者想法与全世界分享。

我们需要尽可能地让更多的人有机会使用新技术，因为这些新技术正在引发一场革命，人类将因此可以互相帮助。新技术正在创造一种可能，不仅是政府，还包括大学、公司、小机构，甚至个人，能够发现问题所在，能够找到解决办法，能够评估他们努力的效果，去改变那些马歇尔60年前就说到过的问题——饥饿、贫穷和绝望。

哈佛是一个大家庭，这个院子里在场的人们是全世界最有智力的人类群体之一。

我们可以做些什么？

毫无疑问，哈佛的老师、校友、学生和资助者已经用他们的能力改善了全世界各地人们的生活。但是，我们还能够再做什么呢？有没有可能哈佛的人们可以用他们的智慧帮助那些甚至从来没有听到过"哈佛"这个名字的人？

请允许我向各位院长和教授提出一个请求——你们是哈佛的智力领袖，当你们雇用新的老师、授予终身教职、评估课程、决定学位颁发标准的时候，请问你们自己如下的问题。

我们最优秀的人才是否在致力于解决我们最大的问题？

哈佛是否鼓励她的老师去研究解决世界上最严重的不平等？哈佛的学生是否从全球那些极端的贫穷中学到了什么……世界性的饥荒……清洁水资源的缺乏……无法上学的女童……死于非恶性疾病的儿童……哈佛的学生有没有从中学到东西？

那些世界上过着最优越生活的人们有没有从那些最困难的人们身上学到东西？

这些问题并非语言上的修辞，你必须用自己的行动来回答它们。

我的母亲在我被哈佛大学录取的那一天，曾经感到非常骄傲，她从没有停止督促我去为他人做更多的事情。在我结婚的前几天，她主持了一个新娘进我家的仪式。在这个仪式上，她高声朗读了一封关于婚姻的信，这是她写给梅林达的。那时，我的母亲已经因为癌症病入膏肓，但她还是认为这是又一次传播她的信念的机会。在那封信的结尾，她写道："对于那些接受了许多帮助的人们，他们还在期待更多的帮助。"

想一想吧，我们在这个院子里的这些人被给予过什么——天赋、特权、机遇——那么可以这样说，全世界的人们几乎有无限的权力期待我们做出贡献。

同这个时代的期望一样，我也要向今天各位毕业的同学提出一个忠告：你们要选择一个问题、一个复杂的问题、一个有关于人类深刻的不平等的问题，然后你们要变成这个问题的专家。如果你们能够使得这个问题成为你们职业的核心，那么你们就会非常杰出。但是，你们不必一定要去做那些大事。每个星期只用几个小时，你就可以通过互联网得到信息，找到志同道合的朋友，发现困难所在，找到解决它们的途径。

不要让这个世界的复杂性阻碍你前进，要成为一个行动主义者，将解决人类的不平等视为己任，它将成为你生命中最重要的经历之一。

在座的各位毕业的同学，你们所处的时代是一个神奇的时代。当你们离开哈佛的时候，你们拥有的技术，是我们那一届学生所没有的。你们已经了解到了世界上的不平等，我们那时还不知道这些。有了这样的了解之后，要是你们再弃那些你们可以帮助的人们于不顾，就将受到良心的谴责，只需一点小小的努力，你们就可以改变那些人们的生活。你们比我们拥有更大的能力，你们必须尽早开始，尽可能长时期坚持下去。

知道了你们所知道的一切，你们怎么可能不采取行动呢？

我希望，30年后你们还会再回到哈佛，想起你们用自己的天赋和能力所做出的一切。我希望在那个时候你们用来评价自己的标准不仅仅是你们的专业成就，更包括你们为改变这个世界深刻的不平等所做出的努力以及你们如何善待那些远隔千山万水，与你们毫不相关的人们，你们与他们唯一的共同点就是同为人类。

最后，祝各位同学好运。

(来源：《比尔·盖茨哈佛演讲稿》，http://www.baidu.com/)

例文六：最后一次讲演

这几天，大家晓得，在昆明出现了历史上最卑劣、最无耻的事情！李先生究竟犯了什么罪，竟遭此毒手？他只不过用笔写写文章，用嘴说说话，而他所写的、所说的，都无非一个没有失掉良心的中国人的话！大家都有一支笔，有一张嘴，有什么理由拿出来讲啊！有事实拿出来说啊！为什么要打要杀，而且又不敢光明正大地来打来杀，而是偷偷摸摸地来暗杀，这成什么话？

今天，这里有没有特务？你站出来！是好汉的站出来！你出来讲！凭什么要杀死李先生？杀死了人，又不敢承认，还要诬蔑人，说什么"桃色事件"，说什么共产党杀共产党，无耻啊！无耻啊！这是某集团的无耻，恰是李先生的光荣！李先生在昆明被暗杀，是李先生留给昆明的光荣！也是昆明人的光荣！

去年"一二·一"昆明青年学生为了反对内战，遭受屠杀，那算是青年的一代献出了他们最宝贵的生命！现在李先生为了争取民主和平而遭受了反动派的暗杀，我们骄傲一点说，这算是像我这样大年纪的一代，我们的老战友，献出了最宝贵的生命。这两桩事发生在昆明，这算是昆明无限的光荣！

反动派暗杀李先生的消息传出后，大家听了都悲愤痛恨。我心里想，这些无耻的东西，不知他们是什么想法？他们的心理是什么状态？他们的心怎样长的？其实很简单，他们这样疯狂地来制造恐怖，正是他们自己在发慌啊！在害怕啊！所以他们制造恐怖，其实是他们自己恐怖啊！特务们，你们想想，你们还有几天，你们完了，快完了！你们以为打伤几个，杀死几个，就可以了事，就可以把人民吓倒了吗？其实广大的人民是打不尽的、杀不尽的，要是这样可以的话，世界上早没有人了。你们杀死一个李公朴，会有千百万个李公朴站起来！你们将失去千百万的人民！你们看着我们人少，没有力量。告诉你们，我们的力量大得很！多得很！看今天来的这些人，都是我们的人，都是我们的力量！此外还有广大的市民！我们有这个信心：人民的力量是要胜利的。真理是永远存在的。历史上没有一个反人民的势力不被人民毁灭的！希特勒、墨索里尼不都在人民之前倒下去了吗？翻开历史看看，你还站得住几天！你完了，快完了！我们的光明就要出现了。我们看，光明就在我们眼前，而现在正是黎明之前那个最黑暗的时候。我们有力量打破这个黑暗，争取到光明！我们的光明，就是反动派的末日！

反动派故意挑拨美苏的矛盾，想利用这个矛盾来打内战。任你们怎么样挑拨，怎么样离间，美苏不一定打呀！现在四外长会议已经圆满闭幕了。这不是说美苏间已没有矛盾，但是可以让步，可以妥协，事情是曲折的，不是直线的。

李先生的血，不会白流的！李先生赔上了这条性命，我们要换来一个代价。"一二·一"四烈士倒下了，年轻的战士们的血，换来了政治协商会议的重开！我们有这个信心！

"一二·一"是昆明的光荣，是云南人民的光荣。云南有光荣的历史，远的如护国，这不用说了，近的如"一二·一"，都是属于云南人民的，我们要发扬云南光荣的历史！

反动派挑拨离间，卑鄙无耻，你们看见联大走了，学生放暑假了，便以为我们没有力量了吗？特务们！你们错了！你们看见今天到会的一千多青年，又握起手来了，我们昆明的青年决不会让你们这样蛮横下去的！

反动派，你看一个倒下去，可也看得见千百个继起的！

正义是杀不完的，因为真理永远存在！

历史赋予昆明的任务是争取民主和平，我们昆明的青年必须完成这任务！

我们不怕死，我们有牺牲的精神，我们随时像李先生一样，前脚跨出大门，后脚就不准备再跨进大门！

(来源：《闻一多：最后一次讲演》，http://zhidao.baidu.com/question/22507078.html)

例文七：种族隔离制度绝无前途

朋友们、同志们、南非同胞们：

我以和平、民主和全人类自由的名义，向你们大家致敬。我不是作为一名预言家，而是作为你们的谦卑的公仆，作为人民的公仆，站在这里和你们面前。

你们经过不懈的奋斗和英勇牺牲，使我有可能在今天站在这里，因此，我要把余生献给你们。

在我获得释放的今天，我要向千百万同胞，向全球各地为我的获释而做出过不懈斗争的同胞，致以亲切的和最热烈的感谢。

今天，大多数南非人，无论黑人还是白人，都已认识到种族隔离制度绝无前途。为了确保和平与安全，我们必须依靠自己声势浩大的决定性行动，来结束这种制度。我国各个团体和我国人民的大规模反抗运动和其他行动，终将导致，也只能导致民主制度的确立。

种族隔离制度给我们这片大陆造成了难以估量的破坏。成千上万个家庭的生活基础遭到了摧毁。成千上万人流离失所，无法就业。

我们的经济濒临崩溃，我们的人民卷入了政治冲突。我们在 1960 年采取了武装斗争方式，建立了非洲人国民大会的战斗组织——"民族之矛"，这纯属为反抗种族隔离制度和暴力而采取的自卫行动。

今天，必须进行武装斗争的种种原因依然存在。我们别无选择，只有继续进行武装斗争。我们希望，不久将能创造出一种有利于通过谈判解决问题的气氛，以便不再有必要开展武装斗争。

我是非洲人国民大会的忠诚的遵守纪律的一员。因此，完全赞同它所提出的目标、战略和策略。

现在需要把我国人民团结起来，这是一项一如既往的重要任务。任何领导人，都无法独自承担起所有这些重任。作为领袖，我们的任务是向我们的组织阐明观点，并允许民主机制来决定前方的道路。

关于实行民主问题，我感到有责任强调一点：运动的领导人要由全国性会议通过民主选举而产生。这是一条必须坚持，毫无例外的原则。

今天，我希望能向大家通报：我同政府进行的一系列会谈，其目的一直是使我国的政治局势正常化。我们还没有开始讨论斗争的基本要求。

我希望强调一下，除了坚持要求在非洲人国民大会和政府之间进行会晤以外，我本人从未就我国的未来问题同政府进行过谈判。

谈判还不能开始——谈判不能凌驾于我国人民之上，不能背着人民进行。我们的信念是，我国的未来只能由一个在不分肤色的基础上通过民主选举而产生的机构来决定。

要谈判消灭种族隔离制度的问题，就必须正视我国人民的压倒一切的要求，即建立一个民主的、不分肤色的和统一的南非。白人垄断政权的状况必须结束。

还必须从根本上改造我国的政治制度和经济制度，以便使种族隔离制度造成的不平等问题得到解决,并保证我们的社会彻底实现民主化。

我们的斗争已经到了决定性时刻。我们呼吁人民要抓住这个时机,以便使民主进程迅速地、不间断地得到发展。我们等待自由等得太久了。我们不能再等了。现在是在各条战线上加强斗争的时候了。

现在放松努力将铸成大错,我们的子孙后代将不会原谅这个错误。地平线上萌现的自由奇观,应该能激励我们付出加倍的努力。只有通过有纪律的群众运动,胜利才有保障。

我们呼吁白人同胞加入我们的行列,来共同创造一个新南非。自由运动也是你们的政治归宿。我们呼吁国际社会继续采取行动,来孤立这个实行种族隔离制度的政府。

如果在目前取消对这个政府的制裁,彻底消灭种族隔离制度的进程就会有夭折的危险。我们向自由的迈进不可逆转。我们不应让畏惧挡住我们的道路。

由统一的、民主的和不分肤色的南非实行普选,是通向和平与种族和谐的唯一大道。最后,我想回顾一下我在 1964 年受审时说过的话。这些话在当时和现在都一样千真万确。我说过:我为反对白人统治而斗争,也为反对黑人统治而斗争,我珍视民主和自由社会的理想,在这个社会中,人人和睦相处,机会均等。我希望为这个理想而生,并希望实现这个理想。但是如果需要,我也准备为这个理想而死。

(来源:《曼德拉:种族隔离制度绝无前途》, http://www.baidu.com/)

例文八:支持"物种起源"的学说

我曾经说过,科学家是在理性的最高法庭上对自然界最忠实的诠释者。

但是,假如无知是法官的顾问,偏见是陪审团的审判长时,科学家诚实的发言又有什么用处呢?就我所知,几乎所有伟大的科学真理,在得到普遍接受以前,那些最有地位的大人物总坚持认为被研究的现象是直接以神意为依据的。谁要是企图去研究这些现象,不但枉费心机,而且简直是对神的亵渎。

这种反对自然科学的态度,具有异常顽固的生命力。在每次战役中,上述的反对态度都被击溃、受到重创,但似乎永远不会被消灭。今天,这种反对态度已经遭到上百次的挫败,但是仍然像在伽利略时代那样猖獗横行,幸而危害性已经不那么大了。

请让我借用牛顿的一句名言:"有些人一生都在伟大的真理海洋的沙滩上拾集晶莹的卵石,他们日复一日地注视着那股胸怀包藏着无数能把人类生活装点得更高尚美好的珍宝的海潮。"这股气势磅礴的海潮的行进虽然缓慢,但确定无疑地会上涨。要是这些注视着海潮上涨的人们看到那些现代的克纽斯式小人物俨然坐在宝座上,命令这股巨大的海潮停止前进,并扬言要阻止那造福人类的进程时,他们会觉得这种做法即使不那么可悲,也是可笑的。

海潮涨上来了,现代的克纽斯们只好逃跑。但是,他们不像古时那位勇敢的丹麦人,他们学不会谦虚。他们只是把宝座挪到似乎是安全的远处，便又重复地干着同样的蠢事。

大众当然有责任阻止这类事情发生，使这些多管闲事的蠢人声誉扫地。

这些蠢人以为不许人彻底研究全能上帝所创造的世界，就是帮了上帝的忙。

物种起源的问题并不是在科学方面要求我们这一代人解决的第一个大问题，也不会是最后一个。当前人类的思潮异常活跃，注视着时代各种迹象的人看得很清楚，19世纪必将如16世纪一般发生伟大的思想革命与实践革命。但是，又有谁能知道，在这新的改革过程中，文明世界要经受什么样的考验与痛苦的斗争呢？

然而，我真诚地相信，无论发生什么情况，在这场斗争中，英国会起到伟大而崇高的作用。她将向全世界证明，至少在一个民族中，专制政治和煽动宣传并不是治国的必要选择，自由与秩序并非必然互相排斥，知识高于威严，自由讨论是真理的生命，也是国家真正统一的生命。

英国是否会起这样的作用呢？这就取决于你们大众对科学的态度了。珍惜科学、尊重科学吧，忠实地、准确地遵循科学的方法，将其运用到一切人类思想领域中去，那么，我们这个民族的未来就必定比过去更加伟大。

假如听从那些窒息科学、扼杀科学的人的意见，我恐怕我们的子孙将要看到英国的光辉像亚瑟王在雾中消失那样黯淡下来，等到他们发出像圭尼维尔那样的哀哭时，反悔已经来不及了。

(来源：《赫胥黎：支持"物种起源"的学说》，http://www.baidu.com/)

例文九：全国科学大会闭幕式演讲

亲爱的同志们！

我们民族历史上最灿烂的科学的春天到来了。我是上一个世纪出生的人，能参加这样的盛会，百感交集，思绪万千。

在旧社会，多少从事科学文化事业的人们，向往着国家昌盛，民族复兴，科学文化繁荣。但是，在那黑暗的岁月里，哪里有科学的地位，又哪里有科学家的出路！科学和科学家，在旧社会所受到的，只不过是摧残和凌辱。封建王朝摧残它，北洋军阀摧残它，国民党反动派摧残它。我们这些参加过五四运动的人，喊出过发展科学的口号，结果也不过是一场空。大批仁人志士，满腔悲仇、万种辛酸，想有所为而不能为，真是英雄无用武之地。我们不少人就是在这种暗无天日的岁月中，颠沛流离，含辛茹苦地度过了大半生。

伟大领袖和导师毛主席领导中国共产党进行了艰苦卓绝的斗争，建立了新中国，人民得到了解放，科学得到了解放。毛主席和周总理又亲自为我国规划了建设社会主义现代化强国的宏伟蓝图，对科学事业和科学工作者给予了无微不至的关怀。我国的科学事业有了突飞猛进的发展。回忆起这些情景，一桩桩、一件件的往事都涌上心头，好像就在眼前一样。饮水思源，我们怎能不万分感激和无限缅怀伟大领袖毛主席和敬爱的周总理呢！万恶的"四人帮"对科学工作百般摧残，对科学工作者横加迫害，妄图重新把我们的祖国拉回到愚昧、落后、黑暗的旧社会去。但是，"蚍蜉撼树谈何易"。党中央一举扫除了这伙祸国殃民的害人虫，使我们得到了第二次解放。现在，我们可以扬眉吐气地说，反动派摧残科学事业的那种情景，确实地一去不复返了！科学的春天到来了！从我一生的经历，我悟出了一条千真万确的真理：只有社会主义才能解放科学，也只有在科学的基础上才能建设社会主义。科学需要社会主义，社会主义更需要科学。看到今天这种喜人的情景，真是无比感慨和兴奋。"老夫喜作黄昏颂，满目青山夕照明。"敬爱的叶副主席的光辉诗篇，完全表达出了我们这一代人的心情。

我们中华民族在人类文明发展史上，曾经有过杰出的贡献。现在，在共产党的领导下，我们的民族正在经历着一场伟大的复兴。恩格斯在谈到 16 世纪欧洲文艺复兴时曾经说过，那是一个需要巨人而且产生了巨人的时代。今天，我们社会主义祖国的伟大革命和建设，更加需要大批社会主义时代的巨人。我们不仅需要有政治上、文化上的巨人，我们同样需要有自然科学和其他方面的巨人。我们相信一定会涌现出大批这样的巨人。

科学是讲求实际的。科学是老老实实的学问，来不得半点虚假，需要付出艰巨的劳动。同时，科学也需要创造，需要幻想，有幻想才能打破传统的束缚，才能发展科学。科学工作者同志们，请你们不要把幻想让诗人独占了。

嫦娥奔月，龙宫探宝，《封神演义》上的许多幻想，通过科学，今天大都变成了现实。伟大的天文学家哥白尼说：人的天职在勇于探索真理。我国人民历来是勇于探索，勇于创造，勇于革命的。我们一定要打破陈规，披荆斩棘，开拓我国科学发展的道路。既异想天开，又实事求是，这是科学工作者特有的风格，让我们在无穷的宇宙长河中去探索无穷的真理吧！

我祝愿我们老一代的科学工作者老当益壮，在新的长征中为我国科学事业建立新功，为造就新的科学人才做出贡献。

我祝愿中年一代的科学工作者奋发图强，革命加拼命，勇攀世界科学高峰。你们是赶超世界先进水平的中坚，任重而道远。古人尚能"头悬梁，锥刺股"，孜孜不倦地学习，你们为了共产主义的伟大理想，一定会更加专心致志，废寝忘食，刻苦攻关。赶超，关键是时间。时间就是生命，时间就是速度，时间就是力量。趁你们年富力强的时候，为人民做出更多的贡献吧！

我祝愿全国的青少年从小立志献身于雄伟的共产主义事业，努力培育革命理想，切实学好现代科学技术，以勤奋学习为光荣，以不求上进为可耻。你们是初升的太阳，希望寄托在你们身上。革命加科学将使你们如虎添翼，把老一辈革命家和科学家点燃的火炬接下去，青出于蓝而胜于蓝。

我的这个发言，与其说是一个老科学工作者的心声，毋宁说是对一部巨著的期望。这部伟大的历史巨著，正待我们全体科学工作者和全国各族人民来共同努力，继续创造。它不是写在有限的纸上，而是写在无限的宇宙之间。

春分刚刚过去，清明即将到来。"日出江花红胜火，春来江水绿如蓝"。

这是革命的春天，这是人民的春天，这是科学的春天！让我们张开双臂，热烈地拥抱这个春天吧！

(来源：《郭沫若：全国科学大会闭幕式演讲》，摘选自1978年4月1日《人民日报》)

例文十：福克纳接受诺贝尔奖时的演说

我感到这份奖赏不是授予我个人而是授予我的工作的——授予我一生从事关于人类精神的呕心沥血的工作。我从事这项工作，不是为名，更不是为利，而是为了从人的精神原料中创造出一些从前不曾有过的东西。因此，这份奖金只不过是托我保管而已。做出符合这份奖赏的原意与目的，与其奖金部分有相等价值的献词并不难，但我还愿意利用这个时刻，利用这个举世瞩目的讲坛，向那些可能听到我说笑话已献身于同一艰苦劳动的男女青年致敬。他们中肯定有人有一天也会站到我现在站着的地方来。

我们今天的悲剧是人们普遍存在的一种生理上的恐惧，这种恐惧存在已久，以致我们已经习惯了。现在不存在精神上的问题，唯一的问题是：我什么时候会被炸得粉身碎骨？正因如此，今天从事写作的男、女青年已经忘记了人类内心的冲突。然而，只有接触到这种内心冲突才能产生出好作品，因为这是唯一值得写、值得呕心沥血地去写的题材。

他一定要重新认识这些问题。他必须使自己明白世间最可鄙的事情莫过于恐惧。他必须使自己永远忘却恐惧，在他的工作室里除了心底古老的真理之外，不允许任何别的东西有容身之地。没有这古老的普遍真理，任何小说都只能是昙花一现，不会成功；这些真理就是爱情、荣誉、怜悯、自尊、同情与牺牲等感情。若是他做不到这样，他的气力终归白费。他不是写爱情而是写情欲，他写的失败是没有人失去可贵的东西的失败，他写的胜利是没有希望、没人怜悯或同情的胜利。他不是为遍地白骨而悲伤，所以留不下深刻的痕迹。他不是在写心灵而是在写器官。

在他重新懂得这些之前，他写作时，就犹如站在处于世界末日的人类中去观察末日的来临。我不接受人类末日的说法。因人能传宗接代而说人是不朽的，这很容易。说即使最后一次钟声已经消失，消失在再也没有潮水冲刷的映在落日余晖里的海上最后一块无用礁石之旁时，还会有一个声音，人类微弱的、不断的说话声。这也很容易。但是我不能接受这种说法。我相信人类不仅能传宗接代，而且能战胜一切而永存。人之不朽不是因为在动物中唯独他永远能发言，而是因为他有灵魂、有同情心、有牺牲和忍耐精神。诗人和作家的责任就是把这些写出来。诗人和作家的特殊光荣就是去鼓舞人的斗志，使人记住过去曾经有过的光荣——人类曾有过的勇气、荣誉、希望、自尊、同情、怜悯与牺牲精神——以达到不朽。诗人的声音不应只是人类的记录，而应是使人类永存并得到胜利的支柱和栋梁。

(来源：《福克纳接受诺贝尔奖时的演说》，http://www.baidu.com/)

例文十一：挣脱生命的束缚

其实人的一辈子都有某些东西束缚着我们，不管是贫困生活还是社会地位，不管是传统习俗还是法律条文。生命的抗争就是在束缚中跳出美丽舞蹈的过程。没有束缚的生命反而显得轻浮而没有分量，生命的束缚和挣脱束缚的努力，使我们的生命变得厚重而美丽。

每个人都渴望生命能够像海水一样没有障碍地奔腾流动，和蓝天相接。每个人都渴望生命像风一样从天空自由自在地飘过，除了带走白云，没有一丝牵挂。没有人希望自己的生命受到束缚，就像没有任何动物愿意被关在笼子里一样。人的一生都是为了挣脱某种束缚而努力的过程，这一过程使生命变得丰富多彩，充满机遇，咀嚼失败，品味成功。

人一旦有了自觉意识之后的第一件事情就是和束缚抗争。从十一二岁开始，青少年一般会有几年很强烈的反叛期，这一时期的青少年，常常不管父母或老师说得对不对都和他们对着干。这种现象正是生命想要挣脱束缚的具体表现。可以说青少年对于父母的第一次抗争，就拉开了一辈子和各种各样的束缚进行斗争的序幕。动物通过角斗来宣示自己的力量，确定自己在群体中的地位；人类通过智慧和耐心来证明自己的能力，最终摆脱社会的束缚进入自由状态，尽管这种自由状态有可能只是一种虚幻，但争取进入这种状态的奋斗过程正好赋予了生命很丰富的意义。

一个人与其说是为了理想而努力，还不如说是为了摆脱某种束缚而努力。如果我们出生在贫苦家庭，我们可能所有的努力只有一个目的，就是为了摆脱贫困。因为贫困给我们带来了太多的束缚，在贫困中生命得不到张扬，也得不到尊重。所以在贫困中的人常常能够更加自强不息，因为他的背后有足够的动力：想要像城里人一样过上好日子(尽管城里人日子不一定好过)，想要像城里人一样吃得更多，走得更远。这些最朴素的理想恰恰变成了最有持久力的拼命。

当人们脱离贫困之后，马上就会为了争取自己的社会地位而努力，因为社会地位的高低直接和一个人的尊严有关。一个人如果社会地位低下，就像一群狼中的尾狼一样，永远只能吃最后一口肉，永远得不到最好的机会，甚至得不到母狼的青睐。社会地位低下这种可悲的状态足以鼓动任何男人和女人用尽一切力量和办法来摆脱卑微。社会地位的低下是一种非常现实的痛苦，当那些来自社会底层的大学生看到有家庭背景的同学总有人前呼后拥，被女孩子前堵后追的时候，不管有多大的心肺都会胸口发闷。在这种感觉下，懂得社会地位不可一蹴而就的人会用持续耐心的努力来争取社会地位的改善(有时候这是一辈子的努力)，而没有耐心的人就会采取危险行动，通过逢迎拍马、坑蒙拐骗来达到目的。面对社会地位，有虚荣心和贪婪心的人尤其危险，虚荣的人容易为了面子而断送幸福，而贪婪的人极有可能为了地位而断送生命，因为地位和金钱一样，没有任何满意的衡量标准，只能用内心去感受，一个面对地位和权力的诱惑不知道适可而止的人，极容易进入危险之地。但不管怎样，大多数人一辈子的奋斗过程，就是为了提高自身社会地位的过程。

当有了一定的社会地位之后，人们就开始要求精神的解放、心灵的自由，希望摆脱社会对于自己心灵和精神的限制，这是更高层面的生命抗争(当然有些伟人可以跃过贫困和社会地位的障碍直接进入追求精神解放的境界)。人生而平等这句话表达的不仅仅是一个社会地位问题，也是一个精神自由问题，民主诉求的实质是摆脱思想束缚，获得精神平等。当我们发现现实世界的很多束缚不可挣脱时，我们希望自己的心灵得到解放，而这个挣脱心灵中各种束缚的过程正是伟大文学和哲学思想产生的过程。人们进行文学和哲学思考的主要目的就是解放自己的情感，同时获得通向幸福和自由的路径。

如果说一般人的生命奋斗过程就足以令人感动，那么另外一种人的成功更加震撼人心，那就是摆脱了身体残疾的束缚而创造出奇迹的人，因为他们常常做到了连正常人都做不到的事情。海伦·凯勒从小失聪失明，但最后写出了令人颤抖的美丽文字；贝多芬在失聪之后谱写了第九交响曲；霍金坐在轮椅上通过手指的动作写出了《时间简史》；司马迁在遭受宫刑之后完成了《史记》，这些人的伟大成就没有一个不是在摆脱了身体残疾的束缚之后，放飞了自己强大的精神力量。还有在中国那些聋哑女孩跳出的千手观音，每一个动作都牵动着人们对于美丽的神经。我曾经碰上一个叫左力的浙江学生，从小耳朵就完全听不见了，到今天为止这个世界对他来说依然是一片寂静，但他通过自己的努力一直读到了大学，而且一直都是好学生，他能够通过阅读老师的嘴唇知道老师在讲什么，他写出来的文字流畅通顺，思想丰富。现在他还准备到国外最好的大学去读书，从唇读中文转向唇读英文。我们拥有美好听力的人都没有把英文听懂学好，面对左力这样的学生，我们除了努力，还有什么好抱怨的呢？

我把左力这样的人称作是带着束缚跳出了最美丽舞蹈的人。其实人的一辈子都有某些东西束缚着我们，不管是贫困生活还是社会地位，不管是传统习俗还是法律条文。生命的抗争就是在束缚中跳出美丽舞蹈的过程。没有束缚的生命反而显得轻浮而没有分量，生命的束缚和挣脱束缚的努力，使我们的生命变得厚重而美丽。我在学习单板滑雪时对于这一点体会尤其深刻，单板滑雪必须把两个脚牢牢地固定在板上，因此，在光滑的雪地上你只要站起来就会摔下去。在你和滑雪板进行抗争的过程中，你会摔得鼻青眼肿，但只要坚持下去，你会慢慢发现，单板好像慢慢融化成了你身体的一部分，已经在你脚下运用自如，借助单板，你已经可以翻滚腾挪，飞驰向前，为生命留下一连串的潇洒和美丽。

(来源：《俞敏洪励志演讲稿》，http://www.baidu.com/)

例文十二：学会感恩

各位老师，亲爱的同学们：

大家好！我演讲的题目是"学会感恩"。

开始前，我想先给大家讲个小故事。一艘载有数百人的大型轮船在海上失火沉没，许多人都失去了生命，只有九十多人生还。乘客中有一个游泳专家来回游了十几次，在连续救起了二十个人后，因过度劳累双脚严重抽筋而导致残废，必须终身坐轮椅，他一直大叫着问自己：我尽力了吗！几年后在他生日的那天有人问他一生中最深刻的记忆是什么，他伤感地说：我最记得那被我救起的二十个人中，没有一个人来向我道谢。

感恩是小德，忘恩是大恶。生活中，总会有许多事情影响着我们的情绪，或喜，或忧，于是，选择一种什么样的心态去面对生活，也就选择了过什么样的一种生活。

感恩，是我对待生活的态度。感恩，并不局限于铭记别人的好处，而是延伸在生活的各个方面中，以及更多。平时，我们是否会受喜怒哀乐所左右生活？喜的时候是否会欢天喜地、欣喜若狂？怒的时候是否会大发雷霆、暴跳如雷？哀的时候是否会惆怅万分、失落无比？乐的时候是否会手舞足蹈、得意忘形？要怎样做到对喜怒哀乐处之泰然？要如何保持平静的心态？

怀着一颗感恩的心。就当喜，是对我们善待生活得到的回报；就当怒，是培养我们耐性的时机；就当哀，是天将降大任于自己的先兆，所以必先苦我心志；就当乐，是生活对我的泰然处世还以的笑容。如此，还会有什么再影响到自己平静的心绪呢？别人对自己不好，是生活在暗示我们自身有所缺陷，所以我们必须积极改进；别人对自己好，是生活在告诉我们要让更多的人喜欢自己，就必须再接再厉更进一步。事业的成败也是如此。

感恩，并不是宣扬一种消极的宿命论，而是一种积极的处世方式！学会感恩，不要去记恨对你不好的人。作家余杰说过一句话：恨一个人对自己的伤害，远远比对对方的伤害大。学会感恩，懂得知恩图报、不忘恩负义，滴水之恩要以涌泉相报，受人一抔土，还人一座山。学会感恩，懂得给别人机会就是给自己机会，赠人玫瑰手留余香，今天拉人一把，明天陷入困境也会有人拉自己一把。生活是面镜子，学会感恩，对生活时常保持微笑的心情，生活也会还你以微笑。

那么，就让我再次用一个小故事结束今天的演讲吧。有位和尚叫佛印，与朋友结伴出游，在路过海边时与朋友话不投机，被朋友甩了一巴掌，佛印气愤地在沙滩上写下"某年某月某日被某某打"。当走过原始森林时，佛印和尚遇险被朋友所救，于是他在岩石上写下"某年某月某日被某某救"。朋友奇怪地问他为什么两次在不同的地方写字，佛印答道：巴掌之痛如海水冲淡沙滩上的字，很快消逝；相助之恩却是刻在石头上的字天长地久，永远铭记。

学会感恩的生活，宁静而祥和。

(来源：《经典演讲稿》，http://www.baidu.com/)

参 考 文 献

[1] 曾汀宜．演讲与口才[M]．成都：西南财经大学出版社，2007．
[2] 胡伟，邹秋珍．演讲与口才[M]．北京：清华大学出版社，2009．
[3] 刘金同．大学生实用口才与演讲[M]．北京：清华大学出版社，2009．
[4] 赵国运．实用演讲与口才教程[M]．武汉：华中科技大学出版社，2010．
[5] 问道．实用演讲词大全[M]．北京：中国华侨出版社，2010．
[6] 刘六英．演讲与口才[M]．北京：清华大学出版社，2010．
[7] 颜进，朱彩虹．大学生实用口才训练教程[M]．北京：清华大学出版社，2010．
[8] 陈岗林．演讲与口才[M]．北京：科学出版社，2011．